KÜCHENFEE
&
KELLERMEISTER

*Kulinarische Reise
durch die Landschaften an*

Rhein und Sieg

Herausgeber: Edition Blattwelt, Niederhofen, 2004
ISBN-Nr. 3-936256-04-7

1. Auflage 6.000 Exemplare
© by Reinhard Zado und den Autoren
Alle Rechte vorbehalten

Texte: Jörg Hohenadl
Produktion, Gestaltung & Illustration: Reinhard Zado, Martina Krautscheid, Niederhofen

Alle Angaben wurden nach bestem Wissen recherchiert, sollten sich trotzdem Fehler eingeschlichen
haben bitten wir um Benachrichtigung. Der Verlag übernimmt keine Haftung.

KÜCHENFEE
&
KELLERMEISTER

Kulinarische Reise durch die Landschaften an
Rhein und Sieg

gesammelt und verfasst
von
Reinhard Zado
und
Jörg Hohenadl

Band 1

Kein Abenteuer

Auf den kommenden Seiten erwartet uns eine Reise nicht in ferne Länder und auch nicht ein gefährliches Abenteuer. Wir begleiten Küchenfee und Kellermeister auf dem Weg durch die Landschaften an Rhein und Sieg, durch die Küchen und Gasthöfe, durch Städte und Dörfer. Dabei machen wir auch einige Abstecher in die Vergangenheit und finden was sich bis heute bewahrt oder auch wieder neu belebt wurde.

Küchenfee und Kellermeister gehen nun auf Entdeckungsreise in den Städten an Sieg und Agger um hier die Besonderheiten zu erkunden.

Vom Michaelsberg aus zeigen sich schon die kommenden Stationen. Wälder, Fischteiche, Flüsse und einen großen Markt, auf dem sich die Menschen seit jeher zusammenfinden.

Weiter geht die Reise in das Tal der Agger und in das Bergische Land, wo ein uralter Baum aus der Geschichte viel erzählen kann, dort wo Natur viel von ihrer Ursprünglichkeit zeigt mit Bauerngärten, Wiesen und Wäldchen.

Hinter den Hügeltälern, wo die Sieg als alte Verkehrsader in ihrem Tal Zeugen von Tradition und Lebensweise bewahrt hat, mit ihren Fachwerkhöfen, Burgen, malerischen Orten und den Einwohnern, die oft als Dorfgemeinschaften Tradition pflegen.

Wenn die Sieg dann in den Rhein fließt, zeigen sich südlich die Umrisse des Ölberges. Der höchste der vielen Vulkanreste des Siebengebirges. Am Rhein, in der Wärme der Hänge und Felsen der sieben Berge, die die Sonne in sich aufnehmen, gibt es seit altersher viele Weinorte. Hier in den alten Weinkellern, an Rebhängen auf den alten Burgen mit atemberaubender Aussicht, überkommt Küchenfee und Kellermeister ein Gefühl von Romantik, mit dem Flair des Südens.

Diese „Vulkanische Landschaft" zerschnitten durch das Rheintal setzt sich westlich auf der anderen Seite des Rheins fort, geht dann fast in eine Ebene über. Im Frühjahr ist hier die Landschaft ein Blütenmeer, weiß bis rosé, und dann im Laufe des Jahres – der Duft von Obst,

der sich über die Landschaft ausbreitet bis in die nördliche Ville, mit den fruchtbaren Böden, wo Obst und Gemüse mit Ihren Farben ein buntes Bild in die Landschaft malen.

Küchenfee und Kellermeister sind zurück in ihrer Küche und bereiten nun ein Mahl. Die Zutaten, gesammelt auf der Reise, vereinen sich zu einem Menü aus Landschaft mit eigenem Geschmack, einem Hauptgang mit dem Duft der Ernte von Feldern, Wiesen und Flüssen und als Nachtisch die Aromen von Wein, feinen Likören und Obst.

Reinhard Zado

Küchenfee & Kellermeister

Ein Titel, der mit den Kontrasten spielt. Da ist die Küchenfee – ein Geschöpf voller Leichtigkeit und flinker Fortbewegung, die mit den guten Mächten des Herdes im Bunde steht. Wie alle anderen mythischen Gestalten, hat es auch die Küchenfee in der heutigen Zeit nicht leicht. Im Trend von Fast Food und Convenienceprodukten, die das Leben allzu leicht gestalten wollen, hat sie es schwer, dass man noch an sie glaubt. Fast wie ein Märchen muten die Geschichten von damals an, wenn Brot noch nach Brot schmeckte und sich noch nach einer Woche essen ließ. Oder aber Fleisch und Käse Zeit hatten, zur Vollendung zu reifen. Trotz Küchenfeen oder Weingeistern war damals weniger Zauberei im Spiel als heute. Gute Produkte waren keine Hexerei, wenn Überlieferung und handwerkliches Können mit im Spiel waren.

Da standen produzierte Waren noch im Kontext zu ihrem Ursprung, waren sie Ausdruck einer Natur- und Kulturlandschaft, der man mit Zuneigung aber auch Respekt begegnete, die man aus nachhaltigem Interesse schützte und mit Bewusstsein bewirtschaftete. Zu dieser Zeit standen Küchenfeen hoch im Kurs, denn ihnen oblag die schmackhafte Zubereitung der Speisen aus den Produkten, welche die Erde schenkte. Eine gute Portion Nostalgie schwingt daher mit in ihrer „Berufsbezeichnung" und es kommen trotz feenhaft leichter Anmutung gestandene Köchinnen in den Sinn, die ihre Küche von A bis Z kannten, eine große schwere Gans durchaus zu meistern wussten und auch den eisernen Bräter mit dem wunderbar duftenden Wildragout schwenken konnten. Die Küche von damals war groß und zentraler Ort und nicht fast verschämter Wurmfortsatz so mancher modern gestylter Wohnung.

Diesen gestandenen Küchenfeen ging der Kellermeister zur Hand, denn was die Speisekammer für die Köchin, war der dunkle feuchte Keller für den Brauer oder Winzer. Weitab vom Tageslicht herrschte er hier über eine ganz andere Welt. Da gluckste und blubberte es, standen Fässer und Kannen im schummrigen Licht der Kerzen und verströmten den gärigen Duft von Reife, Herbst und Alkohol. Auch der Kellermeister musste von stattlicher Natur sein, wollte er es mit der Wucht der Ernte aufnehmen. Aber was die Küchenfee oben im Tageslicht schmeckte und probierte, hatte er hier unten im Dunkel an jedem Fass zu testen. Beide zusammen waren dann die Garanten, dass die gedeckte Tafel zu einem unvergleichlichen Erlebnis werden würde.

Die Zeiten von Küchenfeen und Kellermeistern haben sich geändert und doch gibt es sie und ihre Landschaften, wo man ihnen zuarbeitet und den Grundstein für späteres Küchenglück legt.

Die Suche danach führt zu Zielen zwischen Rhein und Sieg, da wo sich die Flussbänder von Agger, Sieg und Rhein mit den Wiesen, Obstfluren und Waldeshöhen zusammennähen. Hier schenkt der Acker noch Früchte, die wie in Grafschaft zu süßem Kraut zusammenfließen oder perlend in schlanken Gläsern schäumen. Da springen Fische wie Lachs und Meerforelle sogar wieder und künden vom Rückzug schon verloren gegangener Traditionen. Den Salmoniden bleibt der Schutz vor Pfanne und Topf, während andere Fische aus einstigen Klosterteichen den Speisezettel bereichern. Ein guter Schluck Kräuterlikör vom Michaelsberg nach einem guten Essen und ein aromatischer Käse aus den Ausläufern des bergischen Landes sind etwas wunderbares, genauso wie die Bergische Kaffeetafel, die hier und da mit Dröppelminna & Co. opulent zelebriert wird. Wer die kräuterblumigen Wiesen des Naafbachtales gesehen hat, hat eine Vorstellung, wie lammfromm die Tiere dieses kleine Paradies genießen.

Oben auf den Höhen gibt es ebenfalls zufriedene Kühe, die ihre Milch zu bester Milch und Joghurt liefern. Wer hoch genug steigt, der kann bis nach Bonn, die Eifel und in das Kölner Becken schauen. Vom Siebengebirge hat man dazu die beste Aussicht und hier zeigt sich wie in keiner anderen Region zwischen Rhein und Sieg, wie Himmel und Erde zum Genuss zusammen arbeiten. In alten Kellergewölben ruht der Wein, während oben im Licht der Berge man herrlich spazieren und Wildkräuter finden kann. Hier zeigt sich auch, dass mit Genuss, nicht immer nur der leibliche gemeint sein kann. Das Land zwischen Rhein und Sieg ist nicht nur Natur- sondern auch immer Kulturlandschaft, sei es mit der Adendorfer Keramik, den Klostergeschichten von Heisterbach, Siegburg und Seligenthal oder der Bedeutung von Stadt Blankenberg. Überall gibt es Spuren und Wege zu entdecken. Und damit nicht nur die Seele, sondern auch der Leib Erbauung finde, schöne Einkehr zu gastronomischen Stationen am Wege. Hier finden sich noch erfahrene Küchenfeen (auch männliche Gattungen sind darunter) und die Erzeugnisse begnadeter Kellermeister. Zu schön, um nur darüber zu lesen!

Jörg Hohenadl

Inhaltsverzeichnis

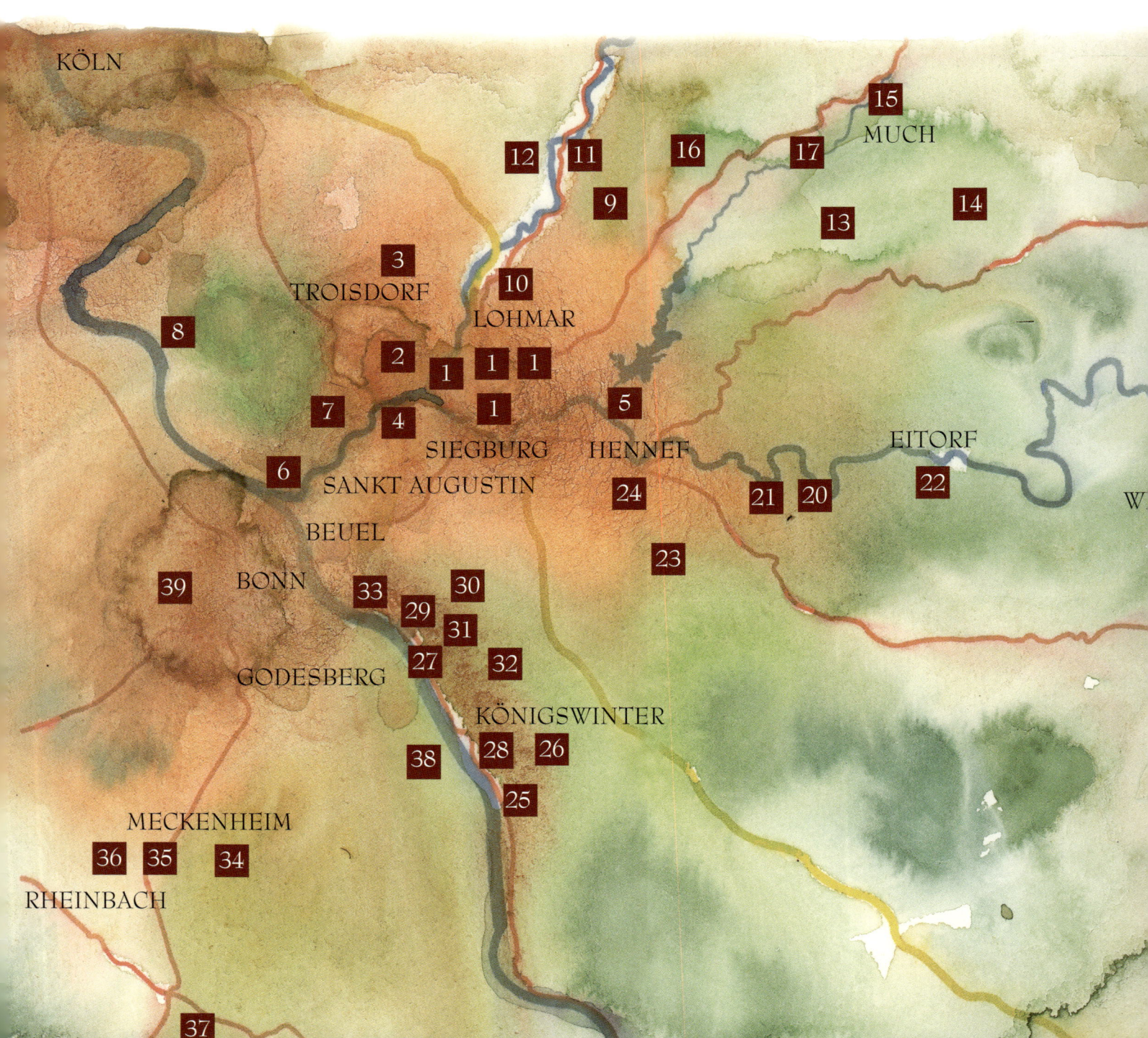

Wo Stadt und Land sich grüßen

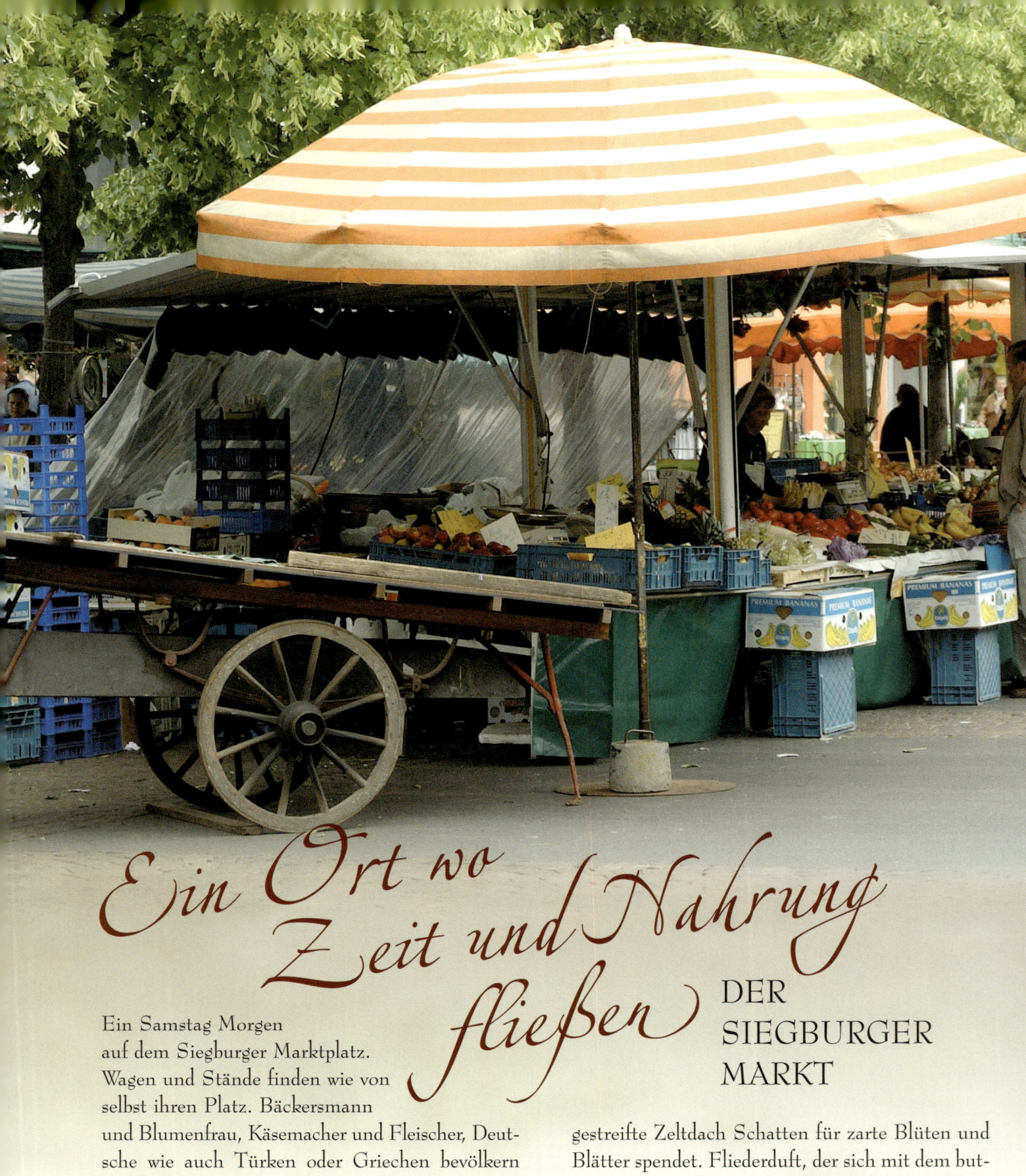

Ein Ort wo Zeit und Nahrung fließen

DER SIEGBURGER MARKT

Ein Samstag Morgen auf dem Siegburger Marktplatz. Wagen und Stände finden wie von selbst ihren Platz. Bäckersmann und Blumenfrau, Käsemacher und Fleischer, Deutsche wie auch Türken oder Griechen bevölkern mit dem Anbruch des Tages den Ort, wo sich schon bald die Bürger Siegburgs einfinden werden. Das Café öffnet und fleißige Hände putzen den Tau der Nacht von Stühlen und Tischen, decken frisch ein, während sich gleich nebenan ein blühendgrüner Teppich aus dem Anhängerwagen zu rollen scheint. Blumen für großes und kleines Geld, aber immer ein Geschenk für die Augen, die auf Rosen und Vergissmeinnicht, Löwenmaul und gelben Ringelblumen haften bleiben. Kurze Auszeit für Hektik und Betriebsamkeit, während das rot-weiß gestreifte Zeltdach Schatten für zarte Blüten und Blätter spendet. Fliederduft, der sich mit dem buttrig-süßen Zuckergeruch frischer Plunderteilchen und luftiger Blätterteighörnchen mischt. Hier glänzen Erdbeeren hinter klarem Guss, locken Kuchen und Brote in überschwänglicher Fülle. Eine genussreiche Prozession der Händler zieht sich den Markt hinauf, öffnet ihre Pforten zu ganz irdischen Freuden der Glückseligkeit im Schatten des mächtigen Abteiberges von St. Michael. Der Platz ist wie die gute Stube von einst. Treffpunkt für die Menschen an einfachen wie festlichen Tagen.

12

Er sieht ihnen zu und lauscht ihnen bei ihrem Bummel, ihrem Einkauf und dem kleinen, verzeihlichen Tratsch und Klatsch. Umringt von Gebäuden unterschiedlichster Gründung und Bauweise, manch Altes hinter moderner Fassade versteckt, fühlt sich der Besucher des Marktes trotz seiner Größe geborgen und vertraut, steht die Kirche St. Servatius schon seit vielen hundert Jahren wie ein Schutzpatron am einen Ende des Platzes. Kirche und Kaufmann standen hier schon früh nah beieinander.

Stadtluft macht frei

Während regionale Bioprodukte neben mediterranen Spezialitäten einträchtig um die Gunst des Käufers liebäugeln, das Pflaster Tüten und Körbe, Taschen und unzählige Schritte sieht, wird sich kaum ein Besucher über die Tradition bewusst, die der Siegburger Markt seit über 900 Jahren besitzt. Wer weiß schon, dass sich der Grundriss des Platzes fast unverändert in die heutige Zeit hinüber gerettet hat, selbst die großen Kriege und die Verwüstung den Markt in seinen Ausmaßen nicht verzehrt haben. Würden wir uns aus dem Sonnenlicht des Tages in die dunklen Keller begeben, die bereits in frühester Zeit zum ummauerten Stadtkern gehörten, blankes Staunen würde sich auf unsere Gesichter legen. Hier ist die Zeit spürbar und das Mittelalter zum Greifen nah. Ein erstelltes Kellerkataster aus dem Beginn der neunziger Jahre des letzten Jahrhunderts hat durch die Vermessung und Kartierung Großartiges ans Licht befördert. Fast die gesamte Marktplatzbebauung steht auf original mittelalterlichen Grundmauern, die sogar zum Teil bis in die Gründungszeit zurückreichen. Romanische und gotische Bauzeugnisse zeigen auf, wie groß schon zu Anfang, Siegburgs Marktplatz konzipiert war.

Bereits 1069 erhielt die Abtei für die Stadt am Fuße des Berges das Marktrecht. Seit dieser Zeit wurde in Siegburg Markt gehalten. Eine wohlhabende Stadtgründung muss es gewesen sein, was Rückschlüsse auch auf die große Bedeutung der Abtei zu damaliger Zeit zulässt. So war Siegburg bereits früh ein klassisches Beispiel einer mittelalterlichen Stadt. Ihr Mittelpunkt war der Markt mit dem Rathaus, den Kaufmannshäusern und der Bürgerkirche. Eine soziale und räumliche Differenzierung der Stadtbevölkerung war auch hier sicherlich anzutreffen. Die Kaufleute residierten am Markt, Tagelöhner und niedere Handwerker an der Stadtmauer, während die Mittelschicht dazwischen wohnte. Dem entspricht auch die charakteristische Tatsache, dass sich am Markt zumeist die repräsentativsten Gebäude befanden und sich die Baulichkeiten in Größe und Schmuck bis hin zur wehrenden Stadtmauer abstuften. Die rechtliche Sonderstellung ließ sich auch in Siegburg an die städtische Selbstverwaltung und die eigene Gerichtsbarkeit knüpfen. Aufschwung und Blüte brachte zum einen die Abtei, aber natürlich auch der Handel aus nah und fern sowie die Güterproduktion der Handwerkszünfte.

Zwei ungleiche Schwestern

Segen und Fluch gleichermaßen konnte dabei die Nähe zu einer noch größeren, noch bedeutsameren Stadt bedeuten. In Siegburgs Falle war das „Heilige Köln", die schon damalige Metropole, nicht weit entfernt, die Siegburg allerdings die Hand reichte und sich somit zwischen den beiden Städten schon sehr früh eine Städteverbindung entwickelte. Schließlich hat der Kölner Erzbischof Anno II auch das Siegburger Benediktinerkloster gegründet und seine letzte Ruhe nicht in Köln, sondern hier in Siegburg gefunden. Zwischen beiden Städten bestand gleiches Stadtrecht, was auch den Handel nachhaltig positiv beeinflusste. Später gereichte dies allerdings Siegburg zum Nachteil, da sich Kölns Vormachtstellung letzten Endes nie in Frage stellte und der Handel im sogenanten „Rom des Nordens" sich konzentrierte. Zum Grab des heilig gesprochenen Annos pilgerten aber bis ins 15. Jahrhundert weiter die Pilger und bescherten der Stadt damit auch Einkünfte von dieser Seite.

So manche Zeugen auf dem groß-en Marktplatz erinnern noch an die lange Tradition des Siegburger Marktes. Eigenwilligstes Erinner-ungsstück ist hierunter der Prang-er, der sich am oberen Markteck, nahe der Bergstraße befand. Heute steht das Orginal im Stadtmu-seum und seine Nachbildung an der rechten Marktseite, auf dem sog. Hühner-Markt. Wenig bekan-nte Wirklichkeit mischt sich gerne mit viel Fantasie, wenn man an diesen Strafplatz denkt. Blutig ist

es hier wohl nie zugegangen, da sich hier die klei-neren Delikte der Bürger wie boshafter Klatsch und Tratsch, nächtlich lautes Singen oder unzei-tiges heraushängen der Wäsche rächen sollten. Am Ort wo sich Siegburgs Stadtmuseum befindet stand einst auch das Rathaus mit der mittelalterli-chen Gerichtslaube. Hier wurde Recht gesprochen, allerdings keine Blutgerichtsurteile vollzogen. Die, so erzählen Akten aus einstigen Hexenverurtei-lungen, wurden außerhalb der Stadt durchgeführt, wie auch noch heute bekannte Gemarkungsnamen wie „Galgenberg" oder „Auf dem Galgen" in alten

Städten daran erinnern. Am Pranger kam die niedere Gerichts-barkeit zur Ausübung und der- oder diejenige Beschuldigte hatte sich dem Hohn und Spott der Bür-ger auszusetzen.

Je nach Schwere wurde die Dauer der Zurschaustellung festgelegt und es war erlaubt ihn oder sie nicht nur mit Schimpfworten, son-dern auch mit Unrat und Schmutz zu bewerfen. Unter faules Obst oder Dreck konnte sich dabei durchaus auch einmal ein Pferdeapfel verir-ren. Ernsthaft verletzt durfte aber kein Verurteilter werden. Den neu-zeitlichsten Beweis, wie sehr der Marktplatz in allen Generationen auch Sinnbild des Zentrums war, bezeugt das Kriegerdenkmal aus dem Jahre 1877, das zu Ehren der Gefallenen der beiden Feldzüge von 1866 und 1870/71 errichtet wurde. „Die Beteiligung bei dem Feste war eine sehr zahlreiche und dadurch das Fest selbst ein so großartiges, wie ein solches in Siegburg bis dahin nicht erlebt wurde", berich-tet der damaligen Bürgermeister Spilles. Sieg-burgs Marktplatz war und blieb eben zu jeder Zeit ein Ort der Versammlung, des Handels, der Feier und des festlichen Begehens.

Fladenbrot und Feuerspiele

Heute liegen die historischen Keller tief und verschlossen vor uns und vom mittelalterlichen Treiben kann das heutige Marktgeschehen nur noch ein wenig zeugen. Die Moderne hat auch hier Einzug gehalten, was deswegen aber nicht Wehmut erzeugt, ist es doch der ganz natürliche Gang der Dinge.

Einmal im Jahr wird jedoch der große eiserne Schlüssel gleichsam ins verwitterte alte Schloss gesteckt, von magischer Hand gedreht und wie aus einem bunten Zug fahrender Händler, Troubadoure und Possenreißer entspringt zu dunkler Jahreszeit ein Markt ganz besonderer Natur. Wenn in den Fenstern und auf den Plätzen sich die Vorfreude auf das Christfest mit Lichtern und Tannenschmuck ankündigt, holpern kantige Holzkarren mit Mistelbüschen, dem magischen Druidenkraut, durch die Gassen der über Nacht erstandenen Stadt in der Stadt. Zelte und Stände aus Holz und Segeltuch, Fellen und Schindeln machen den Weg frei durch eine Zeitreise, die den Besucher zurück ins Mittelalter nimmt.

Buntes, pralles Mittelalter

Der anbrechende Abend ist für viele der stimmungsvollste Moment, sich durch die Marktgassen treiben zu lassen. An Bühnen zeigen Schwertschlucker und Jongleure, Feuerspeier und Magier ihre Künste, kommen Drehleier und Laute, Trommel und Tambourin zum Einsatz, wenn sich hohe wie niedere Minne in Gesang und Schauspiel treffen. Wie sehr ähneln doch dann plötzlich die Zuschauer dem „gaffenden" Volk des Mittelalters - steht unsere Zeit machtlos gegenüber der zeitlosen Attraktivität alter Magie und Verwandlungskunst. Hexen und hohe Geistlichkeit, Edelfrau und Ritter, Tod und Teufel tanzen einen Reigen, der in Bann zieht, der sich wie ein leuchtender Lindwurm aus Schalmeien und Laternen durch die Menge bewegt. Dazwischen gibt es Spezereien und Handfestes, serviert in Kohlblatt oder auf dem Spieß. Süße und würzige Düfte, angenehm blumig orientalische und auch einmal tierisch-strenge Gerüche allenthalben, die sich durch die kalte Dezemberluft

ihren Weg bahnen, mit dem Rauch der offenen Feuerstellen sich mischen und das Bild so authentisch machen. Hier ein Zelt, wo sich alle Gewürze und geheimen Kräuter und Tees des Morgenlandes unter zahllosen Laternen türmen, da ein steinerner Brotbackofen, in dem noch heiße, duftende Brotlaibe liegen. Die pralle Sinnenfreude des Mittelalters, wo nicht alles grau in grau erschien, sondern sich durchaus auch bunt darstellte, erweckt sich in diesen Wochen selbst.

Kerzen und Kalligraphie, Korbmacher und Kräuterweiber, Schmiedeeisen und Schafwolle sind nur wenige der vielen Attraktionen, denen man auf seiner Reise durch die Zeit begegnet. Trunken vom heißen Mett oder der geballten Macht des mittelalterlichen Weihnachtsmarktes in Siegburg wird irgendwann zum Schluss geblasen, verlöschen die Lichter und ziehen sich Spinnfrau und Silberschmied zurück. Die Feuer verglühen, die Nacht klart auf und die Gassen gehen zur Ruhe. Wer meint, dies sei ein Trugspiel, was ihm seine eigenen Augen und Ohren geboten haben, der komme am morgigen Tag zurück – vorzugsweise wenn das Licht die Dunkelheit berührt und sich wieder der große rostige Schlüssel unscheinbar im Schloss dreht, die bunte Schar aus Troubadour und Kesselflicker ihren ganz eigenen Siegburger Markt abhalten!

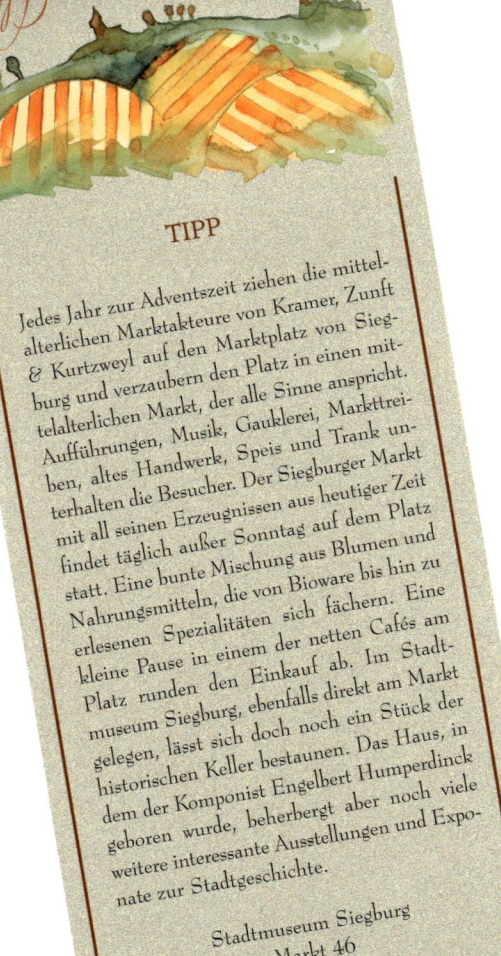

TIPP

Jedes Jahr zur Adventszeit ziehen die mittelalterlichen Marktakteure von Kramer, Zunft & Kurtzweyl auf den Marktplatz von Siegburg und verzaubern den Platz in einen mittelalterlichen Markt, der alle Sinne anspricht. Aufführungen, Musik, Gaukelei, Markttreiben, altes Handwerk, Speis und Trank unterhalten die Besucher. Der Siegburger Markt mit all seinen Erzeugnissen aus heutiger Zeit findet täglich außer Sonntag auf dem Platz statt. Eine bunte Mischung aus Blumen und Nahrungsmitteln, die von Bioware bis hin zu erlesenen Spezialitäten sich fächern. Eine kleine Pause in einem der netten Cafés am Platz runden den Einkauf ab. Im Stadtmuseum Siegburg, ebenfalls direkt am Markt gelegen, lässt sich doch noch ein Stück der historischen Keller bestaunen. Das Haus, in dem der Komponist Engelbert Humperdinck geboren wurde, beherbergt aber noch viele weitere interessante Ausstellungen und Exponate zur Stadtgeschichte.

Stadtmuseum Siegburg
Markt 46
Tel.: 02241-5 57 33
oder
02241-9 69 85 33

Fleischspieß Feuerschlucker

Zutaten:
2 grobe Bratwürste, 2 feine Bratwürste, 2 Thüringer Bratwürste, 250 g Schweinefilet, 3-4 dickere Scheiben geräucherter Bauchspeck, 1 rote Zwiebel, einige Gewürzgurken, Salz, Pfeffer, hölzerne Schaschlikspieße.

Zubereitung:
Bratwürste in grobe Stücke schneiden, Filet in grobe Würfel schneiden, Bauchspeck in Scheiben schneiden, Zwiebeln und Gewürzgurken ebenfalls in grobe Scheiben zerteilen. Nacheinander abwechselnd Zutaten auf den Holzspieß stecken und gut zusammendrücken. Pfeffern und salzen und in der Pfanne oder dem Grill braten. Dazu passt ein Bohnensalat und Knoblauchsauce.

Spekulatius

Zutaten:

500 g Mehl, 1 Tl Backpulver, 250 g Zucker, 2 P. Vanillezucker, 2 Eier, ½ Tl Zimt, je 1 Msp. Nelken und Kardamom, 1Tl Kakao, abgeriebene Schale ½ Zitrone, 150 g geriebene Mandeln, 250 g Butter.

Zubereitung:

Mehl und Backpulver werden vermischt, auf das Backbrett gegeben und in der Mitte eine Mulde eingedrückt, in die Zucker, Vanillezucker, die Gewürze, Kakao, Zitronenschale und die Eier hinein gegeben werden. Das Ganze mit etwas Mehl zu einem Brei vermischen, in den man die geriebenen Mandeln und die klein geschnittene Butter gibt. Nun alles schnell zu einem geschmeidigen Teig verkneten, den man ca. 30 Min. kühl ruhen lässt. Dann sehr dünn ausrollen und beliebige Formen ausstechen. Wer eine Spekulatius-Holzmodel besitzt, kann diese natürlich auch benutzen. Dazu die Model vorher bemehlen und dann auf den Teig drücken. Die Plätzchen auf Backpapier geben und bei 200° C ca. 15 Min. goldgelb backen.

Aachener Printen

Zutaten:

250 g Grafschafter Zuckerrübensirup, 200 g Zucker, 50 g Butter, 500 g Mehl, 10 g Zimt, 15 g Anis, 10 g Nelkenpulver, 50 g gehacktes Orangeat, 1 Msp. Kardamom, 1 P. Backpulver, etwas Milch, Hagelzucker.

Zubereitung:

Den Sirup mit Zucker und Fett erhitzen, bis der Zucker verlaufen ist, und dann bis zur Handwärme abkühlen lassen. Nun die Gewürze und das Orangeat hineinrühren und das mit dem Backpulver vermischte Mehl darunter arbeiten.

Den Teig über Nacht kühl ruhen lassen, dann etwa ½ cm dick ausrollen und in 3×8 cm große Rechtecke schneiden, diese auf ein gefettetes und mit Mehl bestäubtes Backblech legen. Mit Milch bestreichen und mit Hagelzucker bestreuen.

Im vorgeheizten Backofen ca. 15 Min. bei 180° C backen.

Königspunsch

Zutaten:

10 g schwarzer Tee, 250 ml Wasser, 3 Zitronen, 200 g Zucker, 1 Fl. Rotwein, 1 Fl. Weißwein, ½ Fl. Siegburger Abtei Liqueur.

Zubereitung:

Tee mit Wasser aufbrühen und 5 Min. ziehen lassen, dann von den Blättern abgießen. Nun den Zucker, den Wein und den Saft der Zitronen zugeben und gut umrühren. Jetzt den Likör zugeben und nochmals erhitzen. In Punschgläsern servieren.

Rotwein — Punsch

Zutaten:

2 Flaschen leichten Rotwein, 500 ml schwarzer Tee von ca. 4 Tl schwarzem Tee, 300 g Zucker, 1 Stange Zimt, 3-4 Nelken, 1 Zitronenschale, ⅛ l Siegburger Abtei Liqueur.

Zubereitung:

Rotwein mit Zucker und Gewürzen bis zum kochen kommen lassen (aber nicht kochen), Gewürze entfernen, mit Tee und Likör mischen, abschmecken und heiß servieren.

Thorner Kathrinchen

Kathrinchen sind ein altes Gebäck, das durch eine Lebkuchenmann-Form ausgestochen wird. Diese Förmchen gibt es mittlerweile auf gut sortierten Backzutaten-Ständen auf Weihnachtsmärkten. Die Gewürze erinnern an den Handel mit ihnen, zu einer Zeit, wo sie noch mit Gold aufgewogen wurden.

Zutaten:

250 g Honig, 100 g Zucker, 100 g Butter, 2 Eier, 1 Tl Zimt, je 1 Msp. Nelkenpulver, Ingwer und Kardamom, 3 Tr. Bittermandelöl, 500 g Mehl, je 1 gestr. Tl Hirschhornsalz und Pottasche. Einige halbierte Mandeln und Zuckerguss.

Zubereitung:

Honig mit Butter und Zucker zum Siedepunkt bringen, vom Herd nehmen und abkühlen lassen. Die Eier mit den Gewürzen schaumig schlagen und mit der Honigmasse vermischen. Nun das Mehl mit dem zuvor in wenig Wasser gelösten Treibmitteln portionsweise hinzugeben und alles gut miteinander vermischen. Das Ganze gut 12 Stunden zugedeckt warm stehen lassen. Danach den Teig etwa 1-2 cm dick ausrollen, mit einer Kathrinchenform ausstechen und auf ein gefettetes und bemehltes Blech mit genügendem Abstand legen. Bei 180° C ca. 20 Min. backen, bis sie hellbraun sind. Mit halbierten Mandeln und Zuckerguss verzieren.

MARKT
ANNO
DAZUMAL

SIEGBURG

denkmal — Michaelsberg

5.-11.

Siegburg.
—
Kriegerdenkmal.

Kranz Parkhotel
SIEGBURG

Eine Familie mit Hoteltradition in Siegburg. Viele erinnern sich noch an das Hotel Reichenstein am Markt, das die Familie Kranz über lange Zeit führte. Seit drei Generationen gehört der Name Kranz untrennbar zu den gastlichen Adressen der Klosterstadt an der Sieg. 1988 erfolgte dann der Neubau zum jetzigen Kranz Parkhotel. Neuer Komfort zu Füßen des Michaelsberges und seit 2001 in der Leitung der neuen Generation in Form der beiden Brüder Rüdiger und Bernd Kranz. Sie setzen neue Akzente in Siegburg, bleiben aber der Familientradition von Gastlichkeit mehr als treu. Gute Gründe, das Hotel und insbesondere sein Parkrestaurant wie auch die außergewöhnliche Sunset Bar über den Dächern der Stadt genauer kennen zu lernen.

Schwellenangst ist hier fehl am Platze. Ein Phänomen, dass manches gute Hotel zu spüren bekommt und auch sicherlich vor dem First Class Kranz Parkhotel nicht Halt macht. Schade, wenn man bedenkt, dass sich hier nicht nur ein vier Sterne Beherbergungskomfort präsentiert, sondern zudem auch das Restaurantangebot weit entfernt ist von dem Klischee der Hotelküchen. Hier bildet schon das Ambiente aus hellem Kirschbaum und die an Tiffanystil erinnernden opulenten farbigen Glasfenster eine leichte, wintergartenähnliche Atmosphäre. Axel Weirauch ist hier der Chef der Küche, der sich seine Meriten u. a. im Königshof in Bonn und im Opernpalais unter den Linden in Berlin erkocht hat. Sein Stil ist international geprägt, spielt einmal mit mediterranen Einflüssen wie beispielsweise der „Supreme vom Seeteufel in Lardo und Bärlauchbutter gebraten auf Graupenrisotto und Gemüseperlen" oder zeigt sich asiatisch inspiriert wie den „gebratenen Riesengarnelen an cremiger Wasabi-Mousse umlegt mit Tomatenconfit."

Alle drei bis vier Monate wechselt die Karte, präsentiert sich dann mit saisonalen Schwerpunkten wie Spargel, Pfifferlingen oder aber auch den Gänsespezialitäten, die es ab November gibt. Ein Service der außergewöhnlichen Art und gleichzeitig heißer Tipp für das Fest der Feste ist die fertig gebratene Weihnachtsgans mit allem, was zu einem leckeren Gänseessen dazu gehört. Auf Vorbestellung ist an Heilig Abend die Gans perfekt gegart, wird erkaltet mit Honigbutter eingerieben und so für den kommenden Weihnachtstag konserviert. Die Rezeptur zur richtigen Behandlung, kurz bevor die Gäste kommen, wird für die Hausfrau natürlich genauso mitgeliefert wie Rotkohl, Marzipanäpfel, Karamelmaronen, Kartoffelklöße und dunkle duftende Sauce.

Ein Service, der immer mehr Anklang findet und aus Feiertagen zu Hause wirklich entspannte Stunden der Feier werden lässt. Hier im Haus legt die Leitung auch wert auf den klassischen Service am Gast. Tranchieren, flambieren und filieren gehören zum Pflichtrepertoire auch der Auszubildenden. Für Freunde schöner Menüs empfehlen sich das vier-Gänge-Abtei-Menü oder aber das drei-Gänge-Vegetariermenü.

Wer dann noch gerne in lockerer Runde und bei guter Livemusik den Abend ausklingen lassen möchte, sollte unbedingt die Sunset Bar im vierten Stock besuchen. Die American Bar braucht sich hinter mancher trendy Großstadtlokalität nicht verstecken. Eine Zigarren-Kaminlounge gehört ebenso dazu wie die Dachterrasse, wo sich ein Golden Sunset über Stadt und Cocktailglas legen kann. Jeden Samstag ist Live Musik angesagt und man ist bestrebt, mit der Bar, den kulinarischen Aktionen im Park-Restaurant wie auch auf der Gartenterrasse, ein mehr an Abendalternativen in der Stadt Siegburg zu bieten. Kultur spielt da in verschiedenster Form eine Rolle und wird gerne in das Veranstaltungsprogramm des Hotels (ab 2005 auch in gedruckter Form eines Kalenders vorliegend) eingebunden. So zeigt sich auch in der Zukunft das Kranz Parkhotel als ein fester Bestandteil nicht nur des kulinarischen Siegburgs, sondern auch der kulturellen Attraktivität der Stadt am Fuße des Michaelsberges.

HOTEL-RESTAURANT

Kranz Parkhotel

Mühlenstraße 32-44
53721 Siegburg
Tel.: 02241-54 70
Fax 02241-54 74 44
www.kranzparkhotel.de
e-mail: info@kranzparkhotel.de

Öffnungszeiten:
Küche: tägl. von 12.00 bis 14.30 Uhr
und von 18.00 bis 22.30 Uhr
Sunset Bar: tägl. ab 18.00 bis 2.00 Uhr
(Happy Hour von 18.00 bis 20.00 Uhr)

Abteiparfait mit Kumquats

Zutaten:
Schale und Saft einer Orange und Zitrone, 80 g Zucker, 1 Ei, 2 Eigelbe, 200 g geschlagene Sahne, 6 cl Kräuterschnaps von der Abtei Siegburg.

Für die Sauce:
250 g Kumquats, 0,3 l Orangensaft, 80 g Zucker, 1-2 Tl Mondamin.

Zubereitung:
Schale von Orange und Zitrone in feine dünne Streifen schneiden und in dem Saft blanchieren. Eigelb und Ei mit Zucker und Saft warmschaumig schlagen. Anschließend kalt schlagen, die Sahne und den Kräuterschnaps unter die Masse heben und mindestens sechs Stunden ins Eisfach stellen.

Für die Sauce die Kumquats waschen und Stielansatz entfernen, halbieren und entkernen. Die Früchte mit dem Zucker und Orangensaft 10 Minuten köcheln lassen, dann mit Mondamin leicht anbinden und kalt stellen. Das Parfait stürzen und aufschneiden, mit der kalten Orangensauce anrichten. Orangen und Zitronenstreifen leicht erhitzen und das Parfait damit dekorieren.

Gänseleber mit Salat von Steinpilzen und roter Beete

Zutaten:
300 g Gänseleber, Salz, Pfeffer, 50 g Butter, 4 kleine rote Beete, 4 Steinpilze, Mehl, Gänsejus.

Für die Vinaigrette:
2 Schalotten fein gewürfelt, 0,2 l Kalbsbrühe, 3 cl Sherryessig, 8 cl Walnussöl, 6 cl Traubenkernöl, 6 cl Erdnussöl, Salz, Pfeffer, Kerbel, Schnittlauch.

Zubereitung:
Die Gänseleber mehlieren, in Butter anbraten und im Ofen bei mittlerer Hitze rosa braten. Für die Vinaigrette die Schalotten in Brühe weich kochen und abkühlen lassen. Mit den anderen Zutaten verrühren und abschmecken. Die rote Beete waschen, kochen und schälen. In dünne Scheiben schneiden und noch lauwarm mit einem Teil der Vinaigrette überziehen. Die Pilze in Scheiben schneiden, mehlieren und in Butter scharf auf beiden Seiten anbraten. Mit der Vinaigrette marinieren. Die Leber nach dem Braten aufschneiden und mit Gänsejus napieren. Rote Beete und Steinpilze dazugeben und mit der restlichen Vinaigrette überziehen.

Gänsebraten mit Ingwersauce

Zutaten:
1 Gans 2,5-3 kg, Salz, Pfeffer, 4 El Pflanzenfett zum Braten, 2 Zwiebeln, 1 Apfel, 2 Petersilienstengel, 1 Beifußstengel.

Für die Sauce:
1 kg Gänseklein = Flügel, Hälse, Mägen, Herz, 100 g Karotten, 50 g Sellerie, 50 g Lauch, 200 g Zwiebeln, 1 El Tomatenmark, 1 l Geflügelfond, 1 Tl weiße Pfefferkörner zerdrückt, 6 Pimentkörner zerdrückt, 1 Nelke, 1 Lorbeerblatt, 1 Beifußzweig, 100 g Ingwer, Salz, Pfeffer, Sherry.

Zubereitung:
Die Gans ausnehmen, die Flügel stutzen, innen mit Salz und Pfeffer würzen. Mit Zwiebeln, Apfel, Petersilienstengel und Beifuß füllen. Die Keulen an die Gans drücken, die Gans binden und aussen würzen.

In 220° C heißen Ofen 30 Minuten auf der Bauchseite und auf dem Rücken 30 bis 45 Minuten braten. Dabei immer wieder mit dem Bratenfett begießen. Für die Sauce Gänseklein in Walnuss große Stücke hacken und in einem Topf hellbraun anbraten.

Das kleingeschnittene Gemüse zugeben, anbraten, Tomatenmark dazugeben und dann mit dem Geflügelfond ablöschen. Einkochen und die Gewürze dazugeben, mit dem restlichen Geflügelfond auffüllen und 20 g Ingwer geschält und kleingeschnitten dazugeben. Bei wenig Hitze 30 Minuten einkochen, dann passieren, entfetten und auf 0,2 l einkochen. Andicken und mit etwas Salz, Pfeffer und Sherry abschmecken. Den restlichen Ingwer in feine Streifen schneiden, in einem mit Portwein abgelöschten Karamel schwenken und über die ausgelöste Gans geben.

Für Wohlbefinden ist ein Kraut gewachsen

Die Abtei St. Michael und ihre Siegburger Liqueurspezialität

„Und auf diesen Felsen will ich meine Kirche bauen ..." – Jesus´ Worte an Petrus lassen sich in Siegburg bildlich nachempfinden, wenn man von weitem schon den Turm der Benediktinerabtei St. Michael in hellem Anstrich auf dem Michaelsberg leuchten sieht. Eine Landmarke einstmals wie heute, die den Weg hinauf zum Klosterberg in mehrfacher Hinsicht zum lohnenswerten Ziel erklärt. Besucher mit leichtem Gepäck spüren den Vorteil, denn wer sich zu Fuß der Abtei nähert, dem wird ein kurzes aber nicht minder steiles Stück des Weges abverlangt.

Belohnt wird er dafür mit einem wunderbaren Blick über Siegburg und das sich weit öffnende Siegtal, eine fast tausendjährige Klostergeschichte und nicht zuletzt die Spezialität des Hauses: den *Siegburger Abteiliqueur!* Alleine dafür sollten Sie sich ein Plätzchen in Rucksack oder Tasche reservieren, denn was als geheime Rezeptur schon vor vielen hundert Jahren den Klosterbrüdern zur Wohltat verhalf, hat nichts von seiner gesunden wie geschmacklichen Wirkung verloren. Ein Gläschen goldgelben Kräuterliqueurs gefällig?...

26

1000 Jahre sind ein Tag

Ein Berg wie geschaffen für eine Burg. Die Grafen des Auelgaues residierten hier bis Erzbischof Anno II den Berg samt Burg nach Kämpfen mit dem Adelsgeschlecht sich in sein Hoheitsgebiet einverleiben konnte. 1060 gründet er dort eine Benediktinerabtei, die schon bald zum deutschen Zentrum der Reformbewegung nach clunyacensischem Vorbild werden wird. Von hier aus entstehen zwei weitere Klöster wie 1071 Saalfeld in Thüringen und 1072 Grafschaft im Sauerland. Sie unterstreichen die rasche Blüte der Siegburger Benediktinerabtei. 1183 wird ihr Gründer, Erzbischof Anno von Rom heilig gesprochen. Seine Gebeine ruhen nicht im Kölner Dom, sondern sind auf eigenen Wunsch hin, in der Servatiuskirche beigesetzt worden. Der kostbare Annoschrein bewahrt bis heute seine sterblichen Überreste in der Kirche auf. Im ausgehenden Mittelalter verblasst die große Bedeutung der Benediktinerabtei.

Vom 14. Jh. an wird die Anlage zum Adligenstift. Die Jahrhunderte vergehen und die Abtei wird insbesondere nach dem Dreißigjährigen Krieg zum Verfasser bedeutsamer literarischer, musikalischer wie auch wissenschaftlicher Werke. Die Säkularisation unter Napoleon beendet das Mönchsleben auf dem Berg. Erst 1914 beginnt mit einer Zahl Klosterbrüder aus dem niederländischen Merkelbeek wieder ein neues Kapitel der Klostergeschichte. Die beiden Weltkriege erschweren den klösterlichen Neuanfang. Besonders die Bombardierung Siegburgs am 28.12.1944 vernichtet nicht nur Teile der Stadt, sondern auch die Abtei. Eine Trümmerlandschaft bleibt auf dem Berg zurück, deren man sich schon 1945 annimmt und zum Wiederaufbau der Anlagen ruft.

Lange noch wird die komplette Wiederherstellung dauern, doch schon 1952 beginnt man mit der Wiederaufnahme der Herstellung des Abteiliqueurs. Seine Rezeptur hat wie die Ausstrahlung des Ortes die Jahrhunderte überdauert.

Gehaltvolles Mysterium

Goldgelb fließt er wie ein Elixir ins Glas und sein würziger Duft nach Kräutern verrät schon im ersten Schnuppern, dass sich hier Kraftvolles in der bauchigen Flasche verbirgt. Seine Rezeptur wird nicht verraten und so beinhaltet die Siegburger Liqueurspezialität heute wie schon um 1504 die gleichen Ingredienzen von aromatischen Kräutern und Gewürzen – aus heimischem Kräutergarten wie auch aus fernen Ländern. Zu Beginn seiner Produktion im 16. Jh. diente er freilich nicht dem freudigen Genuss, sondern wurde für das Kloster als Medizin erachtet. Heute wie vor 500 Jahren war er mit 42 vol% schon ein gehaltvolles Fluidum mit der Kraft aus acht Pflanzengrundstoffen. Safran, der mit zur wunderbar goldenen Farbe beiträgt, Nelken und Muskatblüte gehören zu den aromatischen Bestandteilen, die in 98%igem Alkohol rund zwei Wochen lang angesetzt werden.

Jeden Morgen muss gerührt werden, damit sich die ätherischen Öle und Wirkstoffe gut aus den Zugaben lösen. Eine Partie des Ansatzes bedeutet rund 100 Liter unverdünnten Alkohols. Bereits schön in Farbe und Geruch braucht es aber bis zum ersten Schluck noch einige Handgriffe.

Wohl bekommt's

In der Siegburger Abteiliqueurtradition legt man Wert auf die Tatsache, dass noch immer die Herstellung von der Abmessung der Kräuter und Gewürze bis hin zum Abfüllen des fertigen Produkts in den Händen der Klosterbrüder verbleibt. Frater Fridolin ist zuständig für die Qualität und Produktion der Kräuterspezialität. Der hochprozentige Kräuteransatz wird nach Abschöpfen der Pflanzenteile mit Flüssigzucker aus dem links-rheinischen Grafschaft sowie dem klaren frischen Wasser der Wahnbachtalsperre auf 1.000 Liter trinkbare 42 vol% Spirituose vermischt und verdünnt. Gut verrührt gelangt er in kleine Reifebehälter und wird nach einiger Ruhezeit und letztmaliger Überprüfung des genauen Alkoholvolumens in Flaschen abgefüllt, etikettiert und mit dem roten Siegel versehen. Nahezu unbegrenzt haltbar entwickelt er seinen eigenen Charakter noch in der Flasche weiter und wird in zwei Sorten, als 42 vol% Liqueur und als 40 vol%

Edeldestillat durch Weinbrandzugabe angeboten. Von zierlichen 0,1 l Fläschchen bis hin zum 0,7 l Behältnis sind diverse Flaschengrößen erhältlich. Der Klassiker in Form und Farbe ist sicherlich die bauchig-grüne „Basquise", die ein wenig an die fränkischen Bocksbeutelflaschen erinnert. Natürlich hat sich in der Zwischenzeit auch ein attraktives Geschenkflaschensortiment gebildet, worunter der Tonkrug in der typischen Bartmann-Optik traditioneller Siegburger Keramik eine besonders schöne regionaltypische Verpackung darstellt.

Bei einer Jahresproduktion zwischen 9.000-10.000 Litern bleibt der Siegburger Abteiliqueur ein in viel Handarbeit hergestelltes Qualitätserzeugnis aus Klosterwissen und Natur, dessen wohltuende Wirkung noch immer Menschen auf dem Klosterberg wie auch an vielen anderen Orten veranlasst, dem besonderen Geist der Flasche zur Freiheit zu verhelfen.

Siegburger Abteiliqueur—Kaffee

1,5 Schnapsgläschen (3 cl) Abteiliqueur in einen vorgewärmten Becher geben. 9 cl heißen schwarzen Kaffee dazu gießen. Frische Sahne mit dem Löffelrücken auf der Oberfläche des Getränks ausbreiten. Nicht mischen, sondern Sahne auf dem Kaffee schwimmen lassen. Sofort servieren.

Bananen mit Siegburger Abteiliqueur flambiert

Drei nicht zu weiche Bananen in Puderzucker rollen. 50 g Butter in eine Pfanne geben und zerlassen. Bananen dazugeben und goldgelb werden lassen. Zwei El Abteiliqueur zugießen. Das ganze auf einen vorgewärmten Teller geben, mit Abteiliqueur übergießen und abflammen.

Hausrezept — wenn's einen halt erwischt hat

Eine Zitrone auspressen und mit heißem Wasser aufgießen. Ein Schnapsglas Abteiliqueur dazugeben, ggf. mit Honig etwas süßen. In kleinen Schlucken heiß trinken. Hilft bei Erkältungen und man findet leichter den erholsamen Schlaf der Nacht.

Topfgucker unterwegs

TIPP

Den Siegburger Abteiliqueur gibt es vor allem aber nicht nur in der Abtei St. Michael. Hier wird er aber hergestellt und hier lässt er sich auch vor Ort probieren. In der Probierstube finden nach Terminabsprache auch für größere Gruppen Verkostungen der beiden Sorten statt. Dabei wird auch über die Herstellung berichtet und die gesamte Angebotspalette ist käuflich erhältlich. Als besondere Geschenkidee zu Weihnachten wird seit einigen Jahren immer eine neue, attraktive Flaschenform ausgewählt, wie der Bartmannskrug oder aber die schwarze Geschenkflasche mit der eingravierten Abtei. Diese haben aufgrund der besonderen Nachfrage den Weg ins Basissortiment geschafft. Aber die nächste schöne Flaschenedition kommt bestimmt!

Abtei Michaelsberg
Bergstraße 26
53721 Siegburg
Tel.: 02241-12 92 50
Fax: 02241-12 91 41
www.abtei-michaelsberg.de
Öffnungszeiten Liqueurkeller:
Montag bis Freitag: 8-12 Uhr

Siegburger Humperdinck–Bund
Hefe-Rodon mit „Michaels-Rosine"

Ein süßer Kuchen, der Erwachsene und (ohne den Klosterliqueur) natürlich auch die Kinder lockt. Wer kann da schon widerstehen, wenn Rosinen „Knusper, knusper Knäußchen" rufen – oder war es doch die Knusperhexe? – Auch wenn die Kuchendüfte unserem Bauch den Kopf verdrehen, so ist das Grimmsche Märchenthema von Hänsel und Gretel untrennbar mit Siegburg und seinem großen Sohn der Stadt verknüpft. Der Komponist Engelbert Humperdinck hat hier 1854 das Licht der Welt erblickt und ist, obgleich ihn Beruf, Familie und Karriere hinaus in die weite Welt führten, für immer aufs herzlichste mit seiner Heimatstadt verbunden geblieben. Sein Werk umfasst vielmehr als die Märchenoper „Hänsel und Gretel", aber sie ist und bleibt die Musik, die wir untrennbar mit ihm verbinden und die uns in den Ohren klingt. „Brüderchen komm tanz mit mir" oder „ein Männlein steht im Walde", der wunderschöne Abendsegen oder der unheimliche Hexenritt – sie stehen stellvertretend für die romantische, stimmungsreiche Musik Humperdincks. Er war ein Familienmensch und so mögen auch Küche und Keller eine Rolle in seinem Leben gespielt haben. Seine Begeisterung für Kuchen offenbart sich in dem Rodonkuchen, dessen Zutaten nicht aus seiner Feder, wohl aber aus einem Backbuch seiner Zeit entstammen.
Knuspern Sie doch mal an ihm....

Zutaten:
42 g Hefe, 1 Tasse Milch, 500 g Butter, 3 Eier, 3 Eigelb, 150 g Zucker, 250 g in Abtei-Liqueur, von der Abtei St. Michael in Siegburg, eingeweichte Rosinen, $\frac{1}{2}$ Tl Salz, 15 g geriebene bittere Mandeln, ersatzweise Bittermandelaroma, 1 Löffel Vanillezucker, ersatzweise 1 P. Vanillin, geriebene Zitronenschale, 3 El Abteiliqueur, 625 g feines Mehl, Puderzucker zum Bestreuen.

Zubereitung:
Man löst 42 g Hefe in einer Tasse warme Milch auf. Dann rührt man 500 g Butter zu Schaum, fügt 3 ganze Eier, 3 Eigelb, 150 g Zucker, 250 g Rosinen, die wenigstens 12 Stunden zuvor in Abtei-Liqueur, von der Abtei St. Michael in Siegburg, eingelegt worden sind, $\frac{1}{2}$ Tl Salz, 15 g geriebene bittere Mandeln – hier darf man aber auch „modernes" Bittermandelaroma nehmen –, 1 Löffel Vanillezucker, durch ein Tütchen Vanillin ersetzbar, geriebene Zitronenschale nach Geschmack, 3 El Abtei-Liqueur und die aufgelöste Hefe hinzu und fügt zuletzt 625 g feinstes durchgesiebtes Mehl bei. Man schlägt den Teig recht tüchtig, bis er lose und leicht erscheint, füllt ihn dann sofort in eine gut vorbereitete – gebutterte – große Rodon-Form, stellt ihn zum Aufgehen an einen warmen Ort und bäckt ihn dann bei gleichmäßiger Hitze lichtbraun. Man stürzt den Kuchen, besiebt ihn gleichmäßig und dicht mit feinstem Puderzucker und hält dann eine glühende Schaufel darüber, bis er glasiert erscheint.

Im Elekroherd empfiehlt sich Ober-/Unterhitze, 200° C, Gas: Stufe 3-4

(Originalrezept von Henriette Davidis-Holle, 1901)

HOTEL-RESTAURANT
Kaiserhof
SIEGBURG

Die Kaiserstraße in Siegburg gehört zu den belebtesten Meilen der Stadt. Eine attraktive Auswahl an Geschäften und Gastronomie prägen das Bild, wo man sich begegnet und einkauft, mal ein Päuschen einlegt, den Schaufensterbummel genießt und mit Bekannten, die den Weg kreuzen gerne ein Schwätzchen hält. Ein wahrer Ort der Kommunikation im Herzen der Stadt. Wen wundert es da, wenn sich der Kaiserhof dies zur Philosophie seit der Neugestaltung des Restaurants erkoren hat. Jürgen Keller ist der Patron des Hauses in dritter Generation und mit seiner Handschrift hat er frischen Wind in die Küche und das Ambiente der Gasträume gebracht. Jede Generation hat ihr Verständnis, wie Küche und Restaurant sein sollen. Für ihn bedeutet der Besuch heute nicht nur gut zu essen und zu trinken, sondern auch die Kommunikation zu pflegen. Eine moderne und doch auch zeitlose Einstellung, die uns gefällt. Schließlich hat der Kaiserhof dafür die Weichen attraktiv gestellt, präsentiert sich das Restaurant mit den großen Fenstertüren zur Kaiserstraße im Stile einer eleganten französischen Brasserie, die natürlich auch zum sehen und gesehen werden einlädt. Hier gehen dann nicht nur die Feinschmeckerherzen, sondern im Sommer auch die einladenden Flügeltüren auf und Innenräume wie auch die umgrünte Terrasse verschwimmen in ihren Grenzen zu einem luftig hellen Ort, der Leib und Seele zusammen hält.

Ortstermin auf bordeauxfarbenen Lederbänken. Das Interieur des Kaiserhofs hat sich seit 1954 die Großeltern von Jürgen Keller den Betrieb eröffneten, grundlegend geändert. Butzenscheiben und gutbürgerliche Gaststätteneinrichtung sind einem modernen Einrichtungs-Mix aus schwarz-weinrotem Mobiliar und blendend weiß gehaltenen Tischen zu cremefarbenen Wänden gewichen.

Purismus in wohltuender Form ohne viel „Schnick Schnack", aber dafür Blick auf das Wesentliche. Das Auge bleibt dabei an einem lateinischen Spruch über dem breiten Spiegel haften. Geheime Zeichen für Gourmets? Oder doch eher Einzeiler mit Anspruch auf Grundkenntnisse der lateinischen Sprache? Wer rätselt, wird vielleicht ahnen, manche Gäste wissen es sogar und dann weiß es jeder am Tisch: „Essen und trinken halten Leib und Seele zusammen"!

Dieser Spruch hat wohl Jürgen Keller auch auf seinen Stationen im In- und Ausland begleitet,

denn er hat schon früh die anerkannt guten Orte gehobener Gastronomie kennengelernt. Im Steigenberger Hotel Bonn gehörten damals in seinen Ausbildungsjahren die Bewirtung der Bundesregierung bei Staatsbanketten und Empfängen zum täglichen Brot. Später führte es ihn in die Schweiz, wo er in Gstaad, im Tessin und Wallis in renommierten Häusern arbeitete. 1984 zog es ihn jedoch zurück nach Siegburg, wo er seit 1990 den Familienbetrieb leitet.

Die Küche hat sich seitdem von guten aber eben auch gutbürgerlichen Angeboten zu gehobenen, mediterran inspirierten Speisen gewandelt. Einen Akzeptanzschub in der Region, so erzählt Jürgen Keller, gab ihm die siegreiche Teilnahme am Prix Culinaire Taittinger. Auf nationaler Ebene gelangte er von rund 150 Bewerbern unter die zehn Besten, worunter er wiederum als Sieger hervorging. Ein international renommierter Küchen-Contest, initiiert von der bekannten französischen Champagnerdynastie Taittinger.

Seinen Küchenstil bezeichnet der Chef de Cuisine als puristisch, was bedeutet, dass Jürgen Keller nicht der Freund von zu verspielten Arrangements ist. Für ihn sind Aromen und Kräuter die Essenz einer guten Küche, stehen die Produkte mit ihrem unverwechselbaren Geschmack als Hauptakteure im Vordergrund. Frische saisonale Rohprodukte sind für ihn selbstverständlich. Die Region spielt dabei als Lieferant guter Produkte eine Rolle mit. Kaninchen kommen beispielsweise von der linksrheinischen Seite, Gänse aus dem Aggertal, Spargel oder anderes saisonfrische Obst und Gemüse meist

CORPUS ET ANIMA CONTINENTUR

HOTEL-RESTAURANT
Kaiserhof

Kaiserstraße 80 - 53721 Siegburg
Tel.: 02241-1 72 30
Fax: 02241-17 23 50
www.kaiserhof-siegburg.de
e-mail: info@kaiserhof-siegburg.de

Öffnungszeiten:
Küche: tägl. von 12.00 bis 14.00 Uhr
u. 18.00 bis 22.00 Uhr
Das Hotel besitzt 30 Zimmer in der Dreisterneklassifizierung.
Hotelgarage vorhanden.

von Lieferanten auf dem gut sortierten Siegburger Markt. Daraus entstehen dann zum einen die oft mediterran gehaltenen Speisen, aber auch ursprünglich regionale Rezepturen werden zu Rate gezogen und neu interpretiert. Die spezielle Umsetzung von „Himmel und Ääd" nach Jürgen Kellers Art ist ein lockendes Beispiel: Auf sanftes Kartoffelpüree legt er gebratene Gänsestopfleber und krönt diese mit einer Rosette aus hauchfein gebratenen Apfelscheiben. Den Abschluss bildet, ganz nach altem Original, ein Stück gebratene Blutwurst. Ein Kaninchensaltimbocca zu feinem Rübstielgemüse zeigt wiederum die Verbindung von heimischer und mediterraner Küche. So fehlt auch der „Puttes" nicht, der andernorts auch Kesselkuchen oder Dippekuchen heißt. Allerdings wird er hier zur interessanten Kartoffelbeilage statt zum sättigenden ländlichen Hauptgericht.

Im Weinbereich bleibt Jürgen Keller in der „Alten Welt", legt Schwerpunkte auf Deutschland, Italien und Frankreich. Da spielt es keine Rolle, ob Weiß- oder Rotwein ins Glas fließen – sie passen wieder farblich genau zum eleganten (Farb-)Stil des Restaurants und zu den leckeren Gerichten sowieso. Bei soviel Geschmack in Einrichtung, Farbwahl und Dekoration darf Jürgen Kellers Frau Ulrike nicht ungenannt bleiben. Sie ist die Ratgeberin, die auch für die Umsetzung verantwortlich ist. Auch hier gilt die Maxime von weniger ist mehr – vor allem, wenn die Dekoration Aufmerksamkeit bewirkt, statt raubt. Der Kaiserhof ist ein schöner Platz, um in moderner Atmosphäre gute Küche zu genießen, zu netten Gesprächen inspiriert zu werden und dabei das Flair der belebten Kaiserstraße, „Siegburgs Boulevard", vor der Türe zu haben!

Thunfischtartar

2 Personen (als Vorspeise)

Zutaten:
150 g frischer roter Thunfisch, 1 Schalotte fein gehackt, 1 Tl geschnittener Schnittlauch, 1-2 El Olivenöl extra vergine, Salz, Pfeffer aus der Mühle, Zitronensaft, 2 El Crème fraîche.

Zubereitung:
Das Thunfischfilet sehr gut gekühlt (dann lässt es sich besser schneiden) zuerst auf dünne Scheiben schneiden, dann fein würfeln. Nun mit Salz, Pfeffer, dem Saft von ca. ½ Zitrone, Schalotten und Schnittlauch sowie dem Olivenöl marinieren. Erst kurz vor dem Anrichten marinieren, sonst wird das Thunfischfleisch durch die Zitronensäure blass, was aber nur ein optisches Manko darstellt. Die Crème fraîche mit Salz, Pfeffer und Zitronensaft abschmecken und cremig rühren. Die Sauce mit einem Löffel als Streifen auf einen flachen Teller bringen.

Nun mit zwei Esslöffeln gleichmäßig große Nocken vom Tartar formen und in der Mitte platzieren. Als Garnitur eignen sich Rucola oder Friseesalat, Kapern, Kerbel oder Cherietomaten. Als Beilage lassen sich Rösti oder in Butter gebratene Vollkornbrotstreifen reichen.

Griesflammerie mit Erdbeeren

4 Portionen

Zutaten:
¼ l Milch, ½ Vanilleschote, das Abgeriebene einer halben Zitrone, 25 g Grieß, 4 Blatt Gelatine, 2 Eigelb, 60 g Zucker, 150 ml Schlagsahne, 1 El Puderzucker, 500 g gezuckerte Erdbeeren.

Zubereitung:
Die Milch mit der aufgeschnittenen Vanilleschote und der abgeriebenen Zitronenschale aufkochen. Durch ein feines Sieb passieren, in den Topf zurückgießen und zum Sieden bringen. Den Grieß unter ständigem Rühren hineinschütten, und auf schwacher Hitze solange weiterkochen, bis die Masse leicht andickt. Dann die in kaltem Wasser eingeweichte Gelatine gut ausdrücken und unter die Masse rühren. Die Eigelb mit dem Zucker cremig schlagen und nach und nach unter die noch heiße Grießmasse rühren. Auf Eiswasser kalt rühren und zum Schluss die mit Puderzucker steifgeschlagene Sahne sorgfältig unterziehen. Die fertige Masse in dünn geölte (neutrales Pflanzenöl) Förmchen streichen und mindestens 6 Stunden durchkühlen. Beim servieren den Grießflammerie auf einen Teller stürzen, die geputzten, marinierten Erdbeeren zugeben und mit Minzblättern dekorieren.

Saltimbocca vom Eifelkaninchen mit Rübstielchen und cremigem Risotto

2 Personen (als Hauptspeise)

Zutaten:

4 Kaninchenrückenfilets (2 Rücken vom Metzger auslösen lassen), 4 Salbeiblätter, 4 Scheiben Parmaschinken, 150 g Risottoreis (wir benutzen Aborio Superfino), 250 ml Brühe (Rind, Geflügel oder Gemüse), 200 ml trockener Weißwein, 3 El Olivenöl extra Vergine, 1 Knoblauchzehe, 4 Schalotten, fein gewürfelt, 1 Msp. Safran, 3 El frisch geriebener Parmesan, 30 g Butter, 1 Bund Rübstielchen.

Zubereitung:

Die Hälfte der Schalotten und die Knoblauchzehe (im Ganzen) in Olivenöl hell anschwitzen.

Den Reis zugeben und ohne Farbe zu nehmen etwas mit braten lassen. Dann mit der Brühe und dem Wein ablöschen und langsam einkochen lassen.

Wenn die Flüssigkeit aufgesaugt ist, sollte der Reis eine cremige Konsistenz haben. Zwischenzeitig die Kaninchenfilets leicht mit Salz und Pfeffer würzen, mit dem Salbeiblatt belegen und in je eine Scheibe Schinken einrollen. Dann in einer Pfanne in heißem Olivenöl ca. 6-8 Minuten braten. Die Rübstielchen putzen und auf 2 cm lange Stücke schneiden, wiederum Olivenöl mit den restlichen Schalotten erhitzen und das Gemüse darin anschwenken bis es gar ist. Mit Salz und Pfeffer würzen. Nun den Risotto mit der Butter und dem Parmesan binden und auf einem großen Teller mittig anrichten. Die Rübstielchen daneben setzen, das Kaninchenfilet schräg aufschneiden und auf dem Gemüse anrichten.

Mit Tomatenwürfeln und Kräutern garnieren.

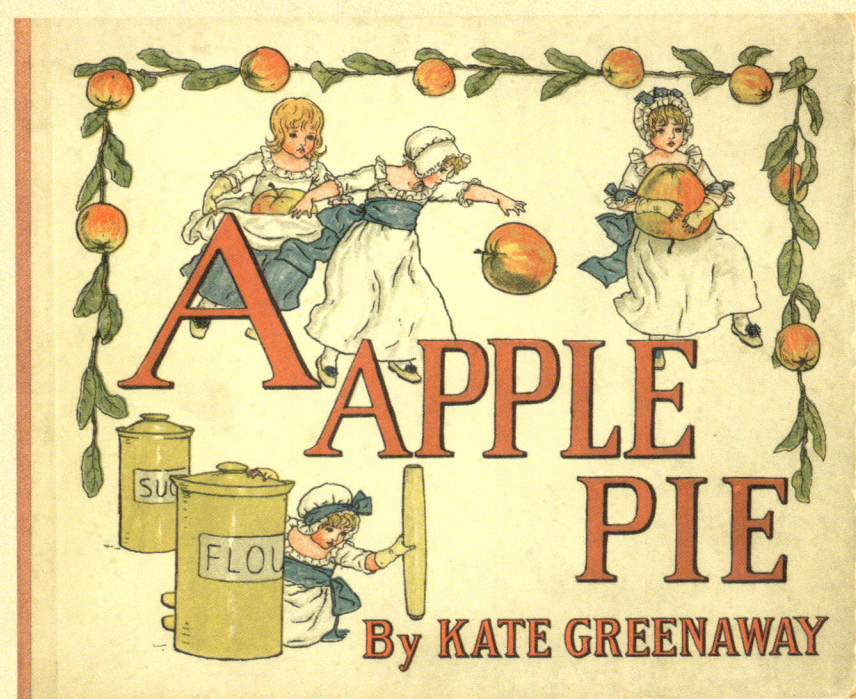

Lirum, larum Löffelstiel

Literarische Traumreisen für Kleine und Große im Kinderbuchmuseum Troisdorf

Spielend lernen. Wie seltsam mutet es an, wenn man sich plötzlich an längst vergangene Kindertage zurück erinnert fühlt. Das mag ein Duft sein, ein Geruch, der noch jahrzehnte später in der Nase Assoziationen hervorruft. Oder ein altes Spielzeug, ein abgewetzter Teddybär oder eine Käthe Kruse Puppe. Für andere ist die große Zinkwanne ein Erinnerungsstück an samstägliche Badefreuden in der Küche. Nah am Ofen, wo es schön warm war und keine Erkältung drohen konnte. Ein plantschen in Seifenwasser bevor die dicken Frotteetücher Haut und Haare trocken rubbelten. Vielleicht ist´s aber auch der Geschmack nach fast vergessenen Milchbrötchen oder den sauren Johannisbeeren, die jeden Sommer im Garten stibitzt und von den Rispen gezupft wurden. Erinnerung kann so vieles bedeuten, manchmal auch ein Kinderreim, der ganz plötzlich wieder aus der Dunkelheit ans Licht tritt. Wie sorglos waren doch die Jahre der Kindheit, ein einfacher Schüttelreim des Glücks, leicht abzuzählen, wenn man schon zählen konnte. Selbst da halfen Kinderreime, denn:

Morgens früh um sechs
kommt die kleine Hex;
Morgens früh um sieben
schabt sie gelbe Rüben;
Morgens früh um acht
wird der Kaffee gemacht;
Morgens früh um neune
geht sie in die Scheune;
Morgens früh um zehne
holt sie Holz und Späne;
Feuert an um elfe,
kocht sie bis um zwölfe
Fröschebein und Krebs und Fisch:
Hurtig, Kinder, kommt zu Tisch!

Mit der kleinen Hexe konnten die Finger den Zahlen folgen – und auch den Pflaumenbaum schütteln.

Das ist der Daumen,
der schüttelt die Pflaumen,
der liest sie auf
der trägt sie nach Haus
und der kleine Schlingel isst sie alle auf.

Den Zahlen folgte das ABC, das sich schon umfangreicher darstellte und dem man sich ausführlicher widmen musste. Damit das Lernen lustig blieb, half man sich mit unterschiedlicher List.

Abc,
die Katze lief im Schnee.
Als sie wieder raus kam,
hat sie weiße Stiefel an.
Da ging der Schnee hinweg,
da lief die Katz im Dreck.

Nicht nur deutsche Kinder wurden so spielend auf den späteren Ernst der Schule vorbereitet, auch die englischen kleinen boys and girls wurden wie das Apple Pie-Kinderbuch von Kate Greenaway zeigt, mit süßen Versuchungen an das Alphabet herangelockt. Das Objekt der Begierde waren dabei nicht die Buchstaben als solches, sondern ein riesiger goldgelber Apfelkuchen nach alter englischer Tradition gebacken.

Mit einem Teigdeckel, der die saftigen Äpfel im Innern verbarg und der nicht einfach verspeist werden durfte. Er musste ganz den Gesetzen des Abc's von A bis Z umlagert und umkämpft, geschnitten und geviertelt, genommen, besungen, ersehnt und erst dann gegessen werden. Mit Speck, da fängt man Mäuse oder mit süßem Apfelkuchen Kinderaufmerksamkeit. Das galt wohl schon zu allen Zeiten, selbst im viktorianischen England von 1886.

Essen und trinken haben sich immer als gute Kinderreim-Zugpferde gezeigt. Vielleicht auch gerade deshalb, weil man mitunter mit beiden so einige Mühe hatte. Zwischen dem Suppenkasper und „nein, meine Suppe eß ich nicht" und dem „Herrn Ribbeck zu Ribbeck im Havelland" liegen bekanntlich Welten. Was der eine verschmäht, liebt der andere mit Heißhunger. Noch heute ist jedem bekannt, dass man zum guten Kuchen backen, sieben Sachen benötigt.

E EAT IT

F FOUGHT FOR IT

G GOT IT

H HAD IT

J JUMPED FOR IT

K KNELT FOR IT

L LONGED FOR IT

M MOURNED FOR IT

N NODDED FOR IT

O OPENED IT

P PEEPED IN IT

Q QUARTERED IT

R RAN FOR IT

S SANG FOR IT

T TOOK IT

U V W X Y Z

ALL HAD A LARGE SLICE
AND WENT OFF TO
BED

Und die Banane ist ganz einfach deshalb krumm, weil niemand in den Urwald zog und die Banane gerade bog. So einfach ist das! Viel kindliche Weisheit lag auch in dem allseits bekannten Reimklassiker von

Lirum larum Löffelstiel
alte Weiber essen viel
junge müssen fasten.
Das Brot, das liegt im Kasten,
der Wein, der ist im Keller,
lauter Muskateller,
das Messer liegt daneben
ei! Was ein lustig Leben!

Für Ilse muss es jedoch nicht so ein lustiges Leben gewesen sein, denn ein kurzer Versreim erinnert:

Ilse Bilse,
niemand will se,
Kam der Koch,
nahm sie doch,
weil sie so nach Zwiebeln roch.

Ende gut alles gut! Und auch die Kinder reifen dann nach Abc und Abzählreim heran. Die rosigen Zeiten sind wohl für die unbeschwerten Kindertage reserviert, denn Heinrich Heine und auch Joachim Ringelnatz kennen beide die Tragik oder die Weisheit des Lebens – eben so wie man´s nimmt.

Ein Jüngling liebt ein Mädchen,
Die hat einen andern erwählt;
Der andre liebt eine andre,
Und hat sich mit dieser vermählt.

Das Mädchen heiratet aus Ärger
Den ersten besten Mann,
Der ihr in den Weg gelaufen;
Der Jüngling ist übel dran.

Es ist eine alte Geschichte,
Doch bleibt sie immer neu;
Und wem sie just passieret,
Dem bricht das Herz entzwei.

Heinrich Heine

Topfgucker unterwegs

TIPP

Die Burg Wissem in Troisdorf beherbergt rund 15 000 moderne sowie 2 000 historische Bilderbücher. Das Wasserschloss aus dem 19. Jahrhundert präsentiert als Herzstück ein in Europa einzigartiges Spezialmuseum für Bilderbuchkunst. Neben einer hochkarätigen Sammlung moderner Illustrationen beherbergt die Burg mit der „Sammlung Brüggemann" rund 2 000 historische Bilderbücher. 1994 erwarb das Museum mit Unterstützung der Stiftung „Kunst und Kultur NRW" diese bedeutende Sammlung historischer Kinderbücher aus der Zeit von 1498 bis 1950. Grundstock des Inventars waren zum Zeitpunkt der Museumsgründung Original-Illustrationen, Lithosteine und Holzdruckstöcke des Troisdorfer Kaufmannes und Stifters Wilhelm Alsleben. Die Stiftung ist mittlerweile auf rund 3 000 Illustrationen und über 15 000 moderne Kinderbücher angewachsen. Prominente Künstler wie Tomi Ungerer, Janosch und Anthony Browne haben schon ihre Arbeiten in der Burg gezeigt. Janosch hat dem Museum gar rund 2 000 Originalbilder als Dauerleihgabe überlassen – es ist die weltweit größte Janosch-Sammlung.

BILDERBUCHMUSEUM DER
STADT TROISDORF
53840 Troisdorf · Burgallee 1
Tel.: 02241 884111 · Fax: 02241 884120
www.troisdorf.de

40

Marzipanrührkuchen mit Äpfeln

Zutaten:
4 säuerliche Apfel, 125 g Marzipanrohmasse, 150 g weiche Butter, 100 g Zucker, 1 P. Vanillezucker, 1 unbehandelte Zitrone, 3 Eier, 100 g Mehl, 50 g Speisestärke, 2 Tl Backpulver, 1 Pr. Salz, 100 g gemahlene Mandeln, 2 El Sahne.

Zubereitung:
Zitronenschale abreiben. Äpfel schälen, vierteln, entkernen und in Scheiben schneiden, mit etwas Zitronensaft beträufeln, damit sie sich nicht braun färben. Marzipan auf der Reibe grob reiben, mit Vanillezucker, Zucker und Butter cremig rühren. Zitronenschale und Salz zugeben. Nach und nach die Eier unterschlagen. Mehl, Stärke und Backpulver sieben, mischen und unterrühren. Dann die Mandeln zufügen. Zum Schluss die Sahne. Den Teig in eine gefettete Springform (Durchmesser ca. 26 cm) füllen und glatt streichen. Die Apfelscheiben rosettenförmig in den Teig setzen. Mit dem restlichen Zitronensaft beträufeln. Im vorgeheizten Backofen bei 180°C ca. 45-60 Minuten backen. Ggf. nach 45 Minuten mit Alufolie abdecken.

Zutaten Mürbeteig:
500 g Mehl, 50 g Puderzucker, 1 Ei, 1 Eigelb, 250 g kalte Butter, 1 Pr. Salz, Eiswasser.

Zubereitung:
Mehl und Zucker auf die Arbeitsfläche sieben, Mulde in die Mitte drücken, Ei und Eigelb hineingeben, kleine kalte Butterflöckchen rundherum verteilen. Mit einem großen Küchenmesser alles sorgfältig durchhacken, dann zügig den Teig mit den Fingern verarbeiten, ggf. etwas Eiswasser zugeben. Ergibt genügend Teig für 3 Böden. (Portionen können gut eingefroren werden). Teig für die Apfeltorte dann im Kühlschrank ca. 1 Stunde ruhen lassen.

Apfelauflauf

Für Kinder ersetzt man den Wein mit Apfelsaft. Für Erwachsene lassen sich die Rosinen statt in Wasser auch in etwas Rum marinieren.

Zutaten:
1 l Milch, 1 Pr. Salz, 100 g Butter, 8 El Zucker, 1 P. Vanillezucker, 125 g Grieß, 1 kg fest aromatische Äpfel, 200 ml Weißwein, Saft einer Zitrone, 50 g Rosinen, 4 Eiweiß, 4 Eigelb, 4 El Sahne, etwas Zimt.

Zubereitung:
Milch aufkochen, Salz, Butter, 4 El Zucker, Vanillezucker und Grieß einrühren. Bei geringer Hitze 10 Min. quellen lassen. Äpfel schälen, Kerngehäuse entfernen und in dünne Scheiben schneiden. Wein, Zitronensaft und 4 El Zucker darüber geben. Die in etwas Wasser gequollenen Rosinen klein hacken und zu den Äpfeln geben. Eiweiß zu Schnee steif schlagen. Zusammen mit Sahne und Eigelb unter den Grießbrei rühren. Mit den Äpfeln vermischt in eine gebutterte feuerfeste Auflaufform geben. Bei 180°C ca. 40. Min. im Ofen backen. Zum Schluss mit Zimtzucker bestreuen.

Dünne Apfeltorte

Zutaten Torte:
3 feste säuerliche Äpfel, 3 El flüssige Butter, 3 El Calvados, Saft 1/2 Zitrone, 3 El Quittengelee.

Zubereitung:
Backblech in den Ofen geben und auf 190°C vorheizen. Mürbeteig sehr dünn ausrollen und in die gefettete Springform legen. Einen kleinen Rand stehen lassen. Äpfel schälen, viertel, Kerngehäuse entfernen und in dünne Scheiben schneiden. Mit Zitronensaft beträufeln. Fächerförmig auf den Teigboden legen, mit flüssiger Butter bepinseln und mit Calvados beträufeln. 30-40 Minuten auf dem heißen Backblech backen. Quittengelee erwärmen und mit dem Pinsel damit den Kuchen überziehen und schön glänzend glasieren. Dazu passt gut eine Kugel Vanilleeis oder etwas dicke Vanillesauce. Auch geschlagene Sahne mit Vanillezucker und Calvados gewürzt schmeckt gut dazu.

Forsthaus Telegraph

TROISDORF SPICH

Die Szenerie lässt sich noch gut nachvollziehen. Im Pferdegespann ging es den Waldweg hinauf. Zugegeben, die Bäume erschienen um die Jahrhundertwende noch jung, aber ein grünes Idyll in der Wahner Heide war es damals schon um 1900. In der offenen Kutsche fuhr die Gesellschaft hinaus aus der Stadt in die nahe Sommerfrische. Ein Ausflug ins Grüne, an dessen Ziel die alte, ehemalige Telegraphenstation und nunmehr die Forsthalterei stand. Hier genoss man schon vor über 100 Jahren Erfrischung, allerdings in einfacher Gastronomie. Die Zeiten haben sich geändert. Der Förster ist aus dem Gebäude schon längst ausgezogen. Dafür hat sich hier ein Restaurant etabliert, dessen Speisekarte telegrafisch depeschiert, sicherlich schon damals in der preußischen Hauptstadt Berlin für sehnsüchtigen Zungenkitzel gesorgt hätte.

Der Platz ist heute fast etwas versteckt, aber nicht minder historisch und seit der Übernahme durch den Küchenmeister Thomas Pilger auch kulinarisch eine Reise wert. Die ehemalige preußische Telegraphenstation verband einst Koblenz und seine Rheinlande mit der Zentrale Berlin. Heute verbinden sich hier regionale Spezialitäten wie ein „Rücken vom Eifeler Rehbock in Preiselbeer-Thymianrahm mit Gemüsebouquetière" mit französischen Einflüssen wie etwa „Törtchen von Cilena-kartoffeln mit Trüffel und Munsterkäse gratiniert."

Thomas Pilger schätzt die französische Küche, hat er doch mehrere Sommer in Gastronomien in Südfrankreich verbracht und dort natürlich auch die Küche des Midi kennengelernt. Hier im Forsthaus Telegraph kommen nicht nur in der Karte die francophilen Einflüsse zum Vorschein. Auch die Einrichtung erinnert an ein ländlich elegantes Restaurant, das mit seinen Jagdtrophäen dem einstigen Forsthaus Tribut zollt, aber nicht nur in der Wahner Heide, sondern auch im französischen Jagdparadies der Sologne, unweit der Loireschlösser, stehen könnte. Die Farben weinrot und grün treffen sich mit dem dunklen Holz der Balken oder den blank polierten Flächen des alten großen Buffetschranks. Fasan und Rehbock grüßen von der Wand und lassen vermuten, dass hier Wildgerichte gerne und gut neben den vielen anderen Leckereien auf die weiß gedeckten Tische kommen.

Ganz französisch geprägt ist auch die Besonderheit der ausgiebigen Menüangebote. Zwischen drei und sechs Gängen bewegen sich die Jahreszeiten-Menüs, noch opulenter werden die Überraschungs-Kombinationen. Von sechs bis acht Gängen kann der Feinschmecker wählen, genügend Zeit zum Genuss ist da selbstredend! Dann wird der Gast mit einem kulinarischen Feuerwerk belohnt, das zudem von einem attraktiven Preis-Leistungsverhältnis geprägt ist. Die passenden Weine dazu sind im Forsthaus Telegraph kein Problem. Über 150 Positionen fasst die Karte. Hier wird Thomas Pilger allerdings vinologisch-patriotisch, denn er ist von den deutschen Gewächsen und ihren Qualitäten überzeugt und schenkt ihnen deshalb auch gerne entsprechende Gewichtung auf der Karte. Natürlich folgen die Franzosen direkt nach und auch Italien und Spanien sind mit vertreten.

Das Forsthaus Telegraph strahlt somit Geschmack in Küche und Keller aus und schafft durch seine Wärme und Behaglichkeit ein Domizil, wo sich Gäste schnell wohl fühlen. Wer dazu noch eine kleine Erinnerung für Zuhause sucht, wird in der Balsamicoessig-Hausspezialität fündig. Nach geheimer Rezeptur wird guter Balsamico in der Küche weiter verfeinert und für den Einsatz zu Hause in hübschen Flaschen angeboten. Wenn das alles keine moderne „Mund-zu-Mund-Depesche" wert ist!

RESTAURANT
Forsthaus Telegraph
Mauspfad 3 - 53842 Troisdorf-Spich
Tel.: 02241-7 66 49
Fax: 02241-7 04 94
www.forsthaus-telegraph.de
email: kontakt@forsthaus-telegraph.de

Öffnungszeiten:
Dienstag bis Samstag ab 18.30 Uhr
Sonntag 12.00 bis 15.00 Uhr und ab 18.30 Uhr
Montag Ruhetag

Hirschkotelett mit frischen Pfifferlingen und Champagner–Linsen im Strudelsäckchen

Zutaten Fleisch und Beilagen:
4 parierte Hirschkoteletts à 180-200 g, Öl, Salz, Pfeffer, 400 g geputzte Pfifferlinge, 1 klein gewürfelte Schalotte, 1 klein gewürfelte Scheibe Speck, gehackter Rosmarin, 1 Bd. gehackte Petersilie, 1 Bd. geschnittener Schnittlauch, Butter, Salz, Pfeffer.

Zutaten Sauce:
6 cl Wildfond, 2 cl Sahne, 1 Thymianzweig, 1 El Preiselbeeren, 50 g Butter.

Zutaten Champagner-Linsen:
4 Blatt Briqueteig (ersatzweise Yufkateig aus dem türkischen Laden), 1 fein gewürfelte Schalotte, 50 g Gemüsebrunoise (Sellerie, Karotten, Lauch, alles sehr fein gewürfelt), Butter (zum Anbraten und flüssig zum bestreichen des Teiges), 200 g gekochte Champagnerlinsen, Salz, Pfeffer, etwas Wein und Sekt.

Zubereitung:
Das Fleisch in einer heißen Pfanne anbraten und bei reduzierter Hitze solange weiterbraten, bis es innen noch rosa ist.

Für die Pfifferlinge den Speck in etwas Butter anschwitzen und die Schalotte hinzugeben. Danach die Pfifferlinge in die Pfanne geben und mit Salz und Pfeffer abschmecken. Zum Schluss die Kräuter zugeben. Für die Sauce den Wildfond mit den Preiselbeeren und Thymian aufkochen. Sahne zufügen, abschmecken und mit kalter Butter in Flöckchen aufmontieren. Zum Schluss passieren. Für das Strudelsäckchen die Schalotte mit der Gemüsebrunoise in etwas Butter anschwitzen. Danach die gegarten Champagnerlinsen hinzugeben und mit einem Schuss Wein und Sekt abschmecken und solange köcheln bis die Flüssigkeit reduziert ist. Zur Fertigstellung den Teig mit flüssiger Butter bestreichen (im Falle des Yufkateigs, diesen erst gut befeuchten, damit er flexibel wird und dann schnell verarbeiten) und in der Mitte ein paar Semmelbrösel einstreuen. Die Linsen darauf geben und den Teig zu einem Säckchen zusammenhalten und mit einem Streifen Alufolie zusammenbinden. Dies im Ofen bei 200° C ca. 5 Min. backen bis es schön knusprig ist. Alles zusammen auf Tellern anschließend anrichten.

44

Zanderfilet auf Weinkraut in Pflaumen–Senf–Sauce mit gebratenen Kartoffelscheiben

Zutaten Fisch:
4 parierte und geschuppte Zanderfilet à 180-200 g,
Öl, Salz, Pfeffer.

Zutaten Kartoffelscheiben:
4 mittelgroße gekochte und gepellte Kartoffeln,
1 Bd. glatte Petersilie, Salz, Pfeffer, Öl.

Zutaten Weinkraut:
1 fein geschnittener Weißkohl, 1 fein geschnittene große Zwiebel, 1 Flasche Riesling, Gewürzbeutel mit: 3 Lorbeerblättern, 10 Wacholderbeeren, 3 Nelken, 1 Tl Kümmelsamen, 150 g Butter zum Anschwitzen, Salz, Pfeffer, Zucker.

Zutaten Pflaumen-Senf-Sauce:
1 klein gewürfelte Schalotte, 6 cl medium Sherry, 3 geh. El Crème fraîche, 2 El Pflaumensenf, Salz, Pfeffer, Butter (zum anschwitzen und zum abschließenden montieren der Sauce).

Zubereitung:
Die Haut des Zanderfilets leicht einschneiden, würzen und in einer heißen Teflonpfanne mit zunächst etwas Öl anbraten. Danach die Butter zugeben und die Hitze reduzieren. Die Kartoffeln auf gleichmäßig große Scheiben schneiden. In einer Pfanne mit Öl und Butter anbraten und von beiden Seiten würzen. Danach mit reichlich auf feine Streifen geschnittene Petersilie überstreuen. Für das Weinkraut den Weißkohl, den Gewürzbeutel, etwas Salz, Pfeffer und Zucker mit dem Riesling und etwas Wasser ca. 1 Tag ziehen lassen. Danach abseien und die Marinade auffangen. Nun die Butter in einem Topf zerlassen und den Kohl darin etwas andünsten. Mit der Marinade aufgießen und gar kochen. Zum Schluss abschmecken. Für die Sauce die Schalotte in Butter anschwitzen, mit Sherry ablöschen. Crème fraîche und den Pflaumensenf zugeben, mit Salz und Pfeffer abschmecken. Zum Schluss mit kalter Butter in Flöckchen aufmontieren und die Sauce passieren. Alles zusammen auf Tellern anrichten.

Geheime Zeichen

IN DER WAHNER HEIDE

Der optische Telegraph in Spich verband einst die Rheinlande mit der preussischen Machtzentrale in Berlin.

Lang, lang ist´s her, aber noch heute erinnert das Forsthaus Telegraph in den Wäldern unweit von Troisdorf an die wichtige Kommunikationsverbindung zwischen Koblenz und Berlin. Auslöser für die Streckenführung war letztendlich der Wiener Kongress, der Koblenz zur Hauptstadt der den Preußen zugesprochenen rheinischen Lande erhob. Eine schnelle Nachrichtenverbindung musste her und so wurde die optische Telegraphenlinie 1832 installiert. 61 Stationen führten von der alten Sternwarte Berlin über Potsdam, Magdeburg, Halberstadt, Höxter und Köln bis nach Koblenz zum Schloss. In der engeren Umgebung gehörten Flittard, St. Pantaleon in Köln, Oberzündorf, Spich und Söven dazu. Gut sichtbar auf der erhöhten Terrasse der Wahner Heide lag die Spicher Station auf 132 m ü NN und erhielt daraufhin den Namen Telegraphenberg. Ein vierstöckiger Turm mit Wohn- und Wirtschaftsgebäuden gehörte zu der Telegraphenstation, wo ein Ober- und Untertelegraphist arbeiteten. Ein runder Mastbaum befand sich im Turm, der auf einem eisernen Spitzzapfen ruhend, zu drehen im Stande war. Er überragte die Plattform des Turms um zehn Meter und erhielt zur nötigen Standfestigkeit bei Wind und Sturm einen schweren eisernen Ring und vier Sturmstangen, die ihn mit der Plattform verbanden. War Sturmwarnung gegeben, so konnten die Verbindungen stramm angezogen werden, um dem schweren Mast den nötigen Halt zu geben.

Im Westen nichts Neues…

Am oberen Teil des Mastbaums befanden sich sechs bewegliche Flügel, die sich in unterschiedliche Position bringen ließen. Die Größe war so gewählt, dass ihre Einstellung mittels Fernrohr noch in den nächsten beiden Stationen wahrgenommen werden konnte. Der Telegraphist bewegte über ein ausgeklügeltes Seilsystem bequem und sicher aus seinem Beobachtungszimmer die Flügel und konnte so die Meldungen weiterleiten. Rund 4.096 verschiedene Zeichen waren mit den sechs Indikatoren (Flügeln) möglich. Zur weiteren Ausstattung gehörten zwei Fernrohre, die je einmal zur nächsten Station in Söven und Zündorf ausgerichtet waren. Ab 1834 meldete dann die Telegraphenlinie chiffrierte Staatstelegramme zwischen Koblenz und Berlin. So einfallsreich sich diese neue Technik zeigte, so abhängig war sie aber von der Witterung und der Tageszeit. Oft mussten wichtige Telegramme wegen Einbruch der Dunkelheit abgebrochen und auf den nächsten Morgen verschoben werden. Desgleichen geschah bei Nebel. So war es nur ein Frage der Zeit, bis sich die Technik weiter entwickelte und 1849 die elektrische Telegraphenlinie zwischen Berlin und Köln eröffnet wurde. Schritt für Schritt verdrängte die elektrische Weiterleitung die rein optische Übermittlung. 1851 wurde die Telegraphenstation in der Wahner Heide eingestellt. Die Hausbewohner wechselten und aus dem Telegraphisten wurde nun der Förster. Der Turm verschwand, die anderen Räumlichkeiten nach den Bedürfnissen vergrößert. Der jeweilige Förster, der nun hier wohnte unterhielt eine kleine Schankwirtschaft, um seine Förstersalaire aufzubessern. Heute ist das Forsthaus Telegraph ein gastliches Zuhause für Menschen, die gerne und gut essen und trinken!

unten: Ausflugslokal 1958

An der Siegmündung

Ein Fluss verlässt sein Bett

Mit dem Rad durchs Auenland

Schenkelhohe Brennesseln bilden eine dichte Mauer und scheinen etwas vor neugierigen Blicken verteidigen zu wollen. Der achtlose Reisende kann sich noch so mühen, er sieht den Zauberwald vor lauter Bäumen nicht. Feuchter Grund für viel Fantasie, die sich zwischen wuchernden Wiesenrändern und lichten Baumgruppen von Schwarzerlen und Silberweiden auf Flügel hebt, um zu schauen, woher die vielen Vogelstimmen kommen, die sich hier im grünen Dickicht der Baumkronen versteckt haben. Unbekannte Laute, die einem die eigenen Gedanken eher in einen Dschungel als an ein Flussgebiet nicht weit von der Mündung in den Rhein leiten.

Wer erst einmal vom Sattel absteigt und inne hält, erlebt eine Naturlandschaft von seltenem Reiz. Unbekanntes Land zwischen Wasser und Wiesen, wo sich Insekten in der Sonne spiegeln. Hier scheint es, liegt das Rückzugsgebiet für Gestalten, die nicht von unserer Welt sind – eher einem Märchenbuch oder einem Fantasyroman entsprungen sein könnten. Verwitterte Holzpfosten markieren den Weg, über den kleine Karren die holprigen Fahrspuren meistern. Ein Herr Frodo oder Bilbo könnte der Herr über den Auenwald sein, in einem grünen Reich, durch den ein Fluss gemächlich seine Bahnen zieht.

Spielende Kobolde am Kieselufer, die entweder die Angel ins Wasser halten oder aber Steine auf der Wasseroberfläche hüpfen lassen. Eine große Ruhe liegt über dem weiten Tal und hinter den sieben Brennesselbergen wartet ein Land, dem man sich zu Fuß, per Rad, aber vor allem mit viel Fantasie nähern kann. Ein sonniger Tag ist in den Siegauen dafür die beste Reisezeit. Da wechseln sich Licht und Schatten, trockene Gräser mit feuchten Ufern geheimnisvoll ab und erschaffen das Auenland, von dem wir nicht erst seit dem Herrn der Ringe träumen.

Von Kloster zu Klatschmohn

Statt Bilbos Karren stehen uns Drahtesel zur Verfügung, die in Hennef, dem Start unserer Tour, schon ungeduldig wie Ross auf Reiter warten. Der dortige Bahnhof ist ein gutes Ausgangsziel, um auch ohne Pkw die Radreise zu den Siegauen zu beginnen. Vielleicht noch mit etwas Proviant für ein Picknick unterwegs versorgt, verlassen wir schon bald das Stadtzentrum und bewegen uns in Richtung Sieg. Gar nicht weit von hier lohnt ein Abstecher zum Kloster Seligenthal, das versteckt in einem Seitental liegt. Die 1231 gegründete Anlage besteht heute in erster Linie aus der romanischen Kirche St. Antonius, ihres Zeichens die älteste erhaltene Franziskaner-Kirche in Deutschland.

Um die alte Klosterkirche gruppieren sich heute die Gebäude des Klosterhofs Seligenthal, ein attraktives Restaurant mit angeschlossenem kleinen Hotel. Eine gute Alternative also, statt am Morgen schon den Abend zuvor hier einzutreffen, um sich dann auf der Terrasse des Restaurants im Schatten der alten Klosterkirche kulinarisch verwöhnen zu lassen. Ruhig und gut gebettet lässt es sich vorzüglich schlafen und am Morgen nach dem Frühstück gestärkt in Richtung Siegfluss radeln. Ein weites Tal öffnet sich und nachdem man von

Hennef oder Seligenthal aufgebrochen ist, gelangt der Reisende auf einen Deich, der ihn nach Westen leitet. Weit schweift der Blick von da über Äcker und Felder zur Linken und Wiesen zur Rechten, die jetzt mit rotem Mohn wie in einem Bild von Monet erblühen. Kamille und junge Getreideähren gesellen sich zu dem Landschaftsbild in rot. Das Auge wird unvermeidlich davon angezogen. Die offenen Blüten sind dabei eine wahre Weide für Hummeln und andere Insekten, die sich zahlreich in den geöffneten Blütenkelchen arbeitsam versammeln.

Von Reihervogel zu Rapsgelb

Die Sieg liegt rechterhand und begleitet uns in gemächlichem Fluss. Die Ufer nähern und entfernen sich in schönem Wechsel und von weitem schon lässt sich die Silhouette des Siegburger Klosterberges erkennen. Diese Landmarke mit dem herausragenden Abteiturm von St. Michael wird uns noch eine ganze Weile begleiten. Schließlich folgen wir den Windungen der Sieg, welche die Stadt Siegburg fast umarmen möchte. Plötzlich gelangt sie in schnelleren Fluss, wird zum rauschenden Wasser, das sprudelnd über Stock und Stein springt. Aus dem gezähmten Fluss wird ein sanfter Wilder, der auf kurzer Strecke nicht nur dem Radwanderer am Ufer, sondern auch Kanuten und Paddlern ein neues Bild der Sieg vermittelt. Revier für Wassersportler und Wasserjäger gleichermaßen, denn Graureiher haben ebenfalls auf Steinen Position bezogen und verharren ungerührt, bis sich ein Fisch in

unvorsichtige Nähe begibt. Die flinke Wasseramsel gehört zu den weiteren Bewohnern der Sieg, die sich in ihrem weißen Brustkleid von ihrer völlig schwarzgefiederten Familie unterscheidet. Sogar Nutrias sollen hier am Ufer (wieder) zu Hause sein. Für uns bleibt dieser große Nager mit dem feinen, glänzend-braunen Fell unsichtbar, aber Rückzugsgebiete gibt es für ihn hier an etlichen Stellen. Weiter geht die Tour. Siegburg haben wir passiert und nun nehmen wir Kurs in Richtung Troisdorf.

Das Siegtal, so schön und naturnah es uns erscheint, ist nicht frei von Durchquerungen der rasanten Art. Brücken spannen sich über das weite Tal und verbinden Zugverkehr und Autobahnen.

Die Zivilisation holt uns immer wieder ein, gibt uns aber auch immer wieder schnell frei und dann gelangen wir in verträumte Bereiche, wo Wildgänse und Enten eine Pause auf der Wiese einlegen, Pferde auf schattigen Koppeln träge in den Tag hinein dösen.

Von Wasserläufen zu Waldgrün

Langsam ändert sich die Landschaft, wird reicher an großen alten Bäumen, die aus den weitläufigen Weiden eine parkähnliche Naturlandschaft zaubern. Solitärbäume wie stämmige Eichen oder wuchtige Pappeln säumen den Weg. Dazwischen spult sich der Weg ab, der durch die kniehohen Gräser und blühenden Rapsstauden eingerahmt, ein wunderbares Bild ergibt. Immer wieder zeigt sich die Sieg, verschwindet aber wieder hinter dichtem Ufergrün, um sich dann wieder als glitzerndes Nass dem Radler in Erinnerung zu rufen. Schließlich befinden wir uns im Reich der Sieg, die zwar bald im Rhein aufgehen wird, bis dahin aber noch einmal ihre ganze natürliche Schönheit präsentieren will. Wilde Kirschen säumen später den Weg und geben Vorfreude auf sommerliche Touren, wo das schwarzrot der Früchte Lippen und Zunge färben wird. Ein letztes Mal kündigt sich eine Deichstrecke an, die uns noch einmal über das Tal erhebt. Böschungen voller Wildblumen und Gräser flankieren die Strecke. Von weitem lässt sich schon der Auenwald sehen, dessen hohe schlanken Bäume von einem echten Zauberwald künden. Der Abfahrt an der nächsten Weggabelung folgend rollen wir über umbuschte Feldwege in Richtung Wald. Als wäre mit einem mal die Präsenz von Alltagsgeräuschen ab- und dafür eine unsichtbare Voliere voller Vogelgezwitscher aufgestellt, empfängt uns plötzlich ein Konzert unterschiedlichster Stimmen.

Die Erlen und Silberweiden prägen die Landschaft, die den Radfahrer aus der Sonne kommend in ein lichtgrünes Schattenreich ziehen. Hier und da dringen die grellen Strahlen auf den Boden vor und wirken wie Bühnenscheinwerfer, die runde Leuchtringe auf den gemähten Wiesengrund werfen. Licht und Schatten, Baumstämme und Brennesselinseln schwimmen gleichsam auf dem feuchten Grund, der durch Wasserarme auch in Wirklichkeit durchdrungen wird. Teichähnlich stehende Gewässer wirken sumpfig, dann aber wieder fließt die Sieg als ruhiger Fluss an Kiesbänken vorbei, wo ein Junge mitten im Wasser auf Fliegenfischen die Angel auswirft.

Der Weg teilt sich nun und lässt uns das Ziel unserer Tour entscheiden. Entweder weiter in Richtung Mündung, wo sich der Auenwald langsam verliert und die Wasser ihrer Bestimmung zufließen oder am anderen Ufer zurück. Bis zur Mündung bleibt die Sieg Naherholungsgebiet und Freizeitfluss. Wir überqueren die Brücke, welche die Sieg überspannt und treten auf dem gegenüberliegenden Ufer die Heimreise an. Noch einmal erleben wir die Reize der Siegauen, radeln vorbei an Wiesenrändern voller weißer Margeriten und haben die Möglichkeit nach Eschmar, Sieglar oder Troisdorf für eine Stärkung abzubiegen. Für ein Picknick bleibt an vielen Stellen Zeit.

Vielleicht direkt am Ufer, wo sich die Flasche, die sich im Korb befindet gut im nahen Wasser kühlen lässt. Eine Decke, ein Glas, ein Sandwich oder herzhaftes Baguette, Käse und Wein und der Himmel über der Sieg ist zum Greifen nah. Und wenn danach die Bouteille Wein doch leerer als gedacht sein sollte? – dann war vielleicht doch Bilbo oder ein anderer unsichtbarer Bewohner des Auenlands am Wasser der Sieg. Zu einem Ausflug in die Siegauen lässt sich der Picknickkorb gut packen.

Wein, Wasser und Säfte lassen sich im Wasser der Sieg gut kühlen. Nachfolgend ein paar Ideen für ein ungezwungenes Picknick am Ufer.

Tafelspitzsalat

Zutaten:

1 Tafelspitz von gut 1 Pfund Rindfleisch, 2 Schalotten, je 1 rote, gelbe Paprikaschote, 1 kleine Stange Lauch (zuvor in kochendem Wasser blanchiert), ca. 5-8 Essiggurken, 3 hartgekochte Eier, 1 Tl Dijonsenf, 1 Tl Zucker, etwas Salz, Pfeffer, Öl und Essig, $\frac{1}{2}$ Bund Petersilie.

Zubereitung:

Tafelspitz in kaltem Wasser aufsetzen und einmal zum kochen kommen lassen. Fleisch herausnehmen, Wasser abschütten und erneut in Wasser aufsetzen. Leise köcheln lassen bis das Fleisch gar ist. In der Brühe erkalten lassen. Wer eine Suppe aus der Brühe im Anschluss zubereiten möchte, kocht mit dem Tafelspitz noch kleingeschnittenes Wurzelwerk (Selleriewurzel, Karotte, Lauch) mit. Fleisch aus der Brühe nehmen und in kleine Würfel schneiden. Die Lauchstange bis auf das härtere Grün in feine Ringe schneiden und im heißen Wasser kurz blanchieren. Restliche Zutaten klein würfeln und zu dem Tafelspitz geben. Aus Öl, Essig, Senf, Zucker, Salz und Pfeffer eine Marinade rühren. Den Salat damit mischen, fein gehackte Petersilie zum Schluss unterheben und alles zusammen nochmals abschmecken. Am besten den Salat einige Stunden vor dem Verzehr zubereiten, da die Marinade auch gut durchziehen kann. Ggf. noch etwas nachwürzen.

Obst – Muffins

Zutaten:

100 g weiche Butter, 175 g Zucker, 2 Eier, zimmerwarm, 1 Päckchen Vanille-Zucker, 1 Prise Salz, 250 g Mehl, 2 Tl Backpulver, 150 g Joghurt, 220 g Obst, z. B. Johannisbeeren, Blaubeeren oder kleine Pfirsich- oder Aprikosenschnitze, Muffin-Papierförmchen, evtl. Puderzucker zum Bestäuben.

Zubereitung:

Den Backofen auf 175° C vorheizen.

Weiche Butter mit dem Handrührgerät schaumig rühren. Zucker, Vanillezucker und Eier hinzufügen. Mehl mit Backpulver und Salz vermischen, abwechselnd mit dem Joghurt zu der Butter-Eier-Zucker-Mischung geben zu einem homogenen Rürteig verarbeiten.

Das Obst am Schluß unterheben. Entweder in eine mit jeweils einem Papierförmchen ausgelegte Muffinform geben oder, falls keine Muffinform verwendet wird, immer zwei Papierförmchen ineinander setzen (1 $\frac{1}{2}$-2 El Teig pro Muffinförmchen einfüllen). Ca. 30-45 Minuten bei 175° C / Gas Stufe 3 backen.

Abkühlen lassen und vor dem Servieren mit Puderzucker bestäuben.

Marinierte Geflügelspießchen

Zutaten:
Pro Person ca. 1-2 Hähnchenbrüste, Olivenöl, Pfeffer, etwas Sojasauce, Zucker, je eine Prise Zimt, Paprikapulver, Piment, sehr wenig Kreuzkümmel. Eine Packung Schachlik-Holzspießchen.

Zubereitung:
Die Hähnchenbrust in fingerdicke längliche Streifen schneiden. Aus den einzelnen Zutaten eine Marinade rühren und darin das Hähnchenfleisch über Nacht marinieren. Am nächsten Tag die Hähnchenstreifen in Windungen auf je ein Holzspießchen stecken, ggf. noch etwas salzen und in der Pfanne golden braten.

Dazu passt ein Chutney.

Zwiebeln in Honig

Zutaten:
1 kg Kleine weiße Zwiebeln, Olivenöl, 200 ml Weißwein, Zitronensaft, Majoran, Thymian, Pfeffer, 2 El Honig, 2 kleingewürfelte Äpfel.

Zubereitung:
Zwiebeln schälen und in Öl goldgelb anbraten. Danach Weißwein dazugeben, würzen und einkochen lassen, bis fast die ganze Flüssigkeit verdampft ist. Honig und die Äpfel dazugeben und noch einmal gut durchkochen.

In Gläser füllen, auskühlen lassen und abschließend etwas Olivenöl darüber gießen. Ist die Schicht Öl so dick, dass sie luftdicht abschließt, lassen sich die Gläser im Kühlschrank auch längere Zeit konservieren.

Sandwich mit pikantem Brotaufstrich

Zutaten:
1 reifen Camembert, 2 feingehackte Frühlingszwiebeln, ca. 125 g weiche Butter, Paprikapulver, Pfeffer, etwas Salz, zerstoßenen Kümmel, 1/2 Bund frische gehackte Petersilie.

Weiterhin:
Vollkorn-Toastbrot, weiterhin Eisbergsalat, Eischeiben und Tomaten.

Zubereitung:
Camembert mit der Gabel gut zerdrücken. Mit der weichen Butter mischen und gut zusammenrühren. Dann die weiteren Zutaten dazugaben und mit den Gewürzen und Kräutern zu einer Creme rühren.

Toastbrot mit der Creme bestreichen, darauf Streifen vom Eisbergsalat, sowie Ei- und Tomatenscheiben geben, mit einer weiteren bestrichenen Toastbrotscheibe bedecken und diagonal durchschneiden. Leicht andrücken.

Makrelencreme – Doppeldecker

Zutaten:
2-3 Pfeffermakrelen-Filets, 250-300 g Doppelrahmfrischkäse, Salz, Pfeffer.

Weiterhin:
Vollkornbrot, Gurkenscheiben.

Zutaten:
Aus dem Vollkornbrot mit einem größeren Wasserglas runde Taler ausstechen. Die Haut von den Makrelenfilets abziehen.

Fischfilet kleinzupfen und mit dem Frischkäse zusammen fein cremig pürieren. Mit Salz und Pfeffer abschmecken. Taler mit der Creme bestreichen, dazwischen Gurkenscheiben legen und zwei bis drei Lagen damit bauen.

Ggf. mit einem kleinen Holzspieß fixieren.

Klosterhof Seligenthal

Alte Klosterorte sind nicht nur Plätze der Stille, sondern üben auch oft eine ganz spezielle Stimmung und Faszination aus. Vielleicht ist es die Historie oder der Geist, den man noch meint spüren zu können. Auch hier in Seligenthal bei Siegburg findet sich solch ein ganz besonderes Fleckchen Erde. Versteckt im Tal liegt die alte Kirche, die zu dem 1231 gegründeten Franziskanerkloster gehörte und damit den ältesten noch erhaltenen Kirchenbau des Ordens auf deutschem Boden darstellt. Noch heute ist der spätromanische Bau die Pfarrkirche für die umliegenden Bewohner. In den ehemaligen Refektoriums- und Wirtschaftsgebäuden hat sich seit dem Jahre 2001 nach aufwendiger Umbau- und Renovierungsphase ein romantisches Restaurant mit Hotel im vier Sterne-Standard niedergelassen – der „Klosterhof Seligenthal".

Schon von außen gefällt das Ensemble aus Alt und Neu. Das Hotel mit 12 DZ befindet sich im alten Refektorium, wo noch alte Wandmalereien an den Ursprung erinnern. Über eine Glaskonstruktion verbunden, schmiegt sich das Restaurant mit seinen unterschiedlichen Räumlichkeiten an und mündet in der hellen, modernen Orangerie, deren lichtes Ambiente, ihre filigrane Bauweise und die weißen Stuhlhussen ein elegantes Gepräge verleihen. Die ehemaligen Stallungen sind rund 270-300 Jahre alt und darin hat sich das Herzstück des Restaurants, der Kaminsaal etabliert. Auf zwei Ebenen zwischen mächtigen Holzbalken, schönen Brokatstoffen und herrschaftlicher Anmutung wird serviert.

Historie auf Schritt und Tritt, denn der alte Blaustein der Fliesen stammt aus Südfrankreich und ist mit seinem Alter von rund 270 Jahren jünger als der große offene Kamin, der aus dem Italien des 17. Jh. stammt. Im blauen Salon, gleich nebenan, finden auch Trauungen statt – ein Zeichen dafür, wie gerne der Klosterhof auch für Hochzeiten und Feierlichkeiten gebucht wird.

Herr über Hotel und Restaurant ist Andreas Behner, dem mit Küchenchef Stefan Suntinger eine gute Wahl geglückt ist. Die Speisekarte liest sich äußerst kreativ und so ist auch die Maxime der beiden Gastronomen, Bekanntes in neuer Art umzusetzen und dadurch geschmacklich wie optisch zu überraschen und den Gaumen zu kitzeln.

Dabei finden weniger alte historische Klosterrezepte, sondern vermehrt der Kräutergarten, ebenfalls eine klösterliche Eigenart, besondere Nutzung. Der Küchenchef verwendet gerne und oft frische Kräuter, darunter auch vergessene oder Wildkräuter wie Giersch oder Vogelmiere. Zwei Gerichte, die sich besonders durch den Einsatz frischer Kräuter hervortun, sind ständig auf der Karte präsent. Wem läuft nicht bei einem gefüllten Spanferkelrücken mit Kräuterfarce im Brickteig gebacken das Wasser im Mund zusammen ...?

Eine weitere kulinarische Spielart offenbart sich in den Anklängen aus der asiatischen Küche. Ein Carpaccio vom roten Thunfisch, mariniert mit zweierlei Sesam oder der Butterfisch mit Limonenblättern auf Sprossengemüse künden von Aromen aus den Ländern der aufgehenden Sonne.

HOTEL-RESTAURANT

Klosterhof—Seligenthal

Zum Klosterhof 1
53721 Siegburg-Seligenthal
Tel.: 02242-87 47 87
Fax: 02242-87 47 89
www.klosterhof-seligenthal.de
e-mail: info@klosterhof-seligenthal.de

Öffnungszeiten: täglich
Küche: 12.00-14.30 Uhr, 18.00-22.00 Uhr

Alle sechs bis acht Wochen wird die Karte komplett umgestellt, Aktionswochen oder saisonale Schwerpunkte runden das kulinarische Angebot ab. Besondere Highlights bilden die festlichen Buffets zu den Festtagen des Jahres. Auch gehört die Veranstaltungsreihe „Klosterkultur" mittlerweile zur festen Einrichtung. Kultur & Kulinarisches verbinden sich in einem vier-Gänge-Menü, das zwei bis dreimal pro Jahr angeboten wird. Ein halbjährlicher Aktionskalender informiert den interessierten Gast gerne darüber.

Auch wenn die Pilger von heute in Seligenthal wohl mehr das kulinarische Angebot im Sinn haben, so ist der ehemalige Mönchsort auch ein ideales Start- oder Etappenziel für Wanderer, Motorbiker oder Radfahrer. Für beides ist hier gesorgt: die Einkehr zur Stille in der alten Franziskanerkirche und die Einkehr in die Gastlichkeit des Klosterhofs Seligenthal!

Blutwurststrudel

Zutaten:
200 g Blutwurst, 50 g Äpfel, 50 g Birnen, 3 Schalotten, 60 g Semmelbrösel, 20 g Butter, 2 Eier, 1/2 Bd Petersilie, Oregano, Salz, Peffer, 1 Eigelb.

Zubereitung:
Blutwurst in grobe Würfel schneiden. Äpfel und Birnen schälen und in 1/2 cm große Würfel schneiden. Schalotten schälen und in Streifen schneiden. Butter in eine Pfanne geben und Äpfel, Birnen und Schalotten glasig braten (mit Salz, Pfeffer, Oregano würzen), abkühlen lassen. Füllung (Blutwurst, Äpfel, Birnen, Schalotten) vermengen. Semmelbrösel, Eier und Petersilie dazugeben und mit Salz und Pfeffer würzen. Füllung auf den Strudelteig geben und zum Strudel rollen, mit Eigelb bestreichen und im Ofen bei 180°C ca. 20 Min. backen. In Scheiben schneiden und auf Tellern anrichten.

Zutaten Strudelteig:
125 g Mehl, 1/2 Ei, 25 ml warmes Wasser, Öl, Salz.

Zubereitung:
Mehl sieben, eine Mulde eindrücken, restliche Zutaten hinein geben und zu einem Teig verarbeiten. Teig zur Kugel formen, mit Öl bestreichen und 30 Min. kühl ruhen lassen. Mit Nudelholz dünn ausrollen, auf einem Handtuch dünn ziehen.

Maispoulardenbrust gefüllt mit Wildkräutern auf Gemüse – Fettucine mit Barolojus

Zutaten:
4 Stück Maispoularde, 150 g Weißbrot, 125 ml Milch, 20 g Kochschinken, 1 Schalotte, 1 Ei, Kräuter (Petersilie, Vogelmiere, Kerbel, Rosmarin, ...), Salz, Pfeffer, Muskat.

Zubereitung:
Maispoulardenbrüste rüsten (Tasche einschneiden, Flügelknochen abhacken). Füllung zubereiten. Weißbrot in kleine Würfel schneiden. Milch aufkochen und auf Weißbrot geben und quellen lassen. Kochschinken und Schalotte in feine Würfel schneiden und anschwitzen. Kräuter waschen, trocknen und fein hacken. Alles vermengen und Masse in Maispoulardenbrust füllen. Fleisch mit Salz und Pfeffer würzen und auf der Hautseite scharf anbraten und wenden, einen Rosmarinzweig mit in die Pfanne legen (Aroma). Im Ofen bei ca. 150°C ca. 20 Min garen.

Zutaten für Baraolojus:
0,5 kg Kalbsknochen (walnussgroß), 20 g Öl, 1 Tl Tomatenmark, 100 g Röstgemüse (Karotte, Sellerie, Zwiebel, Lauch), 0,2 l Barolo, Salz, Pfeffer, Lorbeerblatt, Nelke, Wacholderbeeren.

Zubereitung:
Öl heiß werden lassen, Knochen gut bräunen. Röstgemüse ohne Lauch ebenfalls bräunen. Lauch und Tomatenmark zugeben, alles anrösten, mit Barolo ablöschen und reduzieren, mit Wasser auffüllen. Gewürze dazugeben (Pfeffer, Lorbeerblatt, Nelke, Wacholderbeeren). Knochen auskochen, Sauce passieren und nachschmecken, ggf. etwas abbinden.

Zutaten für Gemüse-Fettucine:
240 g Fettucine, 30 g Zuckerschoten, 30 g Karotten, 30 g Lauch, 30 g Sellerie, 2 Tomaten.

Zubereitung:
Fettucine in heißem Salzwasser kochen, abschütten, mit Wasser erkalten lassen und anschließend etwas Öl dazu geben, zur Seite stellen. Gemüse in feine Streifen schneiden, Tomaten vierteln und Kerne entfernen. In die Pfanne etwas Butter geben, Gemüse anschwitzen, würzen, Nudeln dazugeben, ggf. etwas Wasser zufügen, alles erhitzen, Tomaten hinein geben und abschmecken.

Weg zur Klosterkirche in Seligenthal

SIEGBURG.

SIEGWEHR.

Alles klar

R(h)ein Wasser ist die Sieg der Flüsse

Die Vorbehalte sitzen tief. Während wir heute im Fischgeschäft Fische aus fast allen Meeren und Gewässern aufgetischt bekommen, neue Arten mit exotischen Namen wie Pangasius, Mahi-Mahi oder Erdbeerbarsch entdecken, können wir uns kaum vorstellen, mit gutem Gewissen Fische aus dem Rhein und der Sieg zu verspeisen. Die Erinnerungen an Zeiten, wo Abwasser und Einleitungen von Industrie und Kommunen die Flüsse belasteten sind noch immer in der Erinnerung. Dabei hat sich erfreulicherweise in den letzten 20 Jahren viel in puncto Sauberkeit, ökologischem Bewusstsein und Renaturierung getan. Manch wohl bekannter Flussbewohner, der schon lange nicht mehr seine Bahnen in heimischem Gewässer zog, fühlt sich plötzlich wieder wohl. Ambitionierte Wiedereingliederungsprojekte laufen! Die Zeiten, wo man selbst dem Dienstpersonal nicht mehr zumutete, die Mengen frischen Lachses zu verspeisen gehören allerdings der Vergangenheit an.

Sieghochwasser in den 30er Jahren

Ein Herz für Fische

Tierschutz ist für die Angler an der Sieg nicht neu. Bereits 1910 gründete sich der Fischschutzverein Siegburg e. V. und entwickelte sich zum größten Fischereiverein der Region. Ziel war und ist nicht nur die Erschließung neuer Angelmöglichkeiten, sondern schon immer der Schutz von Wasserflora- und Fauna. Bereits damals waren die Auswirkungen auf die Fliessgewässer, als Folgen der industriellen Revolution, enorm. Für die Sieg bedeutete dies die Verunreinigung wie beispielsweise durch die Siegener Industrie oder die Textilindustrien und sogenannten Scharlachrotfärbereien um Eitorf. Die kommunalen Würdenträger verhielten sich dabei oft nach dem Motto des heiligen Florian, nur dass dieser nicht vor Feuer schützen sollte, sondern vor dem Einleiten der Kommunen flussaufwärts. Was die nachfolgenden Gemeinden dann aus dem eigenen Kanalrohr zu erwarten hatten stand auf einem ganz anderen Blatt.

66

Lachser Umgang mit der Natur

Um 1900 spielte der Lachs am Rhein wie auch an der Sieg eine bedeutende Rolle. Salmfänger fanden entlang des Rheins ihren Broterwerb und schon von weitem ließen sich die Boote mit den markanten Salmwippen erkennen. An ihnen befanden sich die Netze, die im Fluss auf reiche Beute lauerten. Bereits 1915 ergibt eine Untersuchung, dass die wirtschaftliche Bedeutung des Lachses zwar rückläufig ist, das Ausbleiben aber nicht zu befürchten sei. In den 50er Jahren wurde allerdings die Wissenschaft eines Besseren belehrt. Die letzten Lachse stiegen die Sieg auf. Die zunehmende Zerstörung des Lebensraumes, die zuvor schon genannte Gewässerverschmutzung und auch die Auswirkungen einer Überfischung forderten ihren Tribut. Dabei gehörte die Sieg in dem Bereich um Eitorf, Hennef und Siegburg zu einer sehr artenreichen, der sogenannten Barbenregion.

Sie wird wie der Name schon sagt durch die Barben dominiert, eine Region im Wechsel vom Mittelgebirge zur Ebene. Begleitfische wie Nase, Rotauge, Hecht, Karpfen und Äsche bereichern die Artenvielfalt. Waren früher Hasel und Rotauge ganzjährige Nahrungsmittel und durchaus Massenfische, die oft auf dem Speisplan der Bevölkerung standen, sind sie heute seltener anzutreffen. Dafür hat sich der Kormoran weiter ausgebreitet. Der schwarzgefiederte Fischjäger bedient sich reichlich an dem gedeckten Tisch von Sieg und Rhein. Fast paradox erscheint es, aber die in den letzten Jahren gestiegene Wasserqualität bedingt wiederum die zurückhaltende Vermehrung der Fischarten. Mit sauberem Wasser geht weniger Phytoplankton, also Algen und Wasserpflanzennahrung einher. Dies wiederum bedingt weniger Zooplankton, wovon sich viele Fische aber ernähren. Weniger Nahrung bedeutet ganz einfach weniger Fische. Hier zeigt sich wie empfindlich ein gesundes Ökosystem sein kann.

Aalglatte Geschäfte

Nachhaltigkeit gehört zu den weiteren Zielen des Siegburger Fischschutzvereins. Schließlich wollen sich die Mitglieder durch Überfischen nicht ihres eigenen Anglerglücks berauben. Der Tisch war in früheren Zeiten reich gedeckt mit Lachs, Barben, Nasen, Rotaugen, Hasel und Barschen. Auch der Aal gehörte zu den beliebten Fängen. Am Rhein gingen dafür die Aalschokker auf Fahrt. In speziellen großen Reusen, die zum Ende hin immer schmaler konisch zuliefen, wurde der Aal im Rhein gefangen. Der Fisch ist noch immer voller Rätsel, lebt er doch im Süßwasser, laicht aber in den entfernten Weiten der Sargassosee. Seine Wanderung und Fortpflanzung gehören noch immer zu den beeindruckenden und teilweise noch unentdeckten Geheimnissen. Gegenüber früher ist der Aalbestand in heimischen Gewässern rückläufig. Nicht zuletzt Schuld daran sind die Geschmäcker der Menschen. In Frankreich wird der noch junge, winzige Glasaal verspeist, während aus Japan Aufkäufer die jungen Aale erwerben und in Asien in Zuchtgewässern für den dortigen Markt aufziehen. Die Jungaale gehen den heimischen Gewässern verloren, wo sie nicht mehr heranwachsen und zum späteren Zeitpunkt die weite Reise zur

Fortpflanzung antreten. Rund 1.000 Exemplare des besonders nachtaktiven Fischs hat man pro Jahr in den letzten Jahren in der Sieg bei Siegburg gefangen. Klassisch ist die Zubereitung von „Aal grün" in der Pfanne gebraten. Das Räuchern des Aals war hingegen der Vermutung in hiesigen Breiten nicht traditionell verwurzelt. Heute hingegen wird er zumeist geräuchert angeboten. Besonders im Sommer zur Fangzeit war der Aal ein gefragter Fisch. Kaum zu glauben, dass aus seiner Haut das stark beanspruchte Gelenk des Dreschflegels hergestellt wurde.

Aalschocker in Niederkassel

Am Deich

Ein Kommen und Gehen

Zu den bedeutenden Arten der Sieg gehörte das Rotauge, das sich ähnlich dem Hering an der See zu eingelegtem Bratfisch zubereiten ließ. Dazu wurde der Fisch ausgenommen und geschuppt, Kopf, Flossen und Schwanz entfernt, in Mehl gewendet und scharf angebraten. Ein Sud aus Essig und Zwiebeln konservierte den Fisch anschließend und ließ ihn zart und aromatisch werden – eine klassische Zubereitung des Winters, wo durchaus auch durch das Eis geangelt wurde. Der Zander, ein heute verbreiteter und hochgeschätzter Speisefisch gehörte bis zu Beginn der siebziger Jahre des letzten Jahrhunderts nicht zu den bekannten Fischarten an Mittelrhein und Sieg. Er ist über die Niederlande zu uns gewandert bzw. wurde in den Flüssen eingesetzt. Ursprünglich liebt er die flachen sommertrüben Seen, fühlt sich aber anscheinend auch bei uns wohl. Ein Grund mögen die vermehrt struktur- und deckungslosen Uferränder des Rheins sein, die ihm nichts ausmachen, vielen anderen Fischarten wie beispielsweise dem Hecht aber den geschützten Lebensraum rauben. Auch hat sich die zunehmende Befestigung der Uferbereiche negativ ausgewirkt. Die weiche Unterwasserflora hat abgenommen, die Flüsse sind dafür schneller in ihrer Fliessgeschwindigkeit geworden und Hochwasser sind manchmal mehrmals jährlich zu erleben. Die nahen Uferbereiche sind aber gerade die bevorzugten Laichplätze der Fische. Nur zu oft werden Eier und Jungfische durch die starke Strömung fort gerissen. Heterogene strukturreiche Uferzonen sind also eine besonders wichtige Forderung für ein gesundes Ökosystem.

Der Fluss als Kartenhaus

Die Rufe des Fischereischutzvereins blieben lange Zeit ungehört. Der Lachs verschwand und kam nicht mehr zum Laichen aus den Weiten des Atlantiks in seine einstig heimische Kinderstube. Der Bau von Wehren erschwerte zusätzlich den Rückzug in die Oberläufe der Flüsse. Manch findigem Wilderer kamen die Wehre gerade recht. Bekannt dafür waren die Buisdorfer Ströpper (Schlingensteller), die sich mit Drahtschlingen vor den Wehren postierten und so dem ankommenden Lachs vor seiner Barriere auflauerten. Im Anbetracht der vielen nachteiligen Auswirkungen auf die Sieg, veränderte sich die artenreiche, sauerstoffstarke Barbenregion, in der sich gegenüber den anspruchsvollen Nasen und Barben die unempfindlicheren Brassen stärker behaupten konnten. Zuleitungen aus der Chemie und Nährstoffüberdüngung ließen das Ökosystem Fluss sehr instabil werden. So konnten bereits kleine Schadereignisse gravierende Auswirkungen haben. Insbesondere an der oberen Sieg fand in den Jahren 1969/70 zweimal ein nahezu totales Fischsterben durch Einleitungen statt. Ein Grossteil der heutigen schützenden Gesetzgebung fehlte damals noch. Diese ist es, welche die 70er Jahre und ihre Zeit der Verschmutzung ablöste. Eine Wende zum Besseren ist seitdem eingetreten.

Auf der Treppe zum Erfolg

Heute haben sich die Verhältnisse wieder mehr normalisiert. Die Brassen sind geringer geworden, dafür haben sich Barben und Nasen wieder vermehrt. Ein untrügliches Kennzeichen für die Verbesserung der Wasserqualität. Eine wahre Überraschung war die Tatsache, dass sich vor dem Siegburger Wehr plötzlich große Salmoniden aufhielten. Es handelte sich um Meerforellen, was sichtlich erstaunte.

Untersuchungen haben ergeben, dass Meerforellen nichts anderes sind als ursprüngliche Bachforellen, die ihren Weg in die See gefunden haben, sich an den neuen Lebensraum anpassten, größer als ihre Flussverwandten wurden, ihre Herkunft aber nicht vergaßen. Pflanzen sie sich fort, entstehen, welch Wunder der Natur, sowohl Meerforellen als auch Bachforellen.

Diese Tatsache beflügelte den Ruf nach Fischtreppen, die den Rückzug den Fischen vereinfachen sollte. Fünf Wehre an Agger und Sieg wurden daraufhin für eine siebenstellige Summe umgebaut und mit Fischaufstiegen in Form von Rampen versehen. Auch dort engagierte sich der Fischschutzverein Siegburg in hohem ideellen wie auch finanziellem Maße.

Hier mündet die Sieg in den Rhein

Irland an der Sieg

War der Rheinsalm zwar ausgestorben, bestand dennoch der Traum, durch Neubesatz Lachse wieder in den heimischen Flüssen anzusiedeln. Das Programm Lachs 2000 erhoffte sich nach dem erfolgreichen Meerforellenrückzug auch hier positive Ergebnisse. Gegenüber den pazifischen Lachsarten gibt es nur eine Atlantiklachsart, die sich allerdings in diverse Stämme untergliedert, je nachdem in welchen Flussgewässern sie einst ihren Laichplatz hatten. So zogen Lachse einst in die Loire, in die Themse aber auch in den Rhein. Der Rheinsalm war ein sehr großwüchsiger Lachs, der besonders stark sein musste, um den langen Weg über den großen Fluss zurücklegen zu können. Um 1900 kreuzte man diesen mit vielen Vorzügen versehenen Lachs in Irland im Fluss Shannon ein. Fischlaich aus dieser Region ist nun auch zurück an die Sieg gekommen, da man hofft, dass einstige Gene des Rheinsalm noch immer präsent sind, diese Art dem einstigen Rheinsalm deshalb am nächsten kommt.

So wurden Ende der 80er Jahre des letzten Jahrhunderts Lachseier aus Irland erbrütet und kleine Lachse eingesetzt. Nach einigen Jahren kamen die ersten Fische zurück. Der Traum der Fischerei ist, einmal sich selbst reproduzierende Bestände zu haben. Meerforelle und Lachs sind nun wieder anzutreffen in Rhein und Sieg, die Bestände werden aber weiterhin geschützt. Am Buisdorfer Wehr zählte man 2003/2004 rund 98 Lachse und 23 Meerforellen, am Aggerwehr 60 Lachse und 5 Meerforellen.

In eigens dafür an Wehren eingerichteten Kontroll-Fangstationen werden die Zahlen registriert. Mit dem Wanderfischprogramm 2010 hat man sich ein weiteres hohes Ziel gesteckt. Auch andere einstmals heimische Arten sollen wieder im Rhein und seinen Nebenflüssen anzutreffen sein. Dazu gehören der Maifisch, der Nordseeschnäpel und auch der Stör. Flussneunauge wie auch das große Meerneunauge gehören schon wieder zu den gern gesehenen Bewohnern der Gewässer!

Fische gut — alles gut

So ließe sich die Philosophie des Fischschutzvereins Siegburg e. V. kurz aber passend zusammenfassen. Viel Wasser ist die Sieg und auch den Rhein hinabgeflossen. Lange Zeit ohne Rücksicht auf das empfindliche Ökosystem Fluss. „Wir sind, was wir essen" – ist ein in letzter Zeit öfter gehörter Ausspruch, der hart klingt, aber nicht ohne tieferen Sinn ist.

Es ist wichtig mit den Lieferanten unserer Nahrungsmitteln, sprich den Tieren und Pflanzen, verantwortungsbewusst und artgerecht umzugehen, die Gesundheit und nicht den Profit in den Mittelpunkt des Interesses zu stellen. Frische Fische in einem gesunden Ökosystem ist ein Ziel, dann haben sich die frischen Grundwerte einer alten Fischschutzorganisation an der Sieg in bester Hinsicht bezahlt gemacht!

Die Fischereibruderschaft Bergheim und der Fischschutzverein Siegburg e. V.

Die Fischereibruderschaft des Troisdorfer Stadtteils Bergheim hat eine über tausendjährige Tradition. Sie hat schon seit frühester Zeit den Bewohnern des Siegmündungsgebietes zum Broterwerb gedient und eine rege Fischerei entstehen lassen. Gründungszeitpunkt ist 987 n. Chr.. Seit dieser Zeit schlossen sich die Fischer zu einer festen Gruppe zusammen und nahmen die Gemeinschaft einer organisierten zunftähnlichen Bruderschaft an. Das Jahr 1555 berichtet, dass den Bergheimer Fischern der Fangertrag zu zwei Dritteln zusteht, ein Drittel an das Kloster Vilich abzuführen ist. 1593 gibt es erstmals eine genaue kartografische Erfassung des Fanggebietes der Bruderschaft. Seit altersher vererbt sich die Mitgliedschaft von den Vätern auf ihre ehelichen Söhne. Wie in alten Zeiten finden heute noch am ersten Samstag nach Dreikönige und Johannes Baptist die Fischerversammlungen statt. Heute besitzt die Fischereibruderschaft das komplette Fischereirecht. Seit 1907 ist die Fischereibruderschaft ein Verein. Die Bergheimer Fischereibruderschaft ist das älteste derartige zunftähnliche Gebilde auf deutschem Boden. Sie trägt in hohem Maß zur Gewässer- und Landschaftspflege sowie zur Bewirtschaftung im Unterlauf der Sieg und des rechtsrheinischen Gebietes im Raum Bonn bei.

Das Fischereimuseum der Fischerei-Bruderschaft zu Bergheim informiert in besonderer Weise über den Fischfang, Biotoppflege und Umwelt und Strukturverbesserung an und in den Gewässern. Eine Vergrößerung des gesamten Museums ist in naher Zukunft vorgesehen. Idyllisch liegt das Museum an der Siegmündung, ein echter Aalschokker hat davor festgemacht und vermittelt ein anschauliches Bild vom Aalfischfang. Ein kurzer Weg von dort führt durch einen wunderbaren Auenwald hin zur Mündung in den Rhein. Der Fischschutzverein Siegburg e. V. kümmert sich heute wie vor hundert Jahren um die Gesundheit von Fisch und Gewässer. Viel Arbeit geschieht dazu im Stillen, einige Aktionen im Jahr wie die seit über 20 Jahren stattfindende jährliche Uferreinigung oder das Vereinsfischen, wo der dickste Fisch den Fischerkönig auszeichnet, sind publikumswirksame Ereignisse.

www.fischschutzverein-siegburg.de
Fischereimuseum Troisdorf-Bergheim

Öffnungszeiten: Jeweils am ersten Sonntag im Monat in der Zeit von 14.30 bis 18.00 Uhr
www.rheinfischerei-nrw.de

Wie ein kleines feines Schmuck-stück liegt das über 300 Jahre alte ehemalige Fachwerkgehöft an der Rheinstraße in Troisdorf-Eschmar. Der Ort liegt idyllisch unweit der Siegauen eingebettet zwischen Ge-müse und Erdbeerfeldern, hat große Zeiten im Rhabarberanbau gesehen, wovon noch heute eine alte Bahnstrecke mit dem Namen Rhabarberschlitten erinnert. Beste Grundlage also für viel frische Küche und saisonale Produkte im Gasthof „Zur Scheune".

Gaby Meimann, gebürtige Münsterländerin, und Guido Radermacher, ein waschechter Kölner, sind Eigentümer des gemütlichen Fachwerkidylls und führen seit 1997 das Restaurant. Beide haben sich der guten Küche verschrieben, haben in bekann-ten Häusern hierzulande wie auch im bayerischen Alpenraum ihr Können gelernt und verfeinert. Heute teilen sie sich die Zuständigkeiten im Restaurant. Während Guido Radermacher die Küche zu sei-nem uneingeschränkten Reich zählt, bewirtet Gaby Meimann die Gäste, ist für den Service ver-antwortlich und kann aufgrund ihrer Küchener-fahrung sehr kompetent Empfehlungen ausspre-chen, welcher Wein gerade zum gewählten Gericht passt.

Innenräume wie auch der lauschige Garten sind wie eine Oase des Rückzugs, wo rund 30 Sitz-plätze einen intimen Rahmen aufzeigen. Die Ein-richtung zeigt sich natürlich in hellem Holz und ist ländlich fein. An den Wänden zeugen wech-selnde Bilder vom Kunstinteresse der Eigentümer.

Keramik, Ton, Holz oder andere Werkstoffe schmü-cken hier und da Innenräume und Terrasse. Krea-tiv geht es somit nicht nur auf Tischen und an den Wänden zu, sondern in erster Linie in der Kü-chenhandschrift von Guido Radermacher.

Für ihn wie auch Gaby Meimann gilt eine ganz einfache, ganz nach-vollziehbare Maxime: „Wir kochen das, was wir auch gerne essen." Das ist Liebe zum Kochen auf den Punkt gebracht! Und zu dieser Küchenleidenschaft gehört eine gute Portion Kreativität und Expe-rimentierfreude auf Neues. Das Ergebnis kann dann ein Erdbeerbarsch auf Aprikosensauce sein oder ein Eifeler Rehrücken mit Valrhonaschokolade. Es muss jedoch nicht immer zu neuen Geschmacksufern gehen. Auch altbekannte, vielleicht in Vergessenheit geratene Produkte wie Navetten oder Rübstiel kommen zu neuen Ehren. Die Küche lässt sich nicht einem eindeutigen Stil zuordnen. Sie bedient sich vieler Einflüsse und ist immer frisch und leicht, verzich-tet auf schwere Saucen oder zu üppige Kalorien. Da macht es Spaß, sich von drei verschiedenen Menüempfehlungen leiten zu lassen. Der Favorit ist das 3-Gänge-Scheunen-Menü.

Dazu gesellt sich ein 4-Gänge-Vegetariermenü und ein umfangreiches Degustationsmenü, wahlweise mit begleitenden Weinen – alle zu einem attraktiven Preis. Nicht nur für „Exil-Münsterländer" sind die jährlich stattfindenden kulinarischen „Münsterländer Wochen" ein Stück schmackhafte Heimat im Rheinland. Die Palette weiterer Aktionen richtet sich nach der Saison, bietet beispielsweise auch Kochkurse und im Sommer an jedem 1. Sonntag im Monat einen vorzüglichen Brunch.

Mit Pfifferlingen gefüllte Kaninchenkeule an bunten Paprika in Rahm mit Polentatimbal

Zutaten:
6 ausgelöste Kaninchenkeulen, Schweinenetz, 300 g frische Pfifferlinge, Paniermehl, 1 Schalotte, 1 Ei, 6 bunte Paprika, 1 Schalotte, 1 Knoblauchzehe, $\frac{1}{2}$ l Sahne, Roux (Mondamin), 100 g Maisgrieß, $\frac{1}{2}$ l Milch, 1 Eigelb, 25 g Butter, Salbei, Muskatnuss.

Zubereitung:
Die Pfifferlinge waschen und bei Bedarf noch putzen, mit einer klein gehackten Schalotte in heißem Olivenöl in der Pfanne anrösten. In einen Mixer geben, mit Eigelb, Paniermehl und den Gewürzen abschmecken, cuttern und kalt werden lassen. Vorsicht, nicht zu viel Paniermehl, damit die Masse nicht zu fest wird.

Die ausgelösten Kaninchenkeulen in Folie leicht plattieren, auf die Außenseite legen und die Innenseite kräftig würzen. Die Pfifferlingsmasse darauf verteilen und das Ganze an den Seiten einschlagen und zusammenrollen. Die Kaninchenroulade jetzt noch mit Schweinenetz einwickeln und auch die Außenseite würzen. Eine Pfanne aufstellen und in heißem Olivenöl die Keulen von allen Seiten vorsichtig anbraten. Einen Schuss Weißwein und etwas Wasser angießen und bei ca. 170° C im Backofen 25-30 Min. fertig garen.

Einen $\frac{1}{2}$ l Milch zum kochen bringen, 25 g Butter dazugeben und unter ständigem Rühren 100 g Maisgrieß eingeben. Mit Salz, frischem Pfeffer, Muskatnuss und gehacktem Salbei abschmecken. Kurz vorm Stocken noch das Ei einrühren.

Die Masse in gebutterte Timbalformen geben, bei 170° C im Backofen ca. 20 Min. backen. Die Paprika vierteln, putzen und waschen. Anschließend in mittelgroße Rauten schneiden und auf Seite stellen. Die Schalotte und die Knoblauchzehe fein hacken und ebenfalls auf Seite stellen. Einen Topf aufstellen, heiß werden lassen und die Paprika langsam in Olivenöl anschwitzen. Kurz bevor sie glasig werden die Schalotten und den Knoblauch dazugeben und langsam mit Sahne einkochen. Abschmecken mit Salz und Pfeffer, vor dem Anrichten vielleicht einen Rest von Ruccola dazugeben. Die Paprika auf einen Teil des Tellers anrichten, den Polentatimbal etwas oberhalb davon und die aufgeschnittene Kaninchenkeule an die Paprika setzen. Dazu einen kräftigen Weißwein oder ein leckeres Blondes. (Rezept für 6 Personen)

GASTHOF
Zur Scheune

Rheinstraße 66 - 53844 Troisdorf-Eschmar
Tel.: 02241-40 05 55 - Fax: 02241-40 72 55
www.zur-scheune.de

Öffnungszeiten:
Di.-Fr.: 12.00-13.30 Uhr (nur auf Reservierung),
sonst ab 18.00 Uhr, Samstag: ab 18.00 Uhr
Sonn-und Feiertage:
Küche von 12.00-13.30 Uhr, ab 18.00 Uhr,
zwischen 14.30 Uhr und 17.00 Uhr an Sonn-
und Feiertagen hausgemachte Waffeln und Kuchen,
Montag Ruhetag,
Betriebsferien: 2 Wochen über Karneval
bis Aschermittwoch, 10 Tage in den Herbstferien

Clostermanns Hof

NIEDERKASSEL-UCKENDORF

Fast vor den Toren Kölns aber noch im ruhigen Winkel von Wiesen und Äckern um Niederkassel liegt der Clostermanns Hof. Der ehemalige Präsenzhof des Stiftes Villich ging wie alle geistlichen Besitzungen im Rahmen der Säkularisierung Anfang des 19. Jh. in weltliche Hände über, wurde eine großzügige Viereck-Hofanlage im rheinischen Backstein-Baustil, die das alte Herrenhaus integrierte. Der Gutshof der Familie Clostermann gestaltete sich Mitte der neunziger Jahre des 20.Jh. in ein attraktives Hotel mit einem 18-Loch Golfplatz um, wobei der Charakter der alten Hofanlage bewahrt wurde. Die Eigentümer Emil und Simone Seidel führen seit Beginn 2003 erfolgreich Hotel und Gastronomie in eigener Regie und haben den Clostermanns Hof zu einem renommierten vier Sterne Hotel mit ausgesprochen guter Gastronomie entwickelt. Viele Gründe eine kleine Landpartie in den Clostermanns Hof zu unternehmen! Ihre Philosophie von guter Gastlichkeit und absoluter Dienstleistungsorientierung transportierten Emil und Simone Seidel erfolgreich auf ihr junges Mitarbeiterteam.

Das Ergebnis sind ausgesprochen motivierte und sympathische Damen und Herren, die eine angenehme Natürlichkeit und herzliche Freundlichkeit ausstrahlen und keinen Wunsch ihrer Gäste unerfüllt lassen. Dies ist sicherlich die Grundlage, die das Domizil neben den ansprechenden, großen Zimmern im englischen Landhausstil und der geschmackvollen Dekoration und Einrichtung als ein besonders interessantes Ziel in der Region Rhein-Sieg ausweisen. Schon längst ist es ein Geheimtipp für Hochzeiten und festliche Feiern, für die der schöne große Park mit altem Baumbestand, die in Blüten eingebettete Terrasse wie auch die stilvollen und behaglichen Gasträume den passenden Rahmen bieten. Die Restaurants teilen sich auf in die gemütliche Closterstube und das elegante Wintergartenrestaurant „Alte Präsenz". In beiden kommt die Küche der jungen Michaela Rielmann zum Tragen, die sich kulinarische Meriten schon in der „Alten Pfarrey" in Neuleiningen, im „Herrenhaus Buchholz" in Alfter und im „Sonnenhof" in Waldstetten erkocht hat. Mit 25 Jahren war sie in der Ausbildung zur Küchenmeisterin jüngste und gleichzeitig beste Teilnehmerin. Sie wirkte bereits an einem Buch über Food Styling mit und zeigt dabei, dass die Liebe zur guten Küche nicht nur über den Gaumen, sondern auch über das Auge geht. Die Closterstube präsentiert sich eher regional inspiriert, führt auch etwas rustikalere Gerichte und schmackhafte Kleinigkeiten, die bei schönem Wetter auch im Biergarten im Innenhof, im Schatten der großen Eiche eingenommen werden können. In der „Alten Präsenz" herrscht dagegen eine leichte, französisch-mediterran inspirierte Küche vor.

Ein Knurrhahnfilet auf Artischocken-Pfifferling-Ragout und Wildreis oder der warme, weich schmilzende Ziegenkäse auf Herbstsalat mit Pinienkernen und Kräutern unterstreichen die francophile Handschrift der Küchenchefin. Attraktiv sind die angebotenen Menüs und auch die Weinkarte wie die Digestifauswahl bieten Interessantes in Angebot und Preis.

In der Sommersaison 2004 neu eröffnet, ist der Kaffeegarten ein Ort für Mußestunden zu hausgemachten Kuchen- und Waffelspezialitäten sowie feinen Kaffee- und Teevariationen. Im blau-weiß gestreiften Strandkorb sitzen, den Lavendel schnuppern, die Augen auf dem Grün des weitläufigen Parks ruhen lassen und die süßen Café-Spezialitäten wie die weiße Trüffel-Quarktorte genießen. Das Leben kann so schön sein – und lecker obendrein, wie der Clostermanns Hof immer wieder aufs Neue unter Beweis stellt!

HOTEL-RESTAURANT

Clostermanns Hof

Heerstraße
53895 Niederkassel-Uckendorf

Tel.: 02208-9 48 00
Fax: 02208-9 48 01 00
www.clostermannshof.de
info@clostermannshof.de

Öffnungszeiten der Küche:
Täglich von 11.00 bis 22.30 Uhr

Tranche vom Steinbutt auf Ragout von Artischocken

Zutaten:
4 Steinbuttfilets á 150 g, Salz, Pfeffer, 50 g Butter.

Für die Artischocken:
4 Artischocken, 1 Schalotte in Würfel geschnitten, 20 g Möhren in Würfel geschnitten, 20 g Sellerie in Würfel geschnitten, 20 g Lauch in Würfel geschnitten, 150 ml Sahne, 100 ml Weißwein, 100 ml Brühe, 50 g Butter.

Zubereitung:
Die Arischocken putzen, d. h. äußere Blätter und das „Heu" in der Mitte der Artischocke entfernen. Die geputzten Artischockenböden in Zitronenwasser legen, um das dunkel werden der Artischocken zu verhindern. Die Butter in einem Topf erhitzen und die geachtelten Artischocken mit den Schalotten zusammen kurz anschwitzen. Mit dem Weißwein und der Brühe ablöschen und ca. 15 Min. köcheln lassen. Anschließend die Sahne zugeben und sämig einreduzieren lassen. Zum Schluss die Gemüsewürfel zugeben und ebenfalls kurz mit köcheln lassen. Mit Salz und Pfeffer abschmecken. In einer Pfanne die Butter erhitzen. Den Steinbutt leicht Salzen und Pfeffern und in der Butter von beiden Seiten kurz anbraten und bei niedriger Hitze gar ziehen lassen. Die Artischocken auf einem Teller in der Mitte anrichten und das Steinbuttfilet oben auflegen. Mit Schnittlauch garnieren. Dazu passt ein leckeres Kartoffel-Olivenpüree.

Frisch aus dem Bergischen

Lammfromm und doch in Gefahr

Das Naafbachtal eine Liebeserklärung an eine Schönheit, die ins Wasser gehen sollte

Ein wunderbarer Frühlingstag. Ende April liegen die Wiesen in einem satten gelb von Löwenzahnblüten. Jede für sich eine Sonne mit Strahlenbanner aus feinen schmalen Blütenblättern. Das Grün ist saftig und scheint wie aus dem Farbeimer eines übermütigen Anstreichers oder viel besser noch mit dem Pinsel eines Künstlers in alle Richtungen gespritzt worden zu sein. So intensiv und frisch ist die Farbpalette des Frühlingstages! Die ersten Schmetterlinge sind unterwegs. Leichte lautlose Segelflieger, die hin und wieder von einem sonoren Motorengebrumm einer dicken Erdhummel begleitet werden. Die Insektenwelt sonnt sich im warmen Auftrieb der Luft, übt Taumelflug oder mutige Kapriolen und startet wie die ganze umgebende Natur nun endlich durch. Jeder Tag ist wie ein Streckenkilometer weiter in Richtung Ziel und als Landebahnen kommen die schon wuchernden

Uferbereiche des rauschenden Baches oder die voller Wildkräuter stehenden feuchten Wiesenauen sanft zum tragen. Wir befinden uns nicht weit von dem Flüsschen Agger, haben zwischen Lohmar und Wahlscheid irgendwann die Abfahrt ins grüne Gartenreich von Mutter Natur genommen und sind nach einigen Windungen der kleinen Strasse, den Berg wieder hinunter gefahren, vorbei an blühenden Apfelbäumen und lichten Laubwäldern, die sich hinab ins Tal ergießen. Ein Hof hier und ein Fachwerkhäuschen da und schon sind wir an den glücklichen Hühnern, die im Freien scharren vorbei. Spätestens jetzt heißt es aber, den Wagen gegen Schusters Rappen einzutauschen, denn das Naafbachtal ist einfach zu schön, um schnell passiert zu werden. Das rund 15 km lange Bachtal ist wie ein Edelstein, den man am besten von jeder Facette erfahren muss, will man seine ganze Pracht spüren. Edelsteine sind wie so oft vor Begehrlichkeiten nicht gefeit und so hat auch dieses schöne Naturrefugium schon oftmals die Luft vor Schreck anhalten, sich auf Freunde und Schützer verlassen müssen, in der Hoffnung, der Krug geht noch einmal an ihm vorbei und bricht nicht mit seinen Wassermassen hinein in das Idyll von Zeitlosigkeit, weil dem Glücklichen ja keine Stunde schlägt.

Doch diese Geschichte erzählt uns der muntere Bach an einer anderen Stelle. Wir müssen los, denn gar nicht weit von unserem Startpunkt haben wir ein Treffen von lammfrommer Natur. Was könnte besser zu so einem gemalten Bild von Frieden und Beschaulichkeit passen, als eine Herde weißer Schafe, die ruhig auf gelbem Löwenzahngrund ihre grünen Frühlingskräuter schmausen und dabei den Eindruck vermitteln, als würde sie der ganze Rest der Welt nicht einen Deut interessieren. So fressen Sie weiter zwischen Spitzwegerich, Frauenmantel, Sauerampfer und Wiesengras. Der Frieden weicht plötzlich einem vielstimmiger Chor, der sich in unsere Richtung in Bewegung setzt. Mit schallendem Mäh merken wir schnell, dass das weltliche Desinteresse auch Ausnahmen besitzt. Unser Treffen mit Schäfer Menzer kündigt sich an und schon bald werden wir uns die Frage stellen, wieso Neuseeland näher als das Naafbachtal liegt!

Mit seinen Schafen und den wenigen Ziegen steht Wolfgang Menzer auf Du und Du. Man merkt sofort, dass zwischen Mensch und Tier ein besonderes Verhältnis besteht. Zuerst begrüßt er seine Tiere in der ehemaligen Scheune, die zum Ziegenstall umfunktioniert wurde. Er und seine Frau Sabine sind vor vielen Jahren mehr durch einen Zufall zu einem Pferd und Schafen gekommen. 1980 begannen sie mit drei Schafen, die mit der Zeit durch Zukauf und Jungtiere zu einer Herde von 60 Tieren anwuchsen. Zu der Rasse des Bentheimer Landschafes gesellten sich noch rund 80 Deutsche Edelziegen, deren Milch sie zu Frisch- und Schnittkäse verarbeiteten. Das einstmals begonnene „Hobby" entwickelte sich so zum Haupterwerb. Man besuchte Wochenmärkte und vermarktete den Käse. Mit einer gewissen Wehmut erfahren wir allerdings, dass sich der Vertrieb der eigenen Produkte mit der Zeit als immer schwieriger erwies. Gesteigerte gesetzliche Vorschriften, lange Anfahrtswege aus dem schönen, aber doch auch abseits gelegenen Naafbachtal zu den Verbrauchern und das Käuferverhalten der Verbraucher selbst sind einige der Gründe, wieso Sabine und Wolfgang Menzer ihre Tierhaltung und die Käseproduktion verringert bzw. sogar aufgegeben haben. Die Ziegen wurden abgegeben, die Käseherstellung eingestellt, aber rund 120 Schafe und Lämmer zur Landschaftspflege behalten. Eine Entwicklung, die auch andernorts leider immer öfter geschieht und ein fragendes Licht auf unsere Esskultur wirft. Die Lämmer der Menzers, so erfahren wir, gehören was Aufzucht, Haltung und Fütterung anbelangt zu den außergewöhnlichen und qualitativ sehr hochwertigen Fleischangeboten der Region. Und doch wird die Nachfrage geringer, „wählen viele Kunden lieber den Weg zum vorgefertigten Convenienceprodukt", erzählt uns Wolfgang Menzer. Es scheint, als lägen die Lämmer aus dem Schafeldorado Neuseeland näher am Herzen des Verbrauchers, als die glücklichen Lämmer von den Kräuterwiesen des Naafbachtals.

Bergwiesensommer im Tal

Nicht nur ein Schäferidyll auf dem Papier. Hier im Naaßbachtal wird dem Vertragsnaturschutz eine wichtige Funktion eingeräumt. Die Schafe gehören dabei zur Landschaftspflege. Nach ganz bestimmten Richtlinien werden dabei die Wiesen bearbeitet. Beweidung und Mähen sind dabei genau festgelegt. Menzers Schafherde beweidet hier die ausgewiesenen Flächen des Amts für Agrarordnung, die durch ergangene Auflagen nicht mit Gülle und Stickstoffen in Berührung kommen dürfen. Das Ergebnis lässt sich jedes Jahr im Frühsommer sehen, wenn statt grünem, aber artenarmem Wiesenteppich ein buntes Blütenfeuerwerk aus dem Boden schießt.

Richtige Blumenwiesen, wie man sie aus Kindertagen noch kennt oder vielleicht noch gar nicht in natura gesehen hat. Wen wundert es dabei, dass hier der Tisch für die Tiere mehr als gut gedeckt ist. Wildkräuter allenthalben, die später auch dem Fleisch den würzigen, wunderbaren Geschmack geben. Hier duftet das Heu noch nach der Fülle des Sommers und man würde es gerne gegen ein Bett im Kornfeld eintauschen wollen. Darin liegen bereits von Dezember bis Mai die Schafe und lassen es sich weich und gut gehen.

Fast schon wäre dieses Idyll dem Talsperrenbau zum Opfer gefallen. Die Ideen zur Deckung der steigenden Trinkwasserversorgung des Kölner Raums bestehen schon seit Jahrzehnten und konkretisierten sich in den siebziger Jahren des letzten Jahrhunderts. Bürgerproteste und Initiativen bildeten sich aus den Bewohnern des Tals, aber auch Naturschützern, die den Verlust eines einzigartigen Naturraums kommen sahen. Im Zuge der Vorbereitungen zu dem geplanten tiefen Einschnitt, wurden Grundstücke und Anwesen im Überflutungsbereich mit Landesmitteln aufgekauft. So manches historisch schützenswerte Fachwerkgebäude fiel unwiederbringlich der anschließenden Spitzhacke zum Opfer.

Die meisten Bürger zogen weg, andere aber harrten aus und warteten ab, in der Hoffnung, die Zeit werde ein Umdenken mit sich bringen. Die Zeit hat hier nicht alle Wunden geheilt, aber es hat sich wirklich im Laufe der folgenden Jahre ein Umdenken erkennen lassen. Zwar ist die Talsperre offiziell immer noch nicht endgültig vom Tisch, die Wasserversorgungssituation aber soweit gesichert, dass ein Bau nicht in Erwägung gezogen wird.

Ein Lichtblick, wie nach einem Gewitter, wenn hinter dunklen Wolken wieder die Strahlen der Sonne hervorblinzeln und der Boden noch vom Kräftemessen der Elemente dampft.

Ein Grund mehr, dem Naafbachtal einen Besuch abzustatten, wo zumindest Mutter Natur in jetziger Instanz gesiegt hat. Zu allen Jahreszeiten ist diese malerische Gegend ein besonderes Rückzuggebiet für selten gewordene Tier- und Pflanzenarten; Leben, Mensch und Natur vielleicht in innigerem Einklang als anderswo und haben sie durch das gemeinsame Los, das beide schon fast ereilt hätte, näher zueinander gefunden. Heute wohnen hier wieder Familien, die ihren Kindern den größten Abenteuerspielplatz mit Namen

Natur bieten wollen, grasen Pferde und Ponys auf Koppeln und erwandern sich Naturfreunde das Tal, wo sich nicht nur Fuchs und Hase, sondern Schleiereule, Dachs und Fledermaus, Frosch, Maus und jede Menge Insekten und Singvögel eine gute Nacht sagen.

Die Schafe grasen wieder in ihrer unnachahmlichen Gelassenheit und Ruhe, als wir das Tal verlassen. Ein Charakterzug, der sich auch auf die Besucher des Tales wie ein blattgrüner Mantel legt, lassen sie erst mal das Getriebe von Stadt und Verkehr hinter sich. „Grün ist die Hoffnung", wissen wir von jeher. Hier ins Naafbachtal passt sie besonders gut hinein!

Topfgucker unterwegs

TIPP

Lammfleisch aus dem Naafbachtal von Familie Menzer gehört zu den geheimen, aber besonderen Spezialitäten der Region. Wer die Wiesen einmal gesehen hat, wird verstehen, wieso hier Kräuter nicht erst beim Zubereiten dem Fleisch die Würze geben. Lämmer und Milchlämmer gibt es im Angebot, wobei letztere im Alter von ca. 4 Monaten, erstere nach rund 7 Monaten geschlachtet werden. Geht man von der Geburt der Lämmer im Winter aus, erscheinen Milchlämmer zwischen Mai/Juni und Lämmer im Herbst als Naafbachtal-Delikatesse. Der Kunde kann zwischen halben und ganzen Tieren, beide fertig zerlegt und portioniert wählen. Auch Lammfelle werden angeboten, die in Deutschland gegerbt werden (darauf legt Wolfgang Menzer Wert). Sie enthalten keine Gerbrückstände und werden regelmäßig von neutraler Stelle geprüft.

Lammfleisch
Sabine und Wolfgang Menzer
Büchel 3
53797 Lohmar-Höffen
Tel.: 02206-65 88

Lammhackfleischbällchen

Zutaten:
250 g Lammhackfleisch, 250 g Kartoffeln, gekocht und püriert, 2 Eier, glatte Petersilie und etwas Minze (gehackt), 2 Zwiebeln (feingehackt), frischer Schwarzer Pfeffer, Salz, Paprikapulver, ein wenig Tabasco, Mehl zum Wenden, Olivenöl.

Zubereitung:
Fleisch, Kartoffeln, Eier, Petersilie, Minze, Zwiebeln und die Gewürze gründlich miteinander mischen. Daraus dann etwa eigrosse Bällchen formen und etwas plattdrücken; in Mehl wenden. Öl in der Pfanne erhitzen und die Bällchen von beiden Seiten goldgelb braten; mehrmals wenden. Dazu passt ein schöner frischer grüner Salat und diverse Grilldips.

Lamm-Eintopf mit Weißkohl

Zutaten:
500 g Lammfleisch aus der Schulter, 250 g Kartoffeln, 3 große Zwiebeln, 250 g Weißkohl, ½ Tl Kümmel, Salz, Pfeffer, ¼ l Fleischbrühe, ½ l Weißwein, ½ Bund glatte Petersilie.

Zubereitung:
Das Lammfleisch würfeln. Kartoffeln und Zwiebeln schälen und ebenfalls würfeln. Den Weißkohl putzen und in grobe Streifen schneiden. Alles abwechselnd mit Kümmel in einen großen Topf schichten. Jede Schicht nach Geschmack mit Salz und Pfeffer würzen, mit Fleischbrühe und Wein auffüllen und zugedeckt ca. 50 Minuten bei mittlerer Hitze garen. Auf Tellern anrichten und mit Petersilie garnieren.

Lammkeule mit Pflaumenfüllung

Zutaten:
1 Lammkeule (ca. 1,7 kg) entbeint, Salz, frisch gemahlener Pfeffer, Rosmarin, Salbei, Thymian, 150 g geräucherter Bauchspeck in dünnen Scheiben, 2 Zwiebeln, 1 Zweig Rosmarin, 500 g Trockenpflaumen, ¼ l Rotwein, 1 Tl Zimtpulver, 1 Tl Nelkenpulver, 200 ml Schlagsahne, 200 ml Sauerrahm, 4 cl Slivoviz.

Zubereitung:
Lammkeule innen mit Salz und Pfeffer, Nelken und Zimt einreiben. Die Hälfte vom Speck und die Zwiebeln würfeln und mit den gehackten Rosmarinnadeln vermischen. 300 g der Pflaumen klein schneiden und unter die Speckmischung geben.

Die Lammkeule füllen und mit Spießchen zustecken oder zunähen. Dann die Lammkeule mit Salz, Pfeffer, Thymian, Salbei und Rosmarin außen würzen. In einem Bräter mit Öl von allen Seiten scharf anbraten, dann bei 175° C zwei Stunden zugedeckt im Backofen weiterbraten. Während der Garzeit nach und nach den Wein zugießen. Restliche Pflaumen in Speck einwickeln und während der letzten 30 Minuten im offenen Bräter mitgaren lassen. Fleisch und Pflaumen auf einer Platte anrichten und warm stellen. Bratensud mit Sahne und Sauerrahm aufkochen. Mit Slivoviz abschmecken und zum Fleisch geben. Ein mit Knoblauch gewürztes Kartoffelgratin passt gut zu der Lammkeule.

Sommernachmittag

Nun ist es still um Hof und Scheuer,
und in der Mühle ruht der Stein;
der Birnenbaum mit blanken Blättern
steht regungslos im Sonnenschen

Die Bienen summen so verschlafen;
und in der offnen Bodenluk,
Benebelt von dem Duft des Heues,
im grauen Röcklein nickt der Puk.

Der Müller schnarcht und das Gesinde,
und nur die Tochter wacht im Haus;
die lachet still und zieht sich heimlich
Fürsichtig die Pantoffeln aus.

Sie geht und weckt den Müllerburschen,
der kaum den schweren Augen traut:
„Nun küsse mich, verliebter Junge;
doch sauber, sauber nicht zu laut."

Theodor Storm

Die „Teichgrafen" von Lohmar

Im Reich von Forelle, Karpfen & Co.

Und still ruht der See – in Lohmar wird man auf den ersten Blick nicht das große Areal aus Wald und Wasser vermuten, das hier schon vor mehreren hundert Jahren angelegt wurde. Ein wahres Idyll aus Teichanlagen, Forsten und sich verbindenden Waldwegen. Reiter, Spaziergänger, Nordic Walker und Jogger begegnen sich sozusagen über

Wasser und genießen die abwechslungsreiche Natur. Unter Wasser aber erstreckt sich ein ganz eigenes Reich, wo Schleien, Zander, Hechte, Karpfen und noch weitere Fischarten zu Hause sind. Jens und Andreas Pilgram sind hier die Herren über die beflossten Wasserbewohner – „Teich-Grafen" in vierter Generation und Fischzüchter mit Herz und Seele. Tauchen Sie ein in eine Geschichte für Angler, Forscher und Feinschmecker!

Am Mönch gestrandet

Ruhig und romantisch plätschert es vor der ehemaligen Wassermühle, die in einem Seitental von Lohmar den Ausgangspunkt der heutigen Fischzucht darstellt. Alleine die oberhalb liegenden Teichanlagen, der Bach und der alte Mühlstein, eingelassen in die Hauswand des heutigen Gebäudes, weisen noch auf den Ursprung hin. 1906 entschied sich der Urgroßvater von Andreas Pilgram für die Fischzucht an dieser Stelle und pachtete in einem Zug auch gleich die rund 35 der einstmals 70 Teiche im Siegburger Staatsforst mit an. Anlagen von stattlichem Alter, denn es waren die Siegburger Mönche vom Michaelsberg, die vor rund 400 Jahren die riesige Teichbewirtschaftung begründeten. Der Speiseplan des kirchlichen Fastenzeitkalenders verbot Fleisch, erlaubte jedoch Fischverzehr. Grund genug, die Tafeln der damaligen Zeit mit dem Fang aus den klösterlichen Besitzungen zu bereichern. Viel hat sich seitdem nicht geändert, denn noch immer streben die Pilgrams eine größtmögliche Naturbelassenheit der Fischzucht und Teichwirtschaft an.

Seit wenigen Jahren sind die Produkte aus den Waldteichen mit dem Naturland-Biosiegel versehen und ökozertifiziert. Nicht nur den Fischliebhabern, sondern auch den Wasserbewohnern selbst gefällt dies, denn der Züchter muss den Fischen dreimal soviel Platz lassen, wie sonst üblich. Auch entfallen natürlich jegliche Art von chemischem Dünger oder Antibiotika. Die Planktonproduktion und damit die Ernährungsgrundlage überlässt Andreas Pilgram lieber natürlichen Helfern. Regelmäßig wird Pferdemist in die Gewässer gestreut, um die Fischnahrung in Form von Algen, Rädertierchen und Wasserflöhen zu erhöhen. Im Herbst werden die Gewässer dann abgelassen und das Abfischen geschieht. Von Teich zu Teich fließt das Wasser ab, immer durch den „Mönch" den Abflussstutzen, der gerne darauf verweist, wer hier anno dazumal den Grundstein legte. Im Frühjahr füllen die verschiedenen Bäche und weiteren Zuläufe die Teiche wieder auf und eine neue Fischgeneration entsteht.

Neuansiedlung erwünscht

Die Fischzucht von heute bedeutet für die Pilgrams zwei Standbeine. Während auf der einen Seite frische Forellen und Karpfen den Speiseplan der Kunden bereichern, besiedeln später Jungfische, die in den Teichanlagen das Licht der Welt erblickt haben, die Gewässer von Angelvereinen und Fischereigenossenschaften. Andreas Pilgram hat sich auf die Aufzucht anspruchsvoller Fische spezialisiert. Die farbenfrohen Koikarpfen gehören im Zierfischbereich genauso dazu wie die Lieferung ausgesuchter Fischarten zur Wiedereinbürgerung in einstmals angestammten Gewässern. Die Wiederansiedlung der Maifische, einer heringsverwandten Fischart im Rhein gehört zu den Forschungsprojekten, die er zusammen mit der Uni Köln betreut.

Aber auch der Nordseeschnäpel, eine Renkenart, soll sich bald wieder hier heimisch fühlen können. Für die Wahnbachtalsperre sind an anderer Stelle Seeforellen als passender Fischbesatz vorgesehen. Andreas Pilgram und seine Mitarbeiter engagieren sich stark in diesen spannenden Wiedereinbürgerungs- und Ansiedlungsprojekten.

Eine Woche voller Freitage

Von der schon wissenschaftlichen Arbeit, die sich mitunter hinter den idyllischen Teichanlagen verbirgt, bekommt der reguläre Kunde wohl kaum etwas mit. Hier stehen die schmackhaften frischen oder geräucherten Forellen im Mittelpunkt. Zur Weihnachtszeit gesellt sich der Karpfen hinzu, der ebenfalls auf seine Liebhaber wartet. 100 Jahre können die stattlichen Exemplare werden, gut schmecken sie jedoch in einem Alter von drei Jahren, bevor der Fisch die Laichreife erreicht. Pilgrams Fischzucht steht somit für Qualität und Naturschutzbewusstsein und trägt durch die Bewirtschaftung der historischen Teichanlagen zum Erhalt dieses wie auch anderer Naturräume bei. Ein Spaziergang entlang der ehemaligen Klostergewässer bringt den feuchten Lebensraum von Fisch und Blesshuhn, Wald und Schilf, Fischreihern, Fröschen und Wasserfloh bewusst näher. Ein echtes Naturerlebnis, dass es zu bewahren gilt. In Pilgrams kleinem Fischladen erlebt der Kunde dagegen die Genussseite von Karpfen und Forelle und er schmeckt spätestens zu Hause, was es heißt, frischer Fisch aus den Fängen der „Teichgrafen" zu sein!

Forelle mit Zwiebeln, Kräuter und Speck

Zutaten:

4 ganze Forellen, 150 g Dörrfleisch fein gewürfelt, 3 Zwiebeln fein in Ringe schneiden, Butterschmalz, pro Forelle ein Sträußchen frische Kräuter, Salz, Pfeffer, Mehl.

Zubereitung:

Forellen innen und außen waschen, trocken tupfen und mit Salz und Pfeffer innen wie außen einreiben. Eine Pfanne mit Butterschmalz erhitzen. Ein Sträußchen frische Kräuter in die Innenseite der Forelle stecken. Forellen mehlieren und von jeder Seite rund 4-5 Minuten schön sanft braten. Fertige Forellen im Ofen warmstellen. Nun Speck und Zwiebeln im restlichen Fett auslassen und Farbe nehmen lassen. Eine gute Portion über die warmen Forellen geben und sofort servieren.

Forellencremesuppe

Zutaten:

250 g Forellenfilets, w.m. noch weitere Fisch-
abschnitte, 1 kleine Zwiebel, 100 ml Sahne, Salz,
Pfeffer, 2-3 El kleingewürfeltes Wurzelwerk, 100 ml
Weißwein, Salz, Pfeffer, Zucker, 2 El frische fein
gewiegte Kräuter wie Petersilie, Dill, Kerbel, 2 Eigelb, etwas Sahne, Worcestersauce. Zur Garnitur
etwas Räucherforelle.

Zubereitung:

Forellenfilets häuten und die Haut zusammen mit
Fischabschnitten, 1 l Wasser, Wurzelwerk, Salz
und Pfeffer zum kochen bringen. Rund 20-30 Minuten leicht köcheln lassen. Fischfond durch ein
Sieb abseien. Forellenfilets zerkleinern und mit
der Sahne pürieren, so dass eine homogene Masse
entsteht. Mit dem Fischsud zusammen in den
Topf zurückgeben, gut verrühren und alles kurz
aufkochen. Wein zufügen und leicht weiterköcheln
lassen.

Mit Salz, Pfeffer, Zucker und einem Spritzer
Worcestersauce abschmecken. Das Eigelb mit der
Sahne verquirlen und damit die Suppe legieren.
Die Suppe darf nun nicht mehr kochen! Zuletzt
die frischen Kräuter einstreuen und ggf. mit etwas
Räucherforelle in Stücken garnieren.

Flusskrebse im Dillsud

Für je 8 Krebse 1 l Wasser, 40 g Salz und
2-3 Stück Würfelzucker zum kochen bringen.
1 Bund Dill zugeben. Die gesäuberten Krebse nun
in sprudelndem Wasser 12-15 Minuten garen.
Krebse schnell in fließend kaltem Wasser abkühlen
und auf eine tiefe Platte anrichten, frischen Dill
dazugeben. Dazu passt ganz einfach frisch getoa-
stetes Weißbrot mit Butter und gehacktem frischen Dill. Fleisch aus den Scheren und vom
Schwanz ist eine Delikatesse. Dazu ein schöner
trockener Weißwein und nach dem Essen ein guter
Aquavit. So lässt es sich genießen!

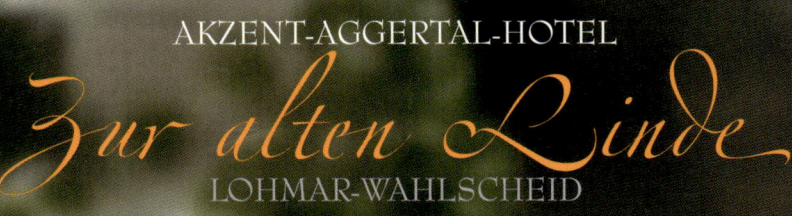

AKZENT-AGGERTAL-HOTEL
Zur alten Linde
LOHMAR-WAHLSCHEID

Eine gewachsene Verbindung. Hier steht die Kirche noch im Dorf, eine uralte mächtige Linde wächst im Schatten des Kirchturms und gleich nebenan liegt das Wirtshaus. Diese glückliche Fügung bildet den Grund für die gastliche Tradition des Aggertal-Hotels „Zur alten Linde" in Lohmar-Wahlscheid.

Seit 1936 ist das Anwesen im Besitz der Familie Dowideit. Auf alten Bildern, die in der heutigen Brasserie hängen, lassen sich noch die Anfänge gut erkennen. Ein Bauernhof mit einer Dorfwirtschaft unmittelbar an der Bartholomäuskirche aus dem 11. Jh.. Viel hat sich seitdem verändert. Der Bauernhof ist gewichen und hat einem anspruchsvollen Drei-Sterne-Superior-Hotel Raum gegeben. Das alte Fachwerkhaus erinnert noch an die Anfänge, andere Gebäudeteile wie der ehemalige Getreidespeicher wurden um- oder ausgebaut, neue Teile wie der lichte Orangerie-Wintergarten und die große Lavendel-Bartholomäus-Terasse sind neu hinzu gekommen. Das 35-Betten-Landhotel bietet heute gleich zwei Möglichkeiten für Essen und Trinken in Nachbarschaft der alten großen Linde, die wohl den ältesten Baum des gesamten Rhein-Sieg-Kreises verkörpert.

Die Brasserie ist der Ort für ungezwungene Stunden in lockerer Atmosphäre und regionalen, durchaus herzhaften Genüssen. Die rustikale Landhausküche bietet bergischen Speckpfannkuchen oder rheinische Spezialitäten wie eine gehaltvolle Kartoffelsuppe mit Blutwurst oder den Sauerbraten. Vier Biere vom Fass sorgen für frischen Trinkgenuss und eine reichhaltige Auswahl an offenen Weinen von ausgesuchten Winzern.

Einmal monatlich wird Freitag abends Live-Musik in unterschiedlichen Stilrichtungen geboten, die dann die Brasserie erfüllen.

AKZENT-***SUPERIOR-AGGERTAL-HOTEL

Zur alten Linde

Familie Wilfried Dowideit
Bartholomäusstraße 8
53797 Lohmar-Wahlscheid

Tel.: 02206-9 59 30 - Fax: 02206-95 93 45
www.aggertal-hotel.de
mit virtuellem Rundgang und Routenplaner
e-mail: info@aggertal-hotel.de

Öffnungszeiten:
Küche von 12.00-14.00 Uhr
und von 18.00 – 22.00 Uhr
Sonn- und Feiertag Ruhetag

Gleich im Anschluss befindet sich das Restaurant „Fasanerie", wo Claudia und Wilfried Dowideit, die Gäste kulinarisch verwöhnen. In warmen Terracottafarben zeigt sich das Restaurant, das den Blick in Richtung Garten und Terrasse öffnet. Die Karte präsentiert sich ausgewogen und so findet jeder Gast seinen Favoriten oder er entscheidet sich gleich für das leckere Drei-Gänge-Menü. Die Schwerpunkte wechseln je nach Saison und orientieren sich an dem gedeckten Tisch der Jahreszeiten. Besonders lauschig ist es, wenn der Lavendelgarten und damit auch die Gartenterrasse geöffnet sind. Dann ist der Alltag besonders weit weg und man lässt den schönen Stunden im Aggertal-Hotel einfach freien Lauf. Wer möchte, der kann natürlich auch unter der alten Linde vor der Türe einen schattigen Platz finden und bei Kaffee und Kuchen dem Rauschen der Blätter zuhören. Ab 10 Personen wird sogar auf Vorbestellung eine original „Bergische Kaffeetafel" geboten, hinter der sich weit mehr als Kuchenstück und frischer Kaffee verbirgt. Eine gute Tradition – so wie die alte Linde, der Gasthof und die Kirche – in Lohmar-Wahlscheid im schönen Aggertal.

Lammrücken in der Kräuterkruste

Zutaten für die Kräuterkruste und Zubereitung:
Mehrere Zweige Rosmarin, Salbei, Thymian, 1-2 Bund Petersilie, 4 Knoblauchzehen, Semmelbrössel, Butter, Olivenöl, Kräuter von den Stengeln abzupfen und teilweise zerkleinern. Mit den restlichen Zutaten eine zähe Kräutermasse rühren.

Zutaten für den Lammrücken:
Pro Person ca. 350 g Lammrücken mit Knochen, Olivenöl, 250 ml Lammfond, 100 ml kräftigen Rotwein, etwas Rosmarin und Salbei, Salz, Pfeffer, Butter.

Zubereitung:
Lammrücken in Öl scharf anbraten. Nachdem er Farbe angenommen hat, wird er in einer feuerfesten Form bei 200°C im vorgeheizten Backofen ca. 10 Min. rosa gebraten. Rosmarin und Salbei werden in etwas Butter angeschwitzt und danach mit Rotwein abgelöscht. Rotwein weiter aufkochen und reduzieren. Abschließend mit Lammfond auffüllen und mit Salz und Pfeffer abschmecken. Nachdem der Lammrücken 10 Min. im Backofen war, wird die Kräutermasse aufgestrichen und nochmals im Backofen bei starker Oberhitze oder Grill kurz gratiniert. Sobald die Kruste eine schöne Bräune erhalten hat, ist der Lammrücken servierfertig. Als Beilage ein Kartoffelgratin und junges Gemüse reichen.

Herz & Krone

Das Kirchdorf Wahlscheid und seine majestätische alte Linde

Wenn Bäume reden könnten.
Die alte Linde steht wie ein Wächter an gesegnetem Ort, dort wo die Kirche St. Bartholomäus schon von weitem das Aggertal überblickt. Linde und Kirche sind historische Landmarken, die einst den Mittelpunkt des Dorfes Wahlscheid mit den umliegenden Höfen bildeten. St. Bartholomäus hat über 900 Jahre die Geschicke von Dorf und Land erlebt und erscheint bereits unter den Gütern, mit denen die Gräfin Hildegund von Aare im Jahre 1166 das von ihr gestiftete Kloster Meer bei Neuss ausstattete. Das Kloster hatte das Recht der Besetzung der Pfarrstelle als Besitzer des Münchhofes, der sich etwa ein Kilometer oberhalb der Kirche befindet.

Am Brunnen vor dem Tore
Da steht ein Lindenbaum
Ich träumt in seinem Schatten
So manchen süßen Traum
Ich schnitt in seine Rinde
so manches liebes Wort
Es zog in Freud und Leide
Zu ihm mich immer fort

Wilhelm Müller, 1822 (1794-1827)

Dieses Recht wurde von 1166 bis 1718 ausgeübt. Kirche und Lindenbaum haben sich vor langer Zeit gefunden. Manche Vermutungen sehen sie sogar in gleichem Alter – der Glaube dazu fiele leicht, betrachtet man die mächtige Krone und das nicht minder eindrucksvolle knorrige Holz, das den Baum trägt. Solche Baumriesen waren oft mystische Orte. So pflegten bei der Geburt eines Kindes die Eltern eine Linde zu pflanzen und sein Schicksal mit dem des Baumes zu verbinden. Die Germanen erkoren sie zum Friedensbaum und weihten sie der Göttin Freya, der mütterlichen Beschützerin von Leben und Liebe. Unter der Dorflinde wurde Gericht gehalten, sie war der Thing-Baum und schützte die Menschen vor Unrecht. Ein schlichtender Schiedsspruch sollte den Streit zum Frieden ab „lindern".

In der nachfolgenden christlichen Zeit wurde die Linde zum „Baum Marias" und diente nach dieser Umwidmung weiter dem Leben und der Liebe.

So mag es auch hier in Wahlscheid gewesen sein. Der Ort mit Kirche und Lindenbaum war Marktplatz, wo Bauern, Händler und Handwerker sich trafen. Hier wurde Gericht gehalten und Kirchweihfeste gefeiert. Mögen die Wurzeln der Linde sich in dem Nebel der Geschichte verlieren, so belegt doch eine Urkunde aus dem Jahre 1692 bereits einen stattlichen Baum. Sieht man ihre Bedeutung als Friedensbaum, so ist es gut möglich, dass sie im Jahre 1648 als Friedenslinde nach den langen Jahren des 30jährigen Krieges und als

Symbol für den Westfälischen Frieden gepflanzt wurde. Die Wahrheit hat sie bis heute nicht Preis gegeben. Nur ihr Rauschen schafft noch immer ein Gefühl von Naturverbundenheit und Frieden.

Die alte Linde von Wahlscheid ist wahrscheinlich der älteste Baum des Rhein-Sieg-Kreises und seine stattliche Größe verschafft ihr Respekt im Anbetracht der Zeit, die sie uns weit überlegen erscheinen lässt.

Ihr Alter schenkt ihr Charakter, zeichnet so manche Narbe und Kerbe in ihre runzlige Rindenhaut und zeigt uns dennoch, dass ihr Dasein zeitlose Schönheit widerspiegelt. Ein wahrlich mythischer Ort!

Mit Lust zur grünen Schule

Die Naturschule Aggerbogen ist heiß begehrt bei jungen (und älteren) Gästen

Die Gegend hat etwas von einem eigenen Land. Die Straße lässt das grüne Reich links liegen, wenn man von Lohmar kommt und wäre nicht das Hinweisschild, so mancher wüsste nichts über den (Öko-)Zwergenstaat am Aggerbogen. Ein Schlagbaum zwischen Haselnussbüschen weist den Eingang, wehrt nicht die Besucher, sondern vielmehr die Blechangreifer auf vier Rädern ab. Manchmal passt sogar ein Aggerfrosch darauf auf und meldet unverzüglich, wenn ein Gast nicht richtig gastfreundlich zu Mutter Natur war. Man merkt es sofort – hier haben eben nicht die Erwachsenen, sondern vielmehr die Jugendlichen und Kinder das Sagen. Vorbei an Weidentippis und Benjeshecken führt der Weg hin zum Zentrum.

Wer eine Burg nun vermutet, hat sich geirrt, denn hier beeindrucken nicht die Bauten aus Menschenhand, sondern die faszinierenden Bausteine der Natur. In der grünen Schule bekommt jeder Besucher ein Dach über den Kopf, sollte es einmal regnen. Ansonsten zieht es kleine wie große Gäste hinaus in den Landschaftsgarten, den es zu entdecken gilt. Und die Zahl der Besucher hat sich erfreulicherweise mehr als gut entwickelt. Waren es in 1993 gerade einmal gut 300 Gäste, so sind es heute weit über 5.000 im Jahr. Ein Zeichen, wie attraktiv dieses grüne Land und seine Angebote sind.

Grenzenlos grün

Rund 16 ha misst das Gebiet, das nicht mehr so ist wie es war. Hier hat sich eine Umkehrung vollzogen, die man zumeist in gegensätzlicher Entwicklung besser kennt. Nicht weg vom ökologisch wertvollen Bereich hin zur wirtschaftlichen Interessensdeckung, sondern in umgekehrter Blickrichtung. Hier wurde Anfang der 90er Jahre des letzten Jahrhunderts eine überwiegend intensiv genutzte, relativ eintönige Kulturlandschaft renaturiert und zu einem wunderbaren Refugium für Mensch, Pflanze und Tier gleichermaßen.

Die Stadt Lohmar und der Naturschutzbund im Rhein-Sieg-Kreis zogen an einem Strang und schufen damit einen Landschaftsgarten an der Agger, der mit den Jahren zum ökologischen Bildungs- und Erfahrungszentrum für eine ganze Region und weit darüber hinaus werden sollte.

Am Anfang stand die Arbeit. Asphalt wurde von bestehenden Wegen entfernt, ein Teich angelegt und ein Altarm zur Agger geschaffen. Der Auencharakter des Gebietes konnte in weiten Teilen erhalten werden und durch die Schaffung von Mulden, wechselnden Wasserflächen und punktuellen Anpflanzungen eine generelle ökologische Aufwertung des Gebietes erfolgen. Für eine Streuobstwiese wählte man alte Apfel- und Birnbaumsorten aus, die traditionell in der Region beheimatet waren. Am Ende waren es rund 20.000 neue Sträucher und Bäume, die dem Landschaftsgarten Aggerbogen ein neues Gesicht verliehen. Mit dem Schaffen neuer Lebensräume, folgten auch Insekten, Vögel, Fledermäuse, Nager und weitere Kleintiere dem neuen „Wohnraumangebot". Ähnlich der Bienenweide hörten Falter und Schmetterlinge den Ruf der bunten Wildblumenwiesen, sorgten hier aufgestellte Bienenvölker für Honigproduktion aus hiesiger Gegend. Brutkästen, Weidenbauten, Igelhaufen und Benjeshecken sorgten für zusätzliche Ansiedlung und eine artenreiche Fauna, die sich über die Zeit hinweg erstaunlich entwickelte.

So erfolgreich die Umsetzung der Idee der schönen neuen Welt auch war, hielt sich die Begeisterung in Reihen der Bevölkerung in Grenzen. Schließlich waren die Erfolge für die Natur oft nur bei genauem Hinschauen ersichtlich, lebte das Projekt nicht durch öffentlichkeitsträchtige Schauobjekte, sondern mehr in der sanften Rückeroberung ehemals angestammter Auenlandschaften. Das grüne Blatt wendete sich, als man mit einer ersten Kindergartengruppe eine Wiesenexkursion begann. Neue Pfade für neues Verständnis von Umwelt und Natur. Die Idee sprach sich schnell herum und mehr

Gruppen folgten. Das ehemalige Sportlerheim am Rande des Bolzplatzes wurde nicht nur für regennasse Tage, sondern auch für kommende Workshopprojekte zur grünen Schule umgestaltet und damit zum Zentrum des Landschaftsgartens Aggerbogen. Ab 1995 gab es ein erstes Jahresprogramm, das sich nicht nur an Klein- und Schulkinder richtete, sondern sich mittlerweile auch vermehrt der ökologischen Bildung Erwachsener widmete. Jeder, ob Groß oder Klein findet hier nun sein ganz persönliches Interessensgebiet in Symbiose von Mensch und Natur.

Die natürliche Qual der Wahl

„Was Hänschen nicht lernt, lernt Hans nimmermehr" – aus dem alten Sprichwort mit wahrem Inhalt wird hier in der Naturschule Programm. Mehr als 350 Kurse im Jahr führen zu Fledermauserkundungen, laden ein zum Kennenlernen von Keramik, Korbflechten und traditionellem Blaudruck, Drachenbau oder wie Stockbrot im Lehmofen knusprig lecker wird. Die Natur in all ihrer Vielfalt von Flora und Fauna spielt dabei immer wieder aufs Neue eine spannende Rolle. Exkursionen ins Reich der Pflanzen zu Wiesenabenteuern und Baumrätseln, in den „Zauberwald" oder auf eine Bootstour gehören dabei genauso zu den Favoriten wie Kleintiersafaris, Vogelnesterbau oder die Geschichte über die wundersame Reise des Wassertropfens. Der Start in das bewusste Erleben von Natur beginnt in der Naturschule schon sehr früh mit den Ökozwergen. Zwei bis vier Jahre alt sind die kleinen Besucher, die im Spielkreis auf den Kindergarten vorbereitet werden, unter Begleitung so oft wie möglich das Gelände nutzen, mit Naturmaterialien basteln und so einmal das vielleicht schützen werden, was sie schon in jungen Jahren kennen gelernt haben. Später verwandeln sich die kleinen Ökozwerge von selbst in Aggerfrösche, unternehmen viel im Landschaftsgarten und haben schon mehrfach in Ökowettbewerben Preise errungen. Die Erwachsenen nutzen dagegen viele Kursangebote, üben sich im Seilgarten sogar Führungskräfte aus der Wirtschaft im Teamgeist oder aber profitieren Interessierte von der Öko-Informations- und Beratungsstelle, die eine Menge Fragen für das tägliche Leben in und mit der Natur beantwortet.

Hans im Glück

Die Region um den Aggerbogen hat sich von einem mutigen Versuch einer Kommune hin zu einem über die Region bekannten Ökolandschaftsgarten entwickelt. Vom Kleinkind über Schulklassen und Jugendgruppen müssen sich Besucher bereits lange im voraus anmelden, was den Reiz dieser Anlage unterstreicht. Schon längst gehören Kinder- und Jugendgruppen aus dem Köln-Bonner-Raum zu den regelmäßigen Naturkundlern. Die vielfältigen, höchst interessanten Kurs- und Erlebnisangebote können nicht hoch genug geschätzt werden, will man Bewusstsein schärfen und alte Traditionen und Handwerkskunst vor der Vergessenheit bewahren. Denn was Hänschen kennt, das wird Hans auch später besser wert schätzen und schützen!

Topfgucker unterwegs

TIPP

Eine wahre Fundgrube für höchst interessante und kurzweilige Touren, Seminare und Workshops ist das Jahresprogramm der Naturschule. Zu mehr als einladenden Teilnehmerpreisen geschehen so schöne Aktionen wie eine Sommernachtwanderung im romantischen Naafbachtal, Wunderwelt der Pilze, Krippenfiguren aus Märchenwolle, Vögel im Winter oder aber Von Trollen und Wichteln. Märchenhafte Themen eben für große wie kleine Gäste, die bestimmt schnell zu Freunden von Natur und Naturschule werden. Fordern Sie das Jahresprogramm einfach an!

Naturschule Aggerbogen
Dr. Manuela Gianetti
Postfach 1209
53785 Lohmar
Tel.: 02206-21 43
www.naturschule-aggerbogen.de

103

Hügeltäler

Bergische Kaffeetafel

Von Dröppelminna, Klatschkäs und Bomböschen— Das Erlebnis der Bergischen Kaffeetafel

Ein schönes, aber auch karges Land. Wo heute die Natur und die sich abwechselnden Berge und Täler den Besucher tief Luft holen lassen und er sich befreit von seiner Alltäglichkeit fühlt, rangen in früheren Zeiten die Menschen in harter Arbeit der Erde die Schätze aus Feld und Wald und Bergmannsgrube ab. Die Böden waren mager und so gab es neben der Landwirtschaft auch Köhlereien und Hammerwerke, die sich den Waldreichtum und die Bäche zu Nutze machten. In Heimarbeit wurde sich so mancher Taler hinzu verdient, wenn die Erträge aus dem Boden oder der Tagelöhnerarbeit nicht ausreichten. Mit der industriellen Revolution kamen Technik und Fabriken in das hügelige Land, zeigten sich die Branchen von Maschinenbau und Textilindustrie als neue Einkommensquellen.

Litzen, Posamenten und Spitzen wurden zum Markenbegriff für Ware aus dem Bergischen Land. Auch wenn die Maschinen sich unermüdlich drehten, die Arbeit blieb hart. Vor diesem Hintergrund besitzt die Üppigkeit einer Bergischen Kaffeetafel geradezu märchenhaftem Charakter. Den Namen „Bergische Kaffeetafel" erhielt diese Art Mahlzeit jedoch erst in den dreißiger Jahren des 20. Jh. Mit dem steigenden Einkommen und einem verbesserten Lebensstandard konnte man sich jetzt auch Familienfeiern außer Haus, in Restaurants und Gaststätten, leisten. Zudem verbesserten sich die Straßenverbindungen ins Bergische Land hinein und mehr Besucher und später auch Urlaubsgäste fanden den Weg hierher in die unverfälschte Naturlandschaft. Ein Name für eine schöne Tradition musste her und er steht seitdem für die Gastfreundschaft aber auch die Kunst, aus einfachen Zutaten besonders leckere Gerichte zu zaubern.

Tropfen um Tropfen

In früheren Zeiten gehörten die Festtage des Jahres zu den ganz besonderen Anlässen, die den Alltag vergessen ließen, auf die man sich schon seit langem freute und wozu man auch bereit war, aus dem wenigen, was man besaß, das Beste aufzutischen. Da wurde gutes Mehl und Butter reserviert, reichlich Eier, Rahm und sogar Reis, dazu Zimt und Zucker und Rosinen und als Krönung des Ganzen, guter duftender Bohnenkaffee. Letzterer wurde in der Dröppelminna serviert, einem bauchigen, fast birnenförmigen Zinngefäß, das auf drei Füßchen ruhend mit einem kleinen Kränchen versehen, den heißen Kaffee in die Tassen goss. Ihr Name verband mit der „Minna", eine Kurzform des Namens „Wilhelmine" den guten dienstbaren Geist des Hauses mit der Eigenart der Kanne, die noch keinen Filter kannte. Der Kaffeesatz verstopfte nur allzu gern den Ausguss, so dass es nur noch dröppelte. So charakteristisch die Dröppelminna auch für das Bergische Land und seine Kaffeetafel ist, so ist sie doch aus den Niederlanden hierher gekommen.

Der Kaffeegenuss war zu Beginn alles andere als eine tagtägliche Tradition. Kaffee war teuer und nur wenige konnten sich den Trank leisten. Im 18. Jh. wurde es zumindest in den besseren Kreisen Mode, regelmäßig Kaffee zu trinken. Ärmere Leute mischten ihn mit billigerem Malzkaffee oder anderen Kaffeeersatzstoffen wie gerösteten Zichorien oder Eicheln und Bucheckern. In geschwungener Form, ganz dem bergischen Barock entsprechend, wurden nun aus Zinn die bauchigen Kannen in hoher Stückzahl produziert. Einfachere Blechminnas mussten ihren Dienst in den einfacheren Familien antreten.

Rund um den Mittelpunkt der Dröppelminna gesellte sich nun eine stattliche Anzahl unterschiedlichster Gerichte, die sich zum einen durch eine gewisse Inhaltsschwere und Üppigkeit kennzeichneten, aber auch für manchen eine etwas befremdliche Zusammenstellung bedeuteten.

Die Bergische Kaffeetafel geht eben auf bäuerliche Traditionen zurück – auf die Zeit, als man sich nachmittags zum geselligen Plauderstündchen nebst Kaffeetrinken einfand und jede Bäuerin etwas mitbrachte, so dass eine bunt gemischte Tafel entstand. Während die Schlichtheit der über Jahrhunderte herrschenden Armut in dieser Region entspricht, lässt die Üppigkeit Rückschlüsse auf die Gastfreundschaft der Menschen des Bergischen zu. Sogar die meisten der selbst erzeugten agrarischen Produkte konnte man sich nur zu besonderen Anlässen leisten, dann nämlich, wenn Familienfeiern ins Haus standen, wenn Gäste erwartet wurden. Denen bot man alsbald auch den neuen „exotischen" Genuss des Kaffees an, der infolge der Handelsbeziehungen des Bergischen Landes zu den Niederlanden wie infolge bescheidenen Wirtschaftswachstums im Zuge der Industrialisierung im 19. Jh. erreichbar wurde. Reis und echter Bohnenkaffee wurden damit in der Mitte des 19. Jh. zu festen Bestandteilen jeder Verköstigung, die man lieben Gästen schlechthin angedeihen ließ.

Grundsätzlich werden bei einer traditionellen bergischen Kaffeetafel drei Gänge aufgetischt: Der erste Gang ist eine dick mit Butter belegte und ebenso dick mit Honig oder Rübenkraut bestrichene Scheibe Korinthenstuten oder Weißbrot, die zum Schluss mit einer fingerdicken Lage steifem Reisbrei belegt und mit Zucker und Zimt bestreut wird. Der zweite Gang besteht aus frisch gebackenen noch heißen Waffeln. Die Kombination mit heißen Schattenmorellen ist eine modernere Variante. Zu früheren Zeiten wurde eher Apfelmus dazu serviert. Im dritten Gang gibt es bergisches Schwarzbrot mit Butter und „Klatschkäs" (Quark), evtl. zusätzlich Rübenkraut. Abgerundet wird diese deftige Mahlzeit in gemütlicher Runde von einem gezuckerten „Kloaren" oder einem „O p g e s a d d e n" (Aufgesetztem). Der klassische Aufgesetzte hat die Funktion, das üppige Mahl einer besseren Verträglichkeit zuzuführen und, man missachte die Kalorien, zu einem Genuss ohne Reue werden zu lassen. Je nach Wohlstand, Region und Jahreszeit gibt es verschiedene Variationen der Tafel. Manchmal ziert die Tafel ein Rodonkuchen (eine Art Sandkuchen), Zwieback, hausmacher Wurst und Schinken, Schnittkäse und Konfitüre und ein Eierkuchen (süß oder salzig). Hauptsächlich um die Karnevalszeit gibt es auch „Bomböschen", walnussgroße Hefeteig-Bällchen, und „Muzen" Ballen aus Backpulverteig, die alle im heißen Fett ausgebacken werden.

Bergische Waffeln

Zutaten:
250 g Butter, 500 g Mehl, 4 Eier, 4 El Zucker, 1 Tl Salz, 2-3 El Honig, 1 P. Vanillezucker, 1 Tl Backpulver, Fett.

Zubereitung:
Butter, Vanillezucker und Zucker schaumig rühren. Die Eier hinzufügen. Nach und nach das mit Backpulver vermischte Mehl hinzugeben. Alles gut durchrühren. Nun kommen Salz und Honig dazu. Nun mit warmer Milch die Zutaten so verrühren, dass ein dickflüssiger Teig entsteht. Den Teig etwas ruhen lassen. Dann das Waffeleisen einfetten und erhitzen. Die Waffeln darin goldbraun backen.

Milchreis

Zutaten:
1 l Milch, etwas Butter, 1 Pr. Salz, abgeriebene Schale von $\frac{1}{2}$ unbehandelten Zitrone 200 g Milchreis, 3 El Zucker.

Zubereitung:
Milch, Butter, Zucker, Salz und Zitronenschale zum Kochen bringen. Gewaschenen Milchreis hineingeben und bei kleiner Hitze ca. 30 Minuten ausquellen lassen. Nach Belieben mit Schlagsahne verfeinern und mit Zucker und Zimt bestreut servieren.

Bomböschen

Zutaten:
500 g Mehl, 5 Eier, 100 g Butter, $\frac{1}{4}$ l Milch, 20 g Hefe, 125 g Zucker, Fett zum Ausbacken.

Zubereitung:
Eier, Butter und Zucker verrühren. Die mit etwas lauwarmer Milch und Zucker angesetzte Hefe mit dem Mehl und der restlichen lauwarmen Milch unterkneten und zu einem lockeren Teig verarbeiten. Eine Stunde gehen lassen, dann goldgelb ausbacken und mit Puderzucker bestreut servieren.

Rosinenstuten

Zutaten:
1 kg Mehl, 5 El Zucker, 1 Pr. Salz, 40 g Hefe, 125 g Rosinen, knapp 375 ml Milch, 125 g Butter, 1 Ei.

Zubereitung:
Mehl in eine Schüssel sieben und eine Mulde eindrücken. Ca. 1 Tasse lauwarme Milch, 1 Tl Zucker und die zerbröckelte Hefe hinzugeben. Mit etwas Mehl zu einem Vorteig verrühren. Rund 30 Minuten an einem warmen, zugfreien Ort gehen lassen. Hat er sich verdoppelt, kommen Zucker, Salz, restliche Milch, die erwärmte Butter und das Ei dazu. Nun alles gut verkneten. Zuletzt die gewaschenen Rosinen unterkneten. Den Teig weiter an einem warmen Ort gehen lassen. Eine Kastenform ausbuttern und den Teig hinein geben. In der Mitte den Teig mit einem scharfen Messer ca. 1cm tief der Länge nach einritzen. Der Stuten wird bei 200° C ca. 1 Stunde gebacken.

Topfgucker unterwegs

TIPP

In vielen Gasthäusern und Cafés wird auch heute noch eine „Bergische Kaffeetafel" angeboten. Entweder zu festgesetzten Zeiten oder aber zu einer Mindestteilnehmerzahl. Wie gesagt ist die Tafel üppig und es gehören mehr als zwei oder vier Gäste dazu, sich den Weg durch die reiche Tafel zu bahnen. Ideal ist auch eine mit der Bergischen Kaffeetafel verbundenen Wanderung. Diese bringt den Besucher in die schöne bergische Natur, schafft Appetit und baut gleichzeitig etwas von den Kalorien ab, die man beim Anblick der Gerichte alsbald vergisst.

Alles Käse, aber was für einer

Bühne frei für Jules Reinshagener Käsekiste

Erfrischend anders. Da setzt sich eine junge Frau über jeden Trend hinweg, der den Zug junger Menschen, weg vom Land hin in die Stadt, meldet. Jule lebt in Düsseldorf, kommt aus gutsituierter Arztfamilie, aber hat so gar nichts mit dem Großstadtleben gemein. Sie lernt Krankenschwester, hat den Gedanken, die Welt zu verbessern noch nicht aufgegeben und will sich für ihre Ideale einsetzen. Ihr Beruf bietet ihr zwar dafür schon Möglichkeiten, aber sie will sprichwörtlich an die Wurzeln, an den Ursprung des Lebens, um dort Sinnvolles mit ihren eigenen Händen zu schaffen. Eine Landwirtsausbildung kommt ihr da in den Sinn. Da, wo die Nahrung ihren Beginn hat, will sie tätig werden. Als passionierte Motorradfahrerin fährt sie raus aus der Stadt, hinein ins pralle Landleben. Ein durchaus steiniger Weg, wie es sich die junge Frau von Mitte Zwanzig vielleicht nicht erträumt hat. Aber Jule hat ein Ziel, und das verfolgt sie ....

Lehrjahre sind Wanderjahre

Jule ist klug und sie wird schon bald einen guten landwirtschaftlichen Betrieb von einem schlechten unterscheiden können. Wichtig ist ihr der artgerechte Umgang mit den Tieren. Zu diesem Zeitpunkt ist für sie ein klassischer Bauernhof ein Ort, wo Kühe, Schweine, Hühner, Ziegen und anderes Hofgetier in Eintracht zusammen leben. Ihre Ausbildung führt sie aber zunächst in einen reinen Milchbetrieb in Rheinbach. Dort beendet sie ihr erstes Lehrjahr, lernt ihren Mann kennen und zieht mit ihm auf den Hof in Reinshagen bei Much. Ein engagierter Milchviehzuchtbetrieb mit 60 Kühen erwartet Jule. Es folgen Praktika auf einer Schweizer Alp, wo sie zum ersten Mal Ziegen von Hand melken lernt und auch Kontakt zur Käseherstellung erhält. Der Weg führt sie zurück ins Bergische Land. Hier eignet sie sich das Grundwissen zur Käserei an. Eine Zeit auf einem Bioland-Gemüsebetrieb in Neuss, rundet ihre Wanderschaft der Lehrzeit ab.

Käse im Kopf?

Ihre Idee reift wie guter Käse und sie setzt sich in den Kopf, selbst Käse herstellen zu wollen. Auf dem heimatlichen Hof in Reinshagen stößt das Vorhaben zuerst nicht auf nahrhaften Boden. Aber Jule setzt sich durch, verteidigt ihre Idee, wird dabei von Rainer, ihrem Mann auch kräftig unterstützt und beginnt schließlich mit den Planungen. Die Platzverhältnisse sind beengt und so wird die erste Käserei in der alten Autogarage eingerichtet. Bis dahin ist der Betrieb ein reiner Kuhmilchbetrieb und der Käse, den sie produzieren wird, ist ein Rohmilchkäse aus frischer Kuhmilch. Rohmilch braucht eine gute Behandlung, ein hohes Maß an Hygiene und Kenntnis über das frische Milchprodukt. Dann bietet sie die geschmackvolle Naturbelassenheit mit den Aromen, die pasteurisierte Milch in der Weise nicht mehr geben kann. Zwei mal am Tag, morgens und abends, wird gemolken.

Die Milch wird regelmäßig von einem unabhängigen Labor auf die Qualität untersucht, „da nur aus guter Rohmilch ein exzellenter Rohmilchkäse entstehen kann," erläutert Jule. Ein Großteil der Kuhmilch geht an eine Molkerei, den Rest verwendet sie zum Käsemachen. Wichtig ist der Zeitpunkt zwischen Melken und Käsen. Wird die Morgenmilch direkt verwandt, ist eine Abkühlung nicht notwendig. Spezielle Bakterien und das Kälberlab, ein Enzym aus dem Kälbermagen, kommen hinzu und verdicken die Milch schon innerhalb einer Stunde. Hier leistet die erste Ausbildung von Jule zur Krankenschwester unerwartet gute Dienste, denn sie kennt sich von Klinik wegen mit Bakterien und Keimen gut aus. Wird die Abendmilch aber für die Menge eines Käsevorgangs benötigt, dann wird sie schnell auf rund 4°C abgekühlt und bis zum nächsten Morgen gelagert.

111

Jeder Käse findet sein Korn

Mit der Zubereitung von Kuhkäse hat Jule jedoch nicht das Ende der Käseharfe erreicht. Mittlerweile ist die alte Käserei in der Garage einer selbst geplanten, modernen Käserei gewichen. So manche bürokratische Hürde musste dabei genommen werden. Seit drei Jahren leben auf dem Hof auch 150 Milchziegen, weiße und braune Edelziegen sowie braune Toggenburger, geben nun auch ihre Milch für wunderbar cremigen Frischkäse bis hin zu würzigem Schnittkäse. Die Tiere fühlen sich sichtlich wohl und belohnen Jule mit einer besonders guten Milch.

Die Ziegenkäseherstellung ist vom Grundprinzip dem der Kuhkäseproduktion ähnlich. Nach dem Eindicken der Milch wird diese mit der Käseharfe in Würfel geschnitten. Die Feinheit der Körnung ist dabei maßgeblich, ob es später ein Weichkäse, Schnitt- oder Hartkäse wird. Die Käseharfe trennt durch das Schneiden die eingedickte Milch (Gallerte) in die festen (Bruch) und die flüssigen Bestandteile (Molke). Der Bruch wird anschließend abgeschöpft, in Formen gegeben und später in der Form gepresst.

Frisch wie ein Frühlingstag im Bergischen Land

Der Frischkäse, Quark und Joghurt den Jule herstellt, sind so zart im Geschmack, dass die landläufige Meinung des eindeutigen Ziegengeruchs revidiert werden muss. Hier kommt es viel auf eine saubere Haltung der Tiere und den guten Umgang mit der frischen Milch an. Ein Versuch der frischen Ziegenmilch gibt Jules Ankündigung recht. Die Milch schmeckt lecker und in keiner Weise intensiv nach Ziegenbock. Diese Milch ergibt den Frischkäse, dessen Basis nur wenig mit der Käseharfe durchzogen wird. Schnell kommt er in Leintücher. Der Quark sieht zum abtropfen der Molke rund 4-6 Stunden vor, der Frischkäse bleibt hingegen über Nacht in feuchten Tüchern. Zum Abschluss wird der Quark cremig gerührt und abgefüllt, der Frischkäse vielleicht noch mit Knoblauch, Kräutern oder exotischen Früchten gewürzt und in Form gebracht. Leckere Variationen sind dabei Ziegenfrischkäsebällchen mit Pesto, umhüllt mit gehackten Pistazien oder aber der Ziegen-Topas-Olive, eine Käsespezialität für Snacks und Weinrunden. Auf ein Bett von gehackten schwarzen Oliven, gesellen sich gutes Olivenöl und der Ziegenfrischkäse. Knabbergebäck wie Salzstangen oder aber die italienischen Grissinis sind ideal dafür, um sich mit jedem Stipp ins Glas, etwas von allen drei Inhalten einzuverleiben!

Weich wie die grünen Hügel im Bergischen Land

Für den Weichkäse werden die Schimmelbakterien schon zu Anfang direkt zugeführt. Die Käsebasis muss vor dem Einlaben länger vorsäuern, wird dann aber in relativ großer Körnung geschnitten, kurz abgetropft, in Form gebracht und muss dann rund 2 Wochen reifen. Am Ende entsteht dann ein aromatischer Camembert mit einer samtigen Schimmelrinde. Grundsätzlich unterscheidet sich die Ziegenmilch von der Kuhmilch durch ihre Fähigkeit schneller einzudicken. Die Gallerte ist zarter und von weicherer Konsistenz, „eben so wie die Ziege, die ja auch von ihrer Art zarter und weicher ist", erklärt uns Jule.

Bleibt dann noch der Schnittkäse, der durch intensiveres Rühren eine kleinere Körnung erhält, und dabei schonend auf 36°C erwärmt wird. Anschließend kommt er in Form und darf über Nacht schon mit der Reife beginnen. Am nächsten Tag badet er in einem 20%igen Salzbad. Wie ein Korken schwimmt er darin je nach Größe zwischen ein und drei Tagen, wird gedreht und erhält im Laufe der Zeit die salzige Würze, die er braucht. Mindestens drei Wochen muss er dann noch im Reiferaum ruhen. Aber auch hier wird er nicht sich selbst überlassen. Dreimal die Woche wird er rundherum mit Salzwasser abgewaschen und gedreht – der kleine 400 g Käse genauso wie der opulentere 4-5 kg Laib. Langsam versteht sich, wieso Käse zu den „preiswerten" aber nie billigen Nahrungsmitteln zählen kann. Acht bis zehn Liter Milch sind notwendig um später

ein Kilo Käse in den Händen halten zu können. Molkereien belassen wesentlich mehr Flüssigkeit im Käse. Sie benötigen deshalb nur rund die Hälfte an Milch, wie uns Jule erklärt. Die Ausbeute ist höher, aber auch die Trockenmasse geringer. Auch kann die Reife hier bei Jules Käserei leicht bis zu einem Jahr andauern. Das bedeutet rund 52 Wochen lang die Käse weiter hegen und pflegen, waschen und drehen und artgerecht lagern, bis sie schließlich ihren Grad der Reife erhalten haben.

Die Bandbreite der Geschmacksrichtungen ist groß, beginnt bei B wie Bockshornklee und Brennnessel und endet bei S wie Sonnenkäse (mit Möhrensaft und Sonnenblumenkernen) oder Signor Rossi (Tomate mit ital. Kräutern). Die beiden letzteren als Beispiel für viele weitere Eigenkreationen.

Ein Prachtkerl von einem Käse

Im Laufe der Herstellung wird aus der frischen Milch eine richtige Käsepersönlichkeit geboren. Zart und weiß oder dick und rund. Pur oder mit Gewürzen und Kräutern verfeinert, rotgeschmiert oder in Wachsüberzug, durch Oliven, Feigen, Sonnenblumenkerne, getrocknete Tomaten oder Exotenfrüchte raffiniert verfeinert. Die Vielfalt der Käse ist hoch und überrascht den Kunden, der in dem kleinen Hofladen vorbeischaut. Nicht zuletzt der Verdienst einer guten Zusammenarbeit von Jule, ihrer Familie und den unersetzlichen Mitarbeitern. In Anbetracht der angestammten Käseregionen wie den Niederlanden, Frankreich, Italien, Spanien und dem Alpenraum ist es wohltuend, auch einmal heimischen Käse probieren zu können. Er beweist, dass der Käse nicht von weither kommen muss, um gut zu schmecken. Noch immer ist es Pioniersarbeit, erzählt uns Jule und noch lange nicht die heimische Gastronomie oder der Einzelhandel genügend für das Thema „Käse aus der Region" sensibilisiert.

Gerne beliefert Jule den hochwertigen Supermarkt, genauso wie engagierte Restaurants. Aber es wäre nicht die willensstarke kluge Frau, die etwas bewegen wollte, als sie aus der Stadt aufs Land zog. „Tue Gutes und rede darüber!" – Wir haben nur zu gerne mit Jule gesprochen – und den Käse probiert!

Jules Käsekiste

Jule Schmitz
Reinshagen 14 (außerhalb Much,
ein Schild an der Straße weist die Abfahrt zum Hof)
53804 Much
Tel.: 02245-30 21
Fax: 02245-91 26 71
e-mail: schmitz@juleskaesekiste.de
www.juleskaesekiste.de

Öffnungszeiten:
Do. und Fr. von 16.00 bis 18.30 Uhr
Sa. von 10.00 bis 12.00 Uhr
Außerhalb der Zeiten hat man große Chance vormittags Jule auch anzutreffen. Meist ist sie dann mit der Käserei beschäftigt, wird aber eine günstige Minute nutzen, um im Laden Ihnen die Käse vorzustellen und natürlich gerne auch zu verkaufen.

Ziegenkäse in Blätterteig

Zutaten:
200 g Ziegenkäse (4 Stück à 50 g, möglichst Frischkäse) 2 Scheiben Schwarzbrot, 4 Tl + 4 El Quittenkonfitüre , 300 g Blätterteig Tk, 1 Zwiebel fein gehackt, je 1 El Rosmarin und Thymian gehackt, Butter, 1 Eigelb.

Zubereitung:
Blätterteig dünn ausrollen, 8 runde Böden ausstechen (ca. 10 cm Durchschnitt, vier Böden, vier Deckel), worauf die Scheibe Ziegenkäse gut passt. Böden mit Eigelb dünn bestreichen.

Jeweils 1 ausgestochenen Schwarzbrottaler auf einen Boden setzen. (Sollte ungefähr die Größe des Ziegenkäses haben). Zwiebel in Butter andünsten, mit Gewürzen leicht weiterdünsten. Mit etwas Salz und Pfeffer würzen. Je 1 Tl Quittenkonfitüre auf einen Schwarzbrottaler geben. Ziegenkäse aufsetzen, Zwiebelmasse oben darauf verteilen. Teigdeckel aufsetzen und über den Käse stülpen. Soweit überziehen, dass beide Teigplatten aufeinandertreffen und durch das eingestrichene Eigelb ver-

schlossen werden können. Gut andrücken und auf ein mit Backpapier ausgelegtes Backblech setzen. Nach Geschmack und Lust aus dem Restteig Blätter ausschneiden, Blattrippen mit dem Messerrücken eindrücken und mit etwas Eigelb auf die Käsepasteten setzen. Mit restlichem Eigelb rundum einstreichen.

Im vorgeheizten Backofen bei ca. 180° C solange backen, bis der Blätterteig aufgeht und die Oberfläche goldgelb wird. Die Pasteten danach aus dem Ofen nehmen und durch die Mitte vorsichtig mit einem Sägemesser teilen. Einen Teller mit etwas Salatgarnitur (Vinaigrette aus etwas Essig, Walnussöl, Salz, Pfeffer, ein wenig Quittenkonfitüre und etwas Senf rühren) belegen, beide Hälften darauf anrichten und leicht auseinander klappen. Mit einem Esslöffel Quittenkonfitüre verzieren (Alternative: 1 großen Apfel schälen, vierteln und in Spalten schneiden. Etwas Honig mit etwas Weißwein erhitzen, Apfelspalten darin leicht karamellisieren und vor die geöffneten Käsepasteten drappieren).

Gegrillte Camembert Päckchen

Zutaten:
1 lange Zucchini, 2-3 Tl Honig, 4 Wacholderbeeren, Salz, Pfeffer, 6 getrocknete Tomaten in Öl, einige Basilikumblätter, 4 kleine ganze Camemberts (à 80-100 g), 2 El Öl.

Zubereitung:
Zucchini waschen, Enden abschneiden, längs in 2 mm dünne Scheiben schneiden. Honig mit zerstoßenen Wacholderbeeren und etwas Salz in 1l Wasser aufkochen. Darin die Zucchini portionsweise 1 Minute blanchieren, dann kalt abschrecken,

und auf Küchenpapier abtropfen lassen. Getrocknete Tomaten abtropfen und fein würfeln. Basilikum fein hacken, beides mischen, mit Salz und Pfeffer würzig abschmecken. Die Masse auf den Camemberts verteilen. Zucchinischeiben drumherum wickeln, evtl. mit einem Zahnstocherhölzchen feststecken.

Die Camembertpäckchen mit Öl bestreichen und etwa 5 Min. grillen bzw. in der Pfanne braten. Sofort mit Weißbrot servieren.

Küchenwasserpumpe im Freichlichtmuseum Altwindeck

Tischlein Deck Dich

MUCH

Gar Märchenhaftes vermutet man hinter dem Namen des Schildes, das an einem schönen Fachwerkhaus am Mucher Kirchplatz die Augen auf sich zieht. War da nicht mal die Geschichte von einem der auszog, das Unmögliche möglich zu machen und auf blankem Tisch eine reich gedeckte Tafel erstehen zu lassen? – Alles reine Fantasie mögen manche sagen. Und damit liegen sie gar nicht so falsch. Hier im Schatten alter Linden und der mittelalterlichen Kirche haben Brigitta Luster und Joachim Kruse gar Fantasievolles entstehen lassen. Und was das schönste dabei ist: Neben allerlei Geistvollem, Eingemachtem und fein säuerlichen Essigzaubereien decken beide den Tisch für Menschen, die gerne in lockerer Atmosphäre Wein und kleine passende Leckereien genießen wollen.

Am Anfang war die Idee einer Gastronomie noch gar nicht geboren, erklärt Brigitta Luster, die nach Küchenwanderschaften in verschiedenen guten Häusern im Rheinland hier mit Joachim Kruse ihr Domizil gefunden hat. Raus aus der Stadt und rein ins Land – das war ihr Ziel und in Much fanden beide das hübsche Fachwerkhaus, in dem sie zuerst einen Laden für Essig, Öle, Feinkost und Gewürze eröffneten.

Alles schmackhafte Produkte, die den Weg hin zum Essen und Trinken an gleichem Ort nur allzu greifbar erscheinen ließen. Aus Weinverkostungen wurde dann immer mehr eine Weinstube, die allerdings so gar nicht in das klischeehafte Bild einer dunklen, holzgetäfelten altdeutschen Schankstube passen will. Im Laufe der Zeit verschoben sich die Verhältnisse, der Laden wanderte nach nebenan und in den größeren Raum richteten die beiden ihr Tischlein Deck Dich ein. Kleine Küche mit großem Wohlfühlaspekt und leckeren Weinen – so ließe sich in kurzen Worten das Konzept erklären, aber nicht gerecht beschreiben. In warmen Terracottafarben mit vielen Accessoires, die an Frankreich oder den Süden erinnern, haben sie eine heitere Atmosphäre geschaffen, wo auf Mosaiktischchen kleine Gerichte zu einer Auswahl diverser Weine gereicht werden.

Suppen, Appetizer, Ciabattas, Vorspeisen, Pastagerichte und Käse zeigen wohin die Reise führt. Hier will man Cafétrinker und Weinnasen ansprechen, eine kleine Auszeit vom Alltag bieten und gleichzeitig mit den feinen Produkten von nebenan, den Hobbykoch und Feinschmecker ansprechen.

Wein und mehr in mediterranem Rahmen – dazu gehört auch unweigerlich eine Aussengastronomie, die im Falle von Tischlein Deck Dich eine mit Blumen umgrenzte Terrasse mit Aussicht darstellt. An sonnigen Tagen und lauen Abenden macht es hier richtig Spaß, Wein und kleine Leckereien zu sich zu nehmen. Wer soviel Gefallen daran gefunden hat, der überlegt vielleicht sogar die hübschen Räumlichkeiten für eine eigene Feier zu reservieren.

Brigitta Luster offeriert dazu eine feine Auswahl an südlichen Buffetvorschlägen. Zwischen 20-30 Personen sind da bestens versorgt und mehr als gut aufgehoben. Und wer sich mit einem Stück Tischlein Deck Dich auch für Zuhause eindecken möchte, schaut im Laden voller Pasta, Pestos, pfiffigen Deko- und kleinen Küchen- und Wohnaccesoires vorbei und findet dabei bestimmt auch ein hübsches Geschenk für lucullische Freunde, in kreativer Verpackung, natürlich schön präsentiert.

Wer jetzt immer noch meint, angeführte Schilderungen beträfen das Reich der Fantasie, der lasse sich doch einfach von Brigitta Luster und Joachim Kruse sein eigenes Tischlein decken!

CAFÉ UND WEINSTUBE
Tischlein Deck Dich

Kirchplatz 3 – 53804 Much
Tel.: 02245-91 12 15 – Fax: 02245-91 12 17
e-mail: tischleindeckdich-much@t-online.de

Öffnungszeiten:
Laden:
Montag Ruhetag
Di.-Fr. 10.00 bis 18.30 Uhr
Sa. 10.00 bis 13.00 Uhr

Küche:
Montag Ruhetag
Di.-Sa. 13.00 bis 21.30 Uhr
So. von 11.00 bis 14.00 Uhr Frühstück

Schalotten in Sherrymarinade

Zutaten:
600 g Schalotten, 6 El Olivenöl, 4 El Sherryessig, ³/₈l trockener Sherry, je 1 Gewürznelke, getr. Chilischote, Thymianzweig, Lorbeerblatt, Tl schwarze Pfefferkörner, Tl Salz, Prise Zucker.

Zubereitung:
Schalotten schälen. Olivenöl in einer Pfanne erhitzen und Schalotten darin hellbraun abraten. Sherryessig und Sherry dazugießen. Gewürze dazugeben. Alles aufkochen und die Schalotten zugedeckt bei leichter Hitze 30 Min. köcheln. Im Sud abkühlen lassen.

Spaghetti im Pergament

Zutaten:
500 g Spaghetti, Salz, Pfeffer, 4 Fleischtomaten, 100 g entsteinte schwarze Oliven, 1 Bd. Petersilie, 1 grüne Peperoni, 4 El Olivenöl, 2 Knoblauchzehen, 4 Bögen Pergamentpapier (Butterbrotpapier je ca. 24×31 cm).

Zubereitung:
Spaghetti in Salzwasser aldente kochen. Fleischtomaten in kleine Würfel schneiden. Oliven in Scheiben schneiden. Petersilie fein hacken. Peperoni entkernen, in feine Streifen schneiden und in einer Pfanne in 1 El Olivenöl andünsten. Knoblauch schälen und durchpressen, Tomaten zufügen und 8 Min. bei mittlerer Hitze dünsten. Oliven und Petersilie unterrühren. Mit Salz und Pfeffer würzen.

Backofen auf 190° C vorheizen. Pergamentbögen mit dem restlichen Olivenöl einpinseln. Die Spaghetti mit der Sauce mischen, auf die Pergamentbögen verteilen und das Papier zu Päckchen zusammenfalten. Auf ein Blech setzen und im Backofen auf der mittleren Schiene ca. 15. Min. garen.

120

Der Zauber alter Bauerngärten

Garten in Mohlscheid

Landpartie zu Stangenbohne, Levkojen und Ysop

Heimliche Blicke über den Gartenzaun. Für manche wirkt der Bauerngarten wie das verlorene Paradies. Eine selten gewordene Harmonie im Wechselspiel der unterschiedlichsten Pflanzen, wie ein Mikrokosmos aus alt angestammten Bewohnern und neu hinzugezogener Fremder. Herrschaftliche Blumen gedeihen in Eintracht neben dem unscheinbaren Kraut, welches von Hause aus nie mit dem Vornamen „Un" gerufen wurde. Den hat die Vergessenheit ihm verpasst. Im Bauerngarten zeigen sogar die wildesten Ranken eine friedliche Koexistenz mit den geradlinigen Beeteinfassungen. Nur selten vertragen sich Wurzel mit Knolle nicht, ganz im Gegenteil, die Nähe zu andersartigen Charakteren beflügelt Wachstum und Frucht. Der Garten scheint als Vorbild für menschliches Zusammenleben wie geschaffen zu sein. Und doch haben ihn viele vergessen, haben sich Langeweile und eintönige Gartenbepflanzung breit gemacht.

Alles in Ordnung, wo hier doch die kleine Silbe „Un" so von Nöten wäre. Die Stadt kennt nur noch das monotone grün der gepflegten Parkanlagen. Wer die Vielfalt spüren will, der muss zumindest in die Schrebergärten am Rande oder schaut gleich über den Mauerring aus Straßen, hinüber in die wuchernde Ländlichkeit vor den Toren der Stadt. Hier gibt es ihn noch, den Garten, der ernährt und heilt, der romantische Gedanken weckt und die Sinne mit Düften betört. Ein buntes Meer voller Blumen und Früchte, das in Bescheidenheit wächst und gedeiht und oftmals gar nicht weiß, wie wertvoll es ist. Ein Rundgang durch Gemüse, Blumen und Kräuter ist ein Weg zurück in die Geschichte, um am Ende wieder mit vielen Ideen und neu entfachter Liebe am Beginn eines neuen Gartenverständnisses anzukommen. Doch zuerst heißt es die Gewöhnlichkeit über Bord zu werfen und in ein märchenhaftes Grünes Reich einzutauchen....

Fachwerk, Wiese, Garten in Mohlscheid

Garten in Mohlscheid

Viele Pflanzen, die dort wuchsen, hatten ihre Heimat in südlicheren Gefilden oder kamen sogar aus dem Mittelmeerraum. Durch Samen und Ableger wanderten sie wie ihre geistlichen Träger über die Alpen zu uns. Mit der Zeit gewöhnten sich die Pflanzen an das rauere Klima und wurden hier ansässig. Die Bedeutung der Klöster und auch ihre medizinische Kenntnis zur Versorgung der Bevölkerung nahm zu. In Kräutergärten war für alles ein Kraut gewachsen und nicht selten wurde nach einer erfolgreichen Behandlung, des sich auf dem Weg der Besserung befindlichen Menschen, das entsprechende Kraut mit nach Hause gegeben. Die ersten Schritte, weg vom klösterlichen Anbau hin zum bäuerlichen Garten waren damit getan. Schon zu Beginn des 9. Jahrhunderts wurde im Kloster St. Gallen eine detaillierte Aufzeichnung erstellt, wie ein Klostergarten anzulegen sei. Heilpflanzen, Gemüse und Obst gehörten schon damals zu den Bewohnern, die man pflegen und hegen sollte. Vieles, was wir heute über die Pflanzen mittelalterlicher Gärten wissen, verdanken wir den Niederschriften der Heiligen Hildegard von Bingen.

In genauen Untersuchungen hat sie sich schon im 12. Jahrhundert mit den unterschiedlichsten Heilkräutern befasst. Als kluge Frau sah sie auch die Bedeutung der Nutzpflanzen, denen ihr Interesse galt. Im Vordergrund standen aber weiterhin die heilenden Aspekte der Pflanzen und ihre medizinischen Wirkungen. Zum ersten Mal ist dabei die Rede von Zierpflanzen wie Pfingstrose, Ringelblume, Veilchen, Rose und Schwertlilie.

Ora et labora

Nach dem Rückzug der Römer fiel nicht nur viel Wissen und Können zurück in das Dunkel der Zeit, sondern auch die Gärten von einst verwilderten und verwaisten, bis die Natur wieder Besitz von ihnen ergriff. Erst die Mönche der Benediktiner- und Zisterzienserorden, die von Italien über die Alpen zu uns kamen, brachten die Kenntnis über Pflanzung und Kultivierung verschiedenster Nutzpflanzen und Kräuter mit nach Norden. Ora et labora – bete und arbeite – dies galt auch für die Bewirtschaftung der Klostergärten, die zur Selbstversorgung der Mönche angelegt wurden und die kargen Orte und Zeiten erträglich machen sollten.

Wehrhaft und lustvoll

Was den Klöstern recht war, konnte den Burgherren nur billig sein. Auch sie hatten Interesse an der Selbstversorgung und legten dafür Nutz- und Kräutergärten innerhalb der Burgmauern an. Der Platz war begrenzt und so wurden Gemüse und Heilpflanzen innerhalb, Obstgärten außerhalb des Burggrabens angelegt. Gegenüber dem Nutzgarten zur Selbstverpflegung, gehörte auch der Lustgarten zu den grünen Orten einer Burganlage.

Garten in: Mohlscheid

Wie gut lässt sich die Kunst der hohen Minne und des fahrenden Sängers mit dem verschwiegenen Platz eines duftenden Gärtleins vereinen, wo zwischen schattenspendenden Obstbäumchen und blühenden Beeten das Burgfräulein ihm und seinen Gedichten und Liedern lauschte. Manche Blüte mag da von weit her gekommen sein und ihre Wurzeln reichten weit zurück in das Morgenland, wo durch die Kreuzzüge, die heimatlichen Ritter auch mit der überschwänglichen Pracht der orientalischen Kalifengärten bekannt wurden. Pflanzen, die wie ihr ritterlicher Begleiter den Rückweg heil überstanden, siedelten sich in heimischen Burggärten und später auch in den Bauerngärten an.

Stadtluft macht grün

Gegenüber dem Rittervolk erstarkte im Laufe der Jahrhunderte immer mehr das Bürgertum. In vielen Städten ging es dabei noch sehr ländlich zu, waren doch viele der Zugezogenen einst aus dem Bauernstand erwachsen. Selbst im Schatten der Stadtmauern nutzte man jedes freie Fleckchen für den Anbau von Obst und Gemüse.

Im Entwicklungsprozess der Städte war jedoch bald der Raum so knapp und wertvoll, dass Gärten vor die Mauern verbannt wurden. Wer konnte, kaufte sich nun eine Parzelle vor den Toren und legte dort seinen Gemüse- und Obstgarten an.

Aus lauter Schönheit

Das Zeitalter der Renaissance brachte ein neues Bewusstsein und einen Aufschwung im Bereich der Pflanzenkunde und der Gartengestaltung. Forscherdrang beseelte die Menschen und die Erfindung der Buchdruckerkunst führte zur schnelleren Verbreitung von Wissen, das zuvor nur in Klöstern bewahrt wurde.

Gedruckte Kräuterbücher entstanden, die nicht nur die wissenschaftlichen Aspekte beinhalteten, sondern auch auf den traditionellen Gebrauch als „Hausmittel" betrachteten. Der Arzt Paracelsus wies in seinen Ausführungen ausdrücklich auf deren Bedeutung hin.

Die Renaissance mit ihrem Sinn für die Antike und die klassische Schönheit blickte mit ganz anderen Augen auf die Pflanzen dieser Zeit. Bei der Gartengestaltung wollte man nicht mehr nur die funktionellen Aspekte betrachtet wissen, sondern die Ästhetik des Gartens geriet immer mehr in den Vordergrund. Aus Italien kommend, folgten viele, die es sich leisten konnten, der Suche nach

Kartoffelernte in Wersch

dem blühenden „Ideal der Schönheit". Eine wahre Sammelwut entbrannte nach seltenen, neuen und kostbaren Pflanzen, die auch durch die Entdeckungen in der neuen Welt genährt wurde. In diese Zeit fällt auch der Tulpenhandel in den Niederlanden, wo die blühenden Zwiebelgewächse mit Gold aufgewogen wurden.

Haus in Mohlscheid

126

Gießen, schneiden, pflanzen....

Trotz der immer neuen Zuwanderungen an Zierpflanzen, blieb der heimische Obst- und Gemüsegarten ein zentraler Ort. Was sich die herrschaftliche Gesellschaft in Orangerien und opulenten Gartenanlagen leistete, zeigte auch auf dem Lande in der Weise Wirkung, dass sich auch hier neben den Nutzpflanzen, Blumen zur Zierde ansiedelten. Hier konnten jedoch nur die robusten, unempfindlichen Blüher überleben. Gegenüber dem reinen Ziergarten und seinen Beeten und Formen, wurde eine strenge Teilung der Bepflanzung im Bauerngarten kaum durchgeführt. Hier durften Gemüse, Kräuter, Obst und Blumen einhellig nebeneinander wachsen. Der neue Gartentrend, der zum Ende des 17. Jh. aus Frankreich herüberwuchs und die Versailler Gartenanlagen zum Vorbild hatte, wirkte sich bis in den Bauerngarten aus. Durch das Stutzen von Bäumen, Büschen und Hecken und der damit einhergehenden Formgebung, brachte man eine neue Sprache in die Gartengestaltung. Für den Bauerngarten bedeutete dies das Aufkommen von Buchsbaum, der in Form geschnitten und in dichten Reihen gepflanzt, zur Beeteinfassung diente,

Kartoffelernte in Wersch

Rondelle attraktiv umrunden konnte und somit einen Hauch der feinen Welt auch in den bäuerlichen Garten brachte. Den Blumen, Gemüsen und Früchten konnte das nur recht sein. Erhielten sie dadurch einen grünen Rahmen, der ihnen dennoch die Freiheit zur eigenen Entfaltung überließ und sie darüber hinaus schützte.

127

Zeige mir wie du blühst und ich sage Dir was Du bist ...

Die Beete des Bauerngartens waren einfach und klar eingeteilt, meistens rechteckig oder quadratisch. Auch die Wege waren gerade. Nur natürliche Materialien wie Holzruten oder Tonwasserkrüge wurden verwendet, am besten aus der näheren Umgebung. Aus der Herkunft der Pflanzen ergab sich eine möglichst sonnige Lage. Einjährige und zweijährige Blumen wuchsen zwischen dem Gemüse und säten sich selbst aus. Der Mittelpunkt wurde oft markiert durch ein Rondell, mit einer Staude oder einem Rosenstock in dessen Zentrum. Beeteinfassung geschahen beispielsweise durch Bergbohnenkraut, Buchs, Eberraute, Federnelken, Katzenminze, Lavendel, (Zwerg-) Salbei, Schnittlauch, Steinkraut, (Zwerg-) Thymian, Vergissmeinnicht oder (Zwerg-)Ysop. Die äußere Einfassung bildete ein einfacher Bretter- oder Flechtzaun. Ein Rosenbogen war oft am Garteneingang, bepflanzt mit Rose, Clematis, Geißblatt oder Jelängerjelieber. Die Beeteinfassung durch Buchsbaum schützte die Beetpflanzen, zumindest im unteren Bereich, vor kalten Winden und vor Fraßfeinden, vor allem vor Nagetieren, die wegen der Giftigkeit des Gewächses nicht in das Beet hineinkamen.

Wersch

Zudem hat der Buchsbaum, wie viele Pflanzen in einem traditionellen Bauerngarten, eine Bedeutung in unserer christlichen Religion. Seine Zweige wurden statt Palmzweigen an Palmsonntag geweiht und hinter das Kreuz gesteckt. Typisch für einen Bauerngarten waren die robusten Bauernpfingstrosen, die wunderbar nostalgisch wirken und voller Opulenz sind. Die bekannte, rot gefüllt blühende Sorte „Rubra Plena" galt sogar als Mariensymbol, als Rose ohne Dornen. Zu Fronleichnam wurden diese Blüten statt Rosen als Blumenschmuck verwendet.

Das ABC des bunten Bauerngartens

Die Auswahl der Blumen für den Bauerngarten richtete sich nach der Blütezeit, der Blütenfarbe und der Wachstumshöhe. Herbstblüher wurden so platziert, dass ihre Blätter im Sommer die abgestorbenen Pflanzplätze der Frühlingsblüher bedeckten.

Farbenprächtige und großblütige, gefüllte Blumen fanden nur vereinzelt im Bauerngarten Platz. Für die hart arbeitenden Bäuerinnen mussten sie vor allem pflegeleicht sein. Der Blumenkalender begann im späten Winter mit den Schneeglöckchen, denen die Märzbecher folgten.

Zwiebelgewächse wie Tulpen und Narzissen schlossen sich an, später Maiglöckchen, Flieder und schon bald die ersten Rosen. Der Sommer leuchtete mit allerlei Staudenpflanzen wie Bartnelken, blauem Rittersporn, Bechermalve, Stockrosen, Schwertlilien, Margeriten und Mohn. Ringelblumen, Löwenmäulchen, Kapuzinerkresse und viele andere mehr folgten. Der nahende Herbst versprühte noch einmal mit Astern, Strohblumen, Dahlien, Sonnenblumen und Phlox ein wahres Farbenfeuerwerk.

Der wilde Wein am Holzzaun rankend, beendete mit seinem feurigen Rot das Blumenjahr im Bauerngarten. Den vielen Kräutern von B wie Bohnenkraut bis zu Y wie Ysop gesellten sich Möhren und Radieschen, Rübchen und Sellerie, Blattsalat und Bohnen, Kartoffeln und Kohlrabi, Kohlsorten und Beerenobst wie Stachel- und Johannisbeeren. Auch alte Gemüsesorten, die heute fast in Vergessenheit geraten sind wie Pastinake, die Melde, der Gute Heinrich, der Mangold oder die Topinambur waren heimische Bewohner des Bauerngartens. Ein reich gedeckter Tisch zu allen Jahreszeiten!

Romantik in verstecktem Winkel

Mangold-Rouladen mit Gemüse

Zutaten:
4 Rinderrouladen, gleiche Anzahl Mangoldblätter, blanchierter Rettich, in dünne Scheiben geschnitten, gekochte rote Rüben, ebenfalls in dünne Scheiben geschnitten, Salz, Pfeffer, mittelscharfer Senf, Kümmel.

Zutaten für das Gemüse:
Je nach Anzahl der Portionen geschnittene Mangoldblätter, blanchierte weiße und rote Rüben, geschnittene und blanchierte Mangoldstiele, Schalotten, Salz, Pfeffer, gemahlenen Kümmel. (Die Menge des Gemüses lässt sich je nach Geschmack variieren).

Zubereitung:
Rinderrouladen von beiden Seiten mit Salz und Pfeffer würzen, auf einer Seite mit frisch gemahlenem Kümmel bestreuen und mit mittelscharfem Senf bestreichen. Ein Mangoldblatt darauflegen. Zwei dünne Scheiben Rettich und eine dünne Scheibe der roten Rübe darauflegen, zusammenrollen und mit einem Holzspieß fest stecken. In Rapsöl kräftig anbraten, auf ein Backblech geben und 20 Minuten bei 180 Grad im Ofen lassen. Das Gemüse in einen Topf oder eine Pfanne mit Butter geben, kurz andünsten. Mit Salz, frisch gemahlenem schwarzen Pfeffer und Kümmel würzen.

Kartoffel-Kresse-Püree

Mehlige Kartoffeln schälen und in Salzwasser weichkochen. Milch aufkochen, Butter flüssig werden lassen, die gekochten Kartoffeln durch eine Kartoffel-Presse drücken, heiße Milch nach und nach dazu geben, flüssige Butter ebenfalls dazu geben, mit Muskat, Salz und Pfeffer würzen und alles mit dem Schneebesen verrühren. Gartenkresse zum Schluss leicht unterheben.

Bohneneintopf mit Rindfleisch

Zutaten:
250 g Rindfleisch aus der Hüfte, gewürfelt, 50 g Schalotten, geschnitten, 50 g Paprikaschoten, in Streifen geschnitten, 50 g Karotten, geschnitten, 1 Chilli-Schote, ca. 1 l Rindfleischbrühe, frisches Bohnenkraut, Salz, Pfeffer, 70 g frische grüne Bohnen, jeweils 200 g Red Kidney, weiße Bohnen und Wachtelbohnen.

Zubereitung:
Die trockenen Bohnen ca. 8-12 Stunden einweichen. Das gewürfelte Fleisch mit Salz und Pfeffer würzen und durchmischen. Im vorgeheizten Topf scharf anbraten, glasig gedünstete Schalotten dazugeben, Paprikaschoten dazugeben, abgegossene Trockenbohnen dazugeben, das Ganze mischen, zum Kochen bringen und 1,5 Stunden köcheln lassen. Nach ca. einer halben Stunde die frischen Bohnen dazugeben kurz vor Schluss Bohnenkraut dazugeben.

Rinderschmorbraten mit Kartoffel-Kresse-Püree

Zutaten:
1 marmoriertes Rindfleischstück (falsches Filet/Tafelspitz) ca 1,4 kg, je 150 g Gemüse zum Schmoren (Schalotten, Karotten, Staudensellerie), Rapsöl zum Anbraten, ca. 1 l Rinderfond zum Ablöschen, 100 g Honig mit 100 ml Wasser zum Glacieren fürs Fleisch mischen, 1 kg mehlige Kartoffeln, 500 ml Milch, ca. 50-80 g Butter, Salz, Pfeffer, Muskat, frische Gartenkresse.

Zubereitung:
Fleisch im Fleischbräter von beiden Seiten in Rapsöl anbraten. Gemüse dazugeben. Grob geschnittene Schalotten, Karotten (nicht zu klein schneiden), Staudensellerie mit Fond ablöschen. Wenn alles gut angeschmort ist den Deckel draufgeben und für 1,5 Stunden bei 180°C ins Backrohr. Den Braten ca. alle 15 Minuten mit dem Honigwasser bestreichen.

Kürbisconfit

Zutaten:

500 g Muskat-Kürbis (geschält und in Würfel geschnitten), 250 g Zucker, 15 g Senfpulver oder Dijonsenf, 100 ml guten Essig, 100 ml Wasser.

Zubereitung:

Zucker in einem heißen Topf leicht karamelisieren, mit Essig und Wasser ablöschen, Senfpulver zugeben, aufkochen lassen bis der Zucker aufgelöst ist. Kürbiswürfel zugeben, aufkochen und garziehen lassen. Das Confit passt zu Gegrilltem oder zu Kaltem Braten oder Wild.

Himbeer—Brombeer—Creme

Zutaten:

350 g Beerenpüree, 100 g Zucker, 4 Eigelb, 4 Blatt Gelatine, 1 Zitrone, ¼l geschlagene Sahne.

Zubereitung:

Gelatine in kaltem Wasser einweichen. Eigelb und Zucker auf dem Wasserbad warm aufschlagen. Die ausgedrückte Gelatine in die warme Eigelbmasse geben und darin auflösen. Die Masse auf Eiswasser kaltschlagen. Etwas frischen Zitronensaft und das Beerenpüree zugeben und vermischen. Zum Schluß die geschlagene Sahne unterheben. Die Creme abfüllen und zwei Stunden kalt stellen.

Rhabarberkompott

Zutaten:

500 ml Weißwein, 100–150 g Zucker, 1 Vanilleschote, 1 Zimtstange, Schale von einer halben Zitrone, 30 g Stärke, Wasser zum Anrühren der Stärke, 1 kg geschälten, in Stücke geschnittenen Rhabarber, mit Zucker ziehen lassen.

Zubereitung:

Zitronenschalen hauchdünn schneiden. Wein und Wasser in einen Topf gießen, Zucker unter Rühren dazugeben, Vanilleschoten halbieren, das Mark herauskratzen, Mark und Schoten dazu geben. Die geschnittenen Zitronenschalen jetzt hinein geben, Zimtstangen dazu fügen, den Fond aufkochen und 15 Minuten köcheln lassen. Dann die Gewürze herausnehmen etwas Stärke unter Rühren in den Fond geben, den gezuckerten Rhabarber unterheben und noch in sanftem köcheln bissfest garen.

Rosenbowle

Zutaten:

1-2 stark duftende Bauernrosen, 1 Zweig Rosmarin, alles ungespritzt, 1 Glas Cognac, 125 g Würfelzucker, 1 Flasche Rotwein, 1 Flasche Weißwein, 2 Flaschen Sekt.

Zubereitung:

Die Rosen werden entblättert. Die Blütenblätter und der Rosmarinzweig werden mit dem Würfelzucker belegt. Cognac und Rotwein darüber gießen. Zugedeckt 1-2 Stunden an einem kühlen Ort ziehen lassen. Durch ein Sieb gießen, mit Weißwein und Sekt auffüllen. Mit frischen Rosenblättern servieren.

RESTAURANT
Landhaus Sommerhausen
MUCH-SOMMERHAUSEN

Das Haus könnte kaum schöner liegen. Der Weg vom Herrenteich führt über eine schmale Straße den Berg hinauf, vorbei an schönen Gärten, ehemaligen Hofanlagen, schmucken Wohnhäusern und ruhigen Ecken, die fast nicht vermuten lassen, dass sich am Ziel ein Restaurant befindet. In Wiesen und Gärten eingebettet liegt das Landhaus Sommerhausen und bietet attraktive Aussichten – in Küche und Landschaft gleichermaßen. Schon seit den 50er Jahren gibt es hier eine gastliche Einkehr, doch erinnert nach mehrfachen Umbauten und Verschönerungen kaum noch etwas an die Anfangszeiten. Geblieben ist die exponierte Lage, die den Blick nicht nur von der Terrasse, sondern auch aus dem lichten Restaurant hinaus ins Grüne schweifen lässt. Das Restaurant besitzt rundum große Panorama-Sprossenfenster und wirkt dadurch fast filigran, nimmt Kontakt zu den Hügeln und Tälern auf, die sich irgendwann im milchblau des Horizonts verlieren.

Hier hat der junge ambitionierte Küchenchef Stefan Heuser seine Heimat gefunden und ist seit 2002 Inhaber des ansprechenden Domizils. Mit seinen 24 Jahren zeigt er eine gute Portion Mut für die Selbständigkeit, beweist aber auch, wie junge Ideen und eine fundierte Ausbildung (u. a. im Hotel Venusberg in Bonn) kulinarische Überraschungen zaubern können. Sein Blutwurstrudel auf Rahmsauerkraut und einer Senfschaumsauce ist unübertroffen lecker und zeigt auch, was ihm am Herzen liegt: eine gute regionale Küche, die sich der Qualität der Zutaten aus der Region durchaus bewusst ist.

Wild kommt aus den Wäldern um Much und auch Lämmer bezieht er immer wieder aus der regionalen Vermarktungsinitiative „Bergisch pur". Ganz deutlich wird sein Interesse an regionalen Produkten, wenn man rund ums Landhaus Sommerhausen kräftige Kälber weiden sieht. Sie gehören zum Bauernhof, der sich nicht weit entfernt befindet und mit dem er ein leckeres Abkommen geschlossen hat. So werden speziell für ihn Milchkälber gezogen, die wortwörtlich aus der Nachbarschaft kommen. Ziegenkäse bezieht er ebenfalls meist regional, tränkt ihn dann einmal in einer Beerenauslese oder präsentiert ihn im Strudelblatt.

Im Sommer zeigt sich die Küche mediterran inspiriert und verweist dabei natürlich auf die schöne Terrasse, die sich als grünes Bindeglied zwischen Natur und Küche versteht. Ein Tipp ist das preisgünstige Landhaus-Menü, das sich wahlweise in drei oder vier Gängen bestellen lässt. Die Weinkarte mit rund 120 Positionen hält bestimmt den passenden Tropfen bereit und bietet für jeden Geldbeutel auch die richtige Flasche. Stefan Heuser geht erfolgreich den Weg einer ehrlichen Küche, weiß, dass der Gast innovative Rezeptcreationen mag, aber auch gerne einmal eine gute Schnibbelbohnensuppe oder Kartoffelsuppe mit Blutwurst genießt. Da darf es dann auch einmal die interessante Mischung zwischen rheinischem Sauerbraten und Rehfleisch sein. Regional trifft international im Landhaus Sommerhausen und zeigt sonntags zur nachmittäglichen Kaffeezeit, dass auch leckere Kuchen und duftende Waffeln Tradition in der Region haben.

In Blickweite verläuft ein herrlicher Panoramawanderweg, der am Wald entlang die Wege zum Landhaus kreuzt. Wer da die Abzweigung verpasst, hat wirklich etwas verpasst. Wie gut, dass das der geneigten Leserschaft nicht mehr passieren kann!

Blutwurststrudel

Zutaten:
4 Strudelblätter TK, 500 g Blutwurst, 100 g Äpfel, 100 g Zwiebel, 100 g Kartoffeln, 1 El Butterschmalz, 1 Eigelb, Salz, Pfeffer, Zucker.

Zubereitung:
Die Blutwurst aus dem Darm befreien, würfeln und in eine Schüssel geben. Apfel, Zwiebel und Kartoffel in gleich große Würfel schneiden. Kartoffelwürfel in Butterschmalz goldbraun braten, Apfel und Zwiebel zugeben und 1 Minute mitdünsten. Apfel, Zwiebel und Kartoffeln zur Blutwurst geben und kräftig durchmischen. Anschließend mit Salz, Pfeffer und etwas Zucker abschmecken. Jeweils 200 g Blutwurstmasse abwiegen und in ein Strudelblatt einschlagen. Mit Eigelb bestreichen und bei 180° C im vorgeheizten Backofen goldgelb backen. Dazu reicht man im Landhaus Sommerhausen eine Senfschaumsauce und Rahmsauerkraut.

RESTAURANT
Landhaus Sommerhausen

Sommerhausen 97 - 53804 Much
Tel.: 02245-91 10 20
Fax: 02245-91 10 22
e-mail: landhaus-sommerhausen@t-online.de

Öffnungszeiten:
Di.- Sa. von 12.00 bis 14.00 Uhr
und ab 18.00 Uhr
Sonntag von 12.00 bis 22.00 Uhr
Montag Ruhetag

Weier bei Burg Mauel

Windecker Ländchen

In einem Laden vor unserer Zeit

Kolonialwaren in Altwindeck

Es ist wie eine Zeitreise. Der kleine Ort Altwindeck im malerischen Siegtal scheint sich gegen die Zeichen der Moderne zumindest in einer Vielzahl seiner Gebäude erfolgreich gewehrt zu haben. Zu Füßen des Berges, den die Burgruine Windeck krönt, liegen idyllisch zwischen Wiesen und Obstgärten alte Fachwerkhäuser, die zufrieden in der Sonne ruhen, denen etwas abseits vom hektischen Leben unserer Zeit ein heimeliges Refugium geschenkt wurde, wo so manche historische Fassade nicht hinter Klinker oder Eternit ihr armseliges Dasein fristen muss. Wo andernorts oft vermauert, versteckt oder aber aus falsch verstandener Romantik zu Tode verschönt wurde, haben sich hier engagierte Bürger ihren architektonischen Schmuckkästchen angenommen, sie saniert und gerettet und doch daraus kein Museum entstehen lassen.

Diesen Anspruch überlassen sie gerne einem Platz im plätschernden Bachtal, wo sich um die alte Schule von einst vier weitere historisch wertvolle Gebäude gruppiert haben. Sie alle gehören samt hübschem Kräuter- und Bauerngarten zum Windecker Heimatmuseum. Wer es betritt, fasst kaum den Reichtum der Ausstellungsstücke, die sich nach Lebens- oder Berufs- und Handwerksbereichen gruppieren.

Vom Keller bis zur Decke des alten Schulgebäudes finden sich Stücke und Exponate aus längst vergangener Zeit. Zwischen schmunzeln und Erinnerung, mit einem Schuss Wehmut, aber auch einer großen Anzahl überraschter „Aha-Effekte" pendeln die Gefühle der Besucher. Wer hier ein Museum erwartet, dessen Ausstellungsstücke großzügig hinter Glasvitrinen schlummern, wird bei Betreten der Räume sich wie in einem mannshohen Schatzkästlein fühlen, dessen Preziosen sich zwischen Antiquitäten und Flohmarkt bewegen, von wertvollen Seltenheiten bis zu schönem Flitter. Eben so wie das Leben selbst: gespickt von Alltäglichkeiten und Besonderheiten. Mancher würde da auf den Gedanken eines echten Gemischtwarenladens kommen, sieht man die Fülle der unterschiedlichen Exponate. Gar nicht so weit gefehlt, wenn man sich den Raum mit dem wunderbaren Kolonialwarenladen genauer ansieht. Eine Welt für sich, deren Liebe zum Detail sich in blankem Staunen der Besucher durch die großen gläsernen Bonbonieren widerspiegelt.

Die weiße Frau im Wunderland

Am ehesten erinnert der schöne Ladeninnenraum an groß gewordene Kaufmannsladenträume, die früher einmal unterm Christbaum auf brave Kinder warteten. Regale hier und Schubladen da. Pfefferminzbonbons als glänzende grünweiß-gestreifte Kissen und Himbeerdrops wie große Liebesperlen schlummernd hinter dickem Glas. Sehnsüchte nach Kindheitserinnerungen oder Nostalgiewünschen schwappen ans Tageslicht, so wie der Essig im Fass oder das Öl im blanken Kanister. Beide gehörten zu den „Langen Kerls" der Kompanie voller Gläser, Krüge und Tiegel. Eine richtige Haushaltsarmee, die in sich die Vergänglichkeit des Sommers konservierte oder aber so patente Dinge wie Zwirn und Schuhputzcreme, Bürsten oder Schwefelhölzer vorhielt. Ganz gleich ob Seife oder Sago, Graupen, Gries, Mehl, Zucker oder Salz – ein jedes hatte seinen angestammten Platz in Schubladen, Tonnen oder Kisten. Selten waren Dinge abgepackt, bevor sie gewogen, gemessen oder gezählt worden waren.

Die Waage war des Krämers Maß aller Dinge, ganz gleich, ob es drei Loth Muskatblüten, eine Elle Stoff oder aber ein Pfund Reis sein sollte. Der Kolonialwarenladen war wie ein Zeitmesser der jeweiligen Kultur, der das führte, was die Menschen brauchten oder eben meinten, brauchen zu müssen. Marken, die bereits große Geschichte schrieben gehören hier zwar zu den liebgewonnen Nostalgikern im Rund der Produkte, sind aber beileibe nicht die ältesten Bewohner des Kolonialwarenladens. Kein „Tante Emma Laden" von einst ohne Imi, Ata, Fim und Persil – ohne Maggi, Sarotti oder Dr. Oetker.

Folgt man der Namensbedeutung des Kolonialwarenladens genauer, so weht durch die schweren Holzregale der Krämerseele ein warmer Wind von fernen Inseln, Düfte die Farben haben und schwarz wie herbe Schokolade, braun wie die dunklen Kaffeebohnen, grün wie der Tee aus dem nebelverhangenen Hochland, rauchig wie der Zug an der Tabakspfeife oder aber gelb wie wertvoller Safran leuchten. Waren aus den Kolonien also, die heute uns alltäglich erscheinen, unser Leben in früheren Zeiten aber von Grund auf änderten.

Eine Reise gleichsam um die Welt im Brennglas eines kleinen Ladens um die Ecke.

Neue Genüsse braucht das Land

Schon im Altertum bezogen Griechen und Römer Gewürze aus fernen Ländern wie dem Orient. Über alte Karawanenstraßen kamen die wertvollen Güter und hielten über Pilgerwege und Kreuzzugrückkehrer Einzug auch in unsere Gegenden.

Im Mittelalter gehörten Backwerk und Speisen, die mit exotischen Gewürzen wie Zimt aus Ceylon, Muskatnüssen von den Molukken, schwarzem Pfeffer von der Malabarküste Indiens oder Ingwer aus Arabien gewürzt waren, zu den luxuriösen Spezereien schlechthin.

Kaffee, Tee, Schokolade und Tabak gelangten dagegen erst im Laufe des 17. Jh. in Folge von Entdeckungs- und Eroberungszügen nach Europa und damit auch nach Deutschland. Die bis dahin bekannten Getränke wie Milch, Wasser, Wein und Bier wurden nun durch die neuen Heißgetränke ergänzt, Nahrungsmittel wie der Getreidebrei oder die Suppe von ihrem bisher angestammten Platz der Abendmahlzeit weitgehend abgelöst.

Der Zucker und Butterkonsum wuchs in Folge des Kaffee- und Teeaufkommens und auch dem regelmäßigen Brotbacken kam nun eine völlig neue Bedeutung zu. Der Genuss der neu entdeckten Gewürze und Getränke schuf eine neue Kultur. Kaffeemühlen und Teesieb kamen genauso auf, wie Kanne und Tasse zur artgerechten Darbietung der Getränke. Kaffee, Tee, Schokolade und Tabak schufen aber auch neue Kommunikationsweisen, neue gesellschaftliche Einrichtungen.

Wer kennt nicht das Kaffeekränzchen oder aber die Tabaksrunde im Rauch geschwängerten Wirtshaus. Mit der Zeit wandelten sich die neuen Entdeckungen vom Heilmittel in Klosterküchen zu Luxusgütern wohlhabender Kreise, um letztendlich als Volksnahrungsmittel auch über den Kolonialwarenladen Einzug in die Küchen und Wohnstuben zu erlangen.

Einladung zum Tee

Oft waren es die Holländer, die über ihre regen Handelsbeziehungen in Übersee auch als erste Europäer in den Kontakt der neuen Genussmittel kamen. Sie waren es zumindest, die in den neu entdeckten Pflanzen und Früchten die klingende Münze begehrter Handelswaren sahen. Ihr Engagement in Fernost begründete den Einzug von Tee in Europa. Tee aus China und Japan gelangte über die Holländische Ostindische Companie zu uns. Mitte des 17. Jh. war er bereits in London und Paris bekannt und wurde von der East India Company, dem englischen Gegenstück zur Holländischen Ostindischen Companie nun ebenfalls regelmäßig eingeführt. Noch gehörte es zu den kostspieligen Gepflogenheiten, Tee zu trinken. Den europäischen Herrscherhäusern und ihrem Gefolge war es deshalb zuerst vergönnt, die neuen genüsslichen Errungenschaften in größerer Menge zu konsumieren.

Vorherrschend war dabei zuerst die Zusichnahme von grünem Tee, der auch durch Apotheken vertrieben wurde und dem man diverse positive Einflüsse auf den Organismus unterstellte. Noch bis hinein ins beginnende 20. Jh. spielte der grüne Tee die Hauptrolle und wurde gerne mit schwarzem Tee gemischt angeboten. Die Küstenbewohner freundeten sich auf besonders innige Weise mit dem neuen Getränk an. Im Binnenland hingegen konnte der Kaffee seinen Siegeszug antreten.

Schwarz, heiß und anregend

Während der Tee seine Wurzeln hauptsächlich in den Höhenregionen Nordostindiens wie Darjeeling und Assam, in Ceylon, China, Japan und Java besitzt, gehören die Bohnen des Kaffeestrauches ursprünglich in das Hochland von Äthiopien. Die dortige Provinz Kaffa zeigt noch anschaulich den Ursparung des Namens.

Später gelangte der Strauch über das Rote Meer auf die arabische Halbinsel nach Jemen. Viele Legenden ranken sich um die Entdeckung des Kaffeegenusses. So soll ein Hirte bei Beobachtung seiner Schafherde, die sich auffällig nach dem Verzehr der roten Kirschfrüchte verhielten, auf die anregende Wirkung des Kaffeestrauchs aufmerksam geworden sein. Der alte jemenitische Hafen und Handelsplatz Mokka zeugt jedenfalls noch heute von dem Umschlagplatz der Kaffeebohnen in ferne Länder.

Europäische Reisende des Orients brachten im 16. Jh. erste Kunde von dem schwarzen Getränk und seiner anregenden Wirkung. Lange Zeit blieb Jemen der Anbau- und Handelsplatz für die Bohnen. Später zog sein Duft über das Türkische Reich weiter, bis er schließlich auch das christliche Abendland erreichte. Wiederum waren es die Niederländer, denen es gelang Samen außer Landes zu schmuggeln und auf ihren Besitzungen in Ceylon, Java und Surinam anzubauen. Später folgten ihnen die Franzosen und Engländer und der Kaffeestrauch fand neue Heimat in der Karibik, in Indien, Zentral- und Ostafrika sowie in Brasilien, das durch die Portugiesen den Kolonialkaffee in die alte Welt lieferte.

Handelshäuser sorgten für die Einfuhr des neuen Genussmittels und schon 1683 eröffnete das erste Wiener Kaffeehaus seine Pforten. Auch in Deutschland kam Ende des 17. Jh. der Kaffeekonsum mehr in Mode. Noch war es öffentlicher Ausschank und kaum der Privatverzehr, der mit dem Kaffeegenuss verbunden war.

Das Konsumverhalten der breiteren Bevölkerungskreise ließ nicht lange auf sich warten. Schnell wurde man sich bewusst, dass dieser Konsum einen wirtschaftlichen Schaden mit sich führen konnte, entstand doch ein unerwünschter Geldabfluss, den man mit Zöllen, Verboten, Monopolen und Steuern zu verhindern suchte. Der Schmuggel blühte auf der einen Seite, auf der anderen hingegen überlegte man nach kaffeeähnlichen einheimischen und billigen Ersatzmitteln. Als Kaffeeersatz wurden Eicheln, Bucheckern, Getreidekörner, Kastanien, Feigen und Zichorienwurzeln verwandt, da sie dem echten Kaffeegeschmack noch am nächsten kamen. Besonders die Zichorie gelangte mit der Verarbeitung ihres Wurzelstocks zu ansehnlicher Verbreitung. Oft wurde dabei der original Bohnenkaffee damit gestreckt, der damit weitere Durchdringung auf weiter Ebene mit sich führte.

141

Die Schokolade war der Göttertrunk xocoatl, der in Mexiko seinen Ursprung hat. Kolumbus kam mit den aromatischen Kakaobohnen als erster Europäer in Kontakt. Scharf mit Chili und anderen Gewürzen angereichert, ähnelte der Trunk noch lange nicht unserem heutigen Schokoladenempfinden. Erst die Zugabe von Zucker brachte das Getränk in die Richtung unseres heutigen Geschmacks.

Die Schokolade blieb bis dahin eine Art Paste, die mit heißem Wasser versetzt, unter Zugabe von Zucker und Gewürzen wie Vanille und Zimt, ihr wunderbares Aroma eröffnete. Der spanische Hof verfiel dieser Frucht als erster und führte zu seiner weiteren Verbreitung. Oft war es Sitte, eine Tasse heiße Schokolade noch vor dem Aufstehen im Bett einzunehmen. Schokolade, wie wir sie heute und auch schon im Kolonialwarenladen verstehen dürfen, wurde erst durch neue technische Verfahren eingeläutet. Männer wie van Houten und Rudolph Lindt sind Wegbereiter der süßesten Versuchung, die sich Schokolade nennt.

Nicht alles, was als Errungenschaften aus der neuen Welt kam, wurde als Nahrungsmittel in unserem Kolonialwarenladen heimisch. Der Tabak ist eine dieser Ausnahmen, er hat aber zusammen mit Kaffee, Tee und Schokolade den wohl bedeutendsten Niederschlag in unserer abendländischen Kultur gefunden. Wie die Schokolade wurde der Tabak von den spanischen Eroberern aus Amerika über den Atlantik nach Europa befördert und bekannt gemacht. Von den Ureinwohnern wurde er geraucht, aber auch geschnupft oder gekaut. Als Heilmittel entstanden Tee aus Tabakblättern oder Umschläge auf Wunden. Jean Nicot, französischer Gesandter am portugiesischen Hof in Lissabon, sandte 1560 Samen und Grün der Tabakpflanze nach Paris, woraus sich später der botanische Name Nicotiana ergab. Während der Tabak Anfangs nur in Apotheken aufgrund seiner Heilwirkung geführt wurde, setzte sich doch ziemlich rasch das Tabakrauchen in Europa durch. Ende des 16. Jh. gehörte es bereits zum alltäglichen Genussmittel. In langen weißen Tonpfeifen wurde das Kraut oft geraucht. Eine Weise, wie sie durch die Holländer bekannt wurde, die wiederum die Produktion der Tabakspfeifen durch emigrierte britische Protestanten erfahren hatten. Tabakspfeifenbäcker wurde auch in Deutschland zu einem lohnenden Handwerk. Tabak wie auch Pfeifen gehörten somit ebenfalls zum Repertoire eines gut sortierten Kolonialwarenladens. Pfeife und Schnupftabak wurde später durch die Zigarren- und Zigarettenproduktion mehr und mehr zurück gedrängt und dafür durch schillernde Markennamen und bunte Zigarettenschachteln in den Kolonialwarenladen gleichsam „eingebrannt".

Bin gleich zurück

Zusammen mit den Gewürzen, die in feinen kleinen Gewürztüten abgepackt zum Verkauf standen und das Sortiment nicht minder wertvoll ergänzten, sind Kaffee, Tee, Schokolade und Tabak die Begründer der einstigen Kolonialwarenwelt. Produkte mit Geschichte und Geschichten, welche das Leben der Menschen auf beiden Seiten des Ozeans nachhaltig verändert haben. Im Heimatmuseum in Altwindeck meint man den Hauch der vermeintlich guten alten Zeit noch zu spüren.

Es ist so, als hätte die Frau, die für uns alle nur die Tante aus dem Laden war, gerade den Raum erst verlassen. Vielleicht um eine neue Packung Lakritz aus dem Lager hervor zu holen oder um die frischen Eier der Bauersfrau zusammen mit der rahmgelben Butter sanft in den Korb umzufüllen. Ein Lutscher war immer drin, auch wenn das Geld einmal nicht ganz ausreichte. Zeiten, die noch Zeit für einen Plausch an der Theke hatten, wo man nicht anonym, sondern Frau Schmitz und Herr Müller war. Schade, dass der Laden für immer geschlossen hat ....

Heimatmuseum Altwindeck
Im Thal Windeck 17
51570 Altwindeck
Tel.: 02292-38 88
www.windeck-online.de

Öffnungszeiten:
1.04.-30.11.
Sa. 14.00 bis 18.00 Uhr
So. und Feiertag 10.00 bis 12.00 Uhr,
14.00 bis 18.00 Uhr
Es wird ein geringer Eintrittspreis erhoben.
Für Gruppen ab 15 Personen sind nach
Vereinbarung auch Besuche außerhalb
der Öffnungszeiten möglich.

Topfgucker unterwegs

TIPP

Das Heimatmuseum Altwindeck bietet über das Jahr hinweg immer wieder Aktionstage wie Brotbacken im alten Backes oder aber der Ausstellungen zu bestimmten Themenbereichen an. Am 3. Oktober jeden Jahres lockt aber der schöne Traditionelle Handwerkermarkt interessierte Besucher nach Altwindeck. Am Fuße der Burgruine Windeck herrscht dann ein buntes Treiben. Über 30 verschiedene Handwerksberufe und feine Handwerkskunst aus der „alten Zeit" leben dann wieder auf. Uhrmacher, Besenbinder, Bäcker, Müller, Sattler, Seiler, Korbflechter und andere mehr zeigen ihre Techniken und Produkte ihrer jahrhundertealten Handwerkskunst.

Weitere Infos dazu erhält man beim Verkehrsverein Windecker Ländchen e.V., Tel.: 02292-1 94 33.

Teecreme

Zutaten:
2 Tl oder Teebeutel Darjeeling-Tee, ¼ l Wasser, 2 Eier, 50-70 g Zucker, 1 Prise Salz, 6 Blatt weiße Gelatine, ¼ l Schlagsahne, frische Früchte nach Belieben, etwas Zucker und Rum.

Zubereitung:
Den Tee aufbrühen, 4-5 Minuten ziehen lassen und abseihen. Eier trennen. Eigelb, Zucker und Salz dickcremig rühren. Die Blattgelatine nach Anweisung auflösen. Tee zu der Eizucker-Masse gießen und zusammen über dem heißen Wasserbad cremig aufschlagen. Auf keinen Fall die Creme köcheln lassen. Aufgelöste Gelatine anschließend darin auflösen. Masse abkühlen lassen, dann das steifgeschlagene Eiweiß und die Sahne vorsichtig unterheben. Die Früchte in etwas Rum und Zucker marinieren und in einer Glasschüssel oder in Gläsern anrichten, die Teecreme darüber geben und die Süßspeise gut gekühlt servieren.

Holunder-Tee

Hier kommen der heimische Holunder aus Großmutters Gartenapotheke mit dem kolonialen Tee zu einem gesunden und schmackhaften Herbst-Wintertrunk zusammen, der nicht nur von außen die Finger am Glas wärmt.

Zutaten:
500 ml schwarzer Tee, 500 ml Holundersaft, ½ Zimtstange, 2 Nelken, 1 Sternanis, brauner Kandis, zwei ungespritzte Orangen.

Zubereitung:
Tee zubereiten, Holundersaft erhitzen und beide mischen. Mit den Gewürzen auf einem Stövchen einige Zeit ziehen lassen (je nach Geschmack) und zum Schluss mit Kandis süßen. Wer möchte gibt noch als Vitamin- und Geschmackszutat den Saft zweier frisch gepresster Orange hinzu oder würzt nur mit den fein geschnittenen Zesten der ungespritzten Orangenschale, die mit den Gewürzen ziehen können.

Hefegugelhupf mit Schokolade

Zutaten:
¼ l Milch, 30 g frische Hefe, 500 g gesiebtes Weizenmehl, 150 g Butter, 180 g Zucker, 6 Eigelb, Prise Salz, abgeriebene Schale einer Zitrone, Zimt, 100 g Rosinen, 50 g geriebene Schokolade, Butter für die Form, gehobelte Mandeln, Schokoladenglasur.

Zubereitung:
Milch nur leicht anwärmen, darin die Hefe zerbröckeln und auflösen und mit einem Teil des Mehls zu einem weichen Vorteig mischen. Das restliche Mehl über den Vorteig geben und diesen warm stellen.

Butter mit Zucker gut schaumig rühren, dann die Eigelb unterrühren.

Den gut gegangenen Teig mit Salz und Zitronenschale zur Butter-Dotter-Masse geben und das Ganze zu einem etwas weich gehaltenen Hefeteig abmischen. Den Teig so lange schlagen, bis er sich seidig anfühlt und vom Schüsselrand löst.

Hefeteig zugedeckt 30 Minuten ruhen lassen. Danach auf dem Nudelbrett ca. ½ cm dick im Quadrat ausrollen, gleichmäßig mit Zimt, 50 g Schokolade und 100 g Rosinen bestreuen. Teig zusammenrollen, in die mit Butter ausgestrichene große Gugelhupfform legen und mit Butter bestreichen. Den Teig in der Gugelhupfform warm stellen und bis knapp unter den Rand aufgehen lassen. Bei 180°C etwa 40 Minuten backen. Abkühlen lassen und aus der Form stürzen. Mit Schokoladenglasur bestreichen und gehobelte Mandeln darüber streuen.

Backes in Kommern

145

Zieh mich raus, ich bin längst ausgebacken

Ein wenig erinnert ja das rauchende Backeshaus an Hänsel und Gretel und die Knusperhexe. Auch Rumpelstilzchen hat sich, während es um das Feuer tanzte seine Prioritäten nicht nehmen lassen, wenn es singt von „heute back ich, morgen brau ich, übermorgen hole ich der Königin ihr Kind". Es muss wohl etwas märchenhaftes mit dem Nahrungsmittel Nummer eins einhergehen, und so ein Laib guten Brotes hat zu allen Zeiten nicht nur die Aufmerksamkeit, sondern vor allem die Nasen und den Gaumen auf sich gezogen.

Schlimm genug, dass wir heute von einem guten Brot schwärmen, als wäre es nur noch in unserer Erinnerung vorrätig. Wie gut, dass es doch noch Bäckereien gibt, die sich auf die alten Traditionen berufen und sich Zeit nehmen. Gut Ding braucht eben Weile und ein guter Sauerteig die nötige Rast. Ein altes Backeshaus, wie auf dem Gelände des Heimatmuseums Altwindeck ist für das Aufleben der guten alten Zeit wie geschaffen. Steinerner Backes, Eiserne Ofentüre und hölzerner Schieber sind nicht romantische Erinnerungen an eine vergangene Tage, sondern erfahren von Zeit zu Zeit eine Wiederbelebung. Grund genug, der Geschichte des Brotbackens nach „guter alter Väter Sitte" über die Schulter zu schauen.

Wer in früheren Zeiten sein Brot im Backes backen wollte, musste sich der Backes-Ordnung unterziehen, die genau festlegte, welche Familien an welchen Tagen das Backhaus nutzen durften. Ging es daran, das Brot oder den Kuchen vorzubereiten, so waren ebenfalls Schritte zu befolgen, die von Generation zu Generation weitergegeben wurden. Die erste Vorbereitungsarbeit lag in den Händen der Frau. Sie fand dafür den Sauerteig in der Mohl, einer viereckigen Holzmulde vor, den der vorherige Benutzer des Backhauses im Holzfässchen zurücklassen musste. Sie mischte nun Mehl und Sauerteig mit Wasser zu einer sämigen Masse. Zum Abschluss streute sie etwas Mehl darüber und zeichnete ein Kreuz über das Ganze. Damit war ihre Arbeit beendet. Alle anderen Arbeiten waren Sache des Mannes. Es begann oft mit dem Segensspruch „In Gottes Namen!" Je nach der Anzahl der vorgesehenen Brote schüttete der Mann Mehl in die Mohl, tat dazu Salz und vermengte es mit Wasser. Nun begann der wichtige Knetvorgang. Es erforderte wahre Manneskraft. Mit den Fäusten knetete er den Teig. Manche wissen noch, wie sie als Jungen den Teig mit den Füßen getreten haben. Dazu mussten sie ihre Füße

natürlich gründlich reinigen. Entweder geschah dies im Backhaus selbst oder im nahen noch sauberen Dorfbach. Hatte man seine Füße im Bach gereinigt, so wurde man vom Vater zum Backes getragen. Dort konnte man dann seine jugendliche Kraft unter Beweis stellen. Nach dieser schweren Anstrengung des Knetens stach der Mann mit dem Stecheisen aus der Masse des Teiges in der Mohl ein Stück heraus und legte es auf die Arbeitsplatte. Auf diesem langen Holztisch wog er es auf der vor ihm stehenden Waage. Es sollte das Gewicht von fünf Pfund ergeben; war es mehr, so stach er ab; war es weniger, so fügte er hinzu. Meistens verfügte man über ein gutes Augenmaß. Die fünfpfündigen Stücke wurden nun rechteckig geformt und auf einem langen Tisch nebeneinander gesetzt. Ungefähr eine Stunde ließ man den Teig treiben, also aufgehen. In dieser Zeit waren die Brote mit einem Tuch überdeckt, um sie so vor schädlicher Zugluft zu schützen.

links: Altbäcker Herbert Lenz schiebt ein Brot in den Ofen.
rechts: Kalle Groß hat den Teig für die Brote vorbereitet.

Eine knusprig–glänzende Idee

Inzwischen war der Ofen geheizt. Reisig und Reben wurden dazu benutzt. Etwa zehn Schanzen waren notwendig. Es wurde solange gefeuert, bis die Steine heiß waren. Erst jetzt war die erforderliche Hitze erreicht. Jetzt wurde der Ofen gereinigt. Mit dem Kratzer an langer Stange zog man die glühende Holzkohle nach vorne und scharrte sie in die unter dem Ofeneingang liegende Aschengrube.

Anschließend wurde der heiße Ofen mit einem feuchten alten Sack, dem Backes-Lump ausgewaschen. Immer wieder musste der heiße Wischer ins kalte Wasser, meist in den nahen Bach, getaucht werden.

War der Ofen gereinigt, legte man an die Seiten die Kanthölzer, auch Schlusshölzer genannt.

„Bäckerbursche" Franz Dieter Steinhauf, liefert die fertigen Brote.

Auf diese Weise suchte man das „Endbrot" zu verhindern. „Endbrot" nannte sich jenes Brot, das mit dem einen Ende an der heißen Wand ohne Kantholz eine überstarke Kruste bekam. Damit war alles zur Vorbereitung des Backvorgangs im Ofen geschehen. Jetzt konnten die Brotteige in den Ofen hinein. Dazu gebrauchte man die Schieß. Jeder Brotlaib wurde einzeln auf die Holzplatte der Schieß gelegt und mit lauwarmen Wasser bestrichen. Dieser Vorgang des „Salbens" sollte vermeiden, dass die Brotkruste hart würde. Waren alle Brote im Ofen, schloss sich die Eisentür. Der Backvorgang dauerte etwa zwei Stunden. Dann wurden mit der Schieß die warmen Brote herausgezogen und wiederum „gesalbt". Diese Brot-Salbung sollte ihnen einen besonderen Glanz verleihen. Die fertigen frischen Brote durften danach auf dem langen Holztisch bis zum anderen Tage auskühlen.

Brot-Zeit

Brot war nicht gleich Brot. Der Ofen gab Hitze für eine Vielzahl verschiedener Backwerke. So wurde das eigentliche Schwarzbrot aus geschrotetem Roggen hergestellt. Das gebeutelte Schwarzbrot hingegen enthielt kein Schrot mehr. Für den Windplatz wurden abgesiebtes Roggenmehl mit Weizenmehl vermischt. Auch Kuchen und Gebäck wurden für Sonn- und Feiertage im Backhaus gebacken. Der einfache Hefekuchen veredelte sich vor allem zu Neujahr zum Hefekranz. Leckerer Streusel- und Pflaumenkuchen, waren an Kirmestagen nicht wegzudenken. Der dicke Platz wurde als großer Hefekuchen aus Weizenmehl mit Zucker und Rosinen gebacken. Weckmänner an St. Nikolaus und würzige Spekulatius in verschiedensten Formen läuteten die anbrechende Weihnachtszeit ein. Die Resthitze des Ofens wurde zum Schluss zum Trocknen von Apfel- und Pflaumenschnitzel genutzt. Die getrockneten Schnitzel wurden auf der Kordel aufgereiht und so für die Wintertage aufbewahrt.

Kräuter–Vollkornbrot

Zutaten:
1.200 g Vollkornmehl (Weizen), 720 ml kaltes Wasser, 40 g Hefe, 1 Tl Honig, 1 Tl Salz, 2 Handvoll Kräuter einzeln oder beliebig gemischt (bspl. Bärlauch, Sauerampfer, Thymian, Schnittlauch etc.).

Zubereitung:
Kräuter waschen, abtropfen und sehr fein hacken, mit Salz und Mehl vermischen. Die Hefe mit dem Honig in Wasser verrühren und zum Mehl geben, alles miteinander vermischen. Jetzt das Salz zufügen. Den Teig 10 Minuten kneten, anschließend ein Brot formen und dieses mehrfach einschneiden.

Das Brot eine halbe Stunde gehen lassen und in den kalten Backofen schieben. Bei 200° C etwa 45 Minuten backen.

Grüne Brötchen

Zutaten:
500 g Mehl, 1 Päckchen Backpulver, ½ Tl Salz, 100 g Butter, ¼ l Buttermilch oder Milch, 2 Handvoll Petersilie.

Mehl, Salz und Backpulver miteinander vermischen und das Fett in Flöckchen dazugeben. Kräuter waschen, abtropfen lassen und fein hacken. Anschließend die Petersilie in der Milch pürieren und mit den übrigen Zutaten zu einem geschmeidigen Teig verkneten. Aus dem Teig etwa 20 Brötchen formen, mit einem Messer einschneiden und auf ein gefettetes Backblech legen. Herd 220° C vorheizen und die Brötchen 20-25 Minuten backen.

Weizenvollkornbrot

Zutaten (für 500 g):
175 g Weizenvollkornschrot, 250 g Weizenmehl (Type 550), 1 Päckchen Hefe, 1 Tl Farinzucker, 2 Tl Salz, 3 El Speiseöl und 150 ml lauwarmes Wasser und 50 ml Zitronensaft (statt Natursauerteig).

Zubereitung:
Weizenvollkornschrot und Weizenmehl in eine Rührschüssel geben und mit der Hefe sorgfältig vermischen. Zucker, Öl, Wasser und Zitronensaft hinzufügen. Das Ganze mit einem Handrührgerät mit Knethaken zuerst auf niedrigster, dann auf höchster Stufe in etwa 5 Minuten zu einem glatten Teig verarbeiten.

Jetzt das Salz zufügen. Nochmals gut durchkneten. Den Teig zugedeckt an einem warmen Ort ca. 20 Minuten stehen lassen, bis er sich sichtbar vergrößert hat.

Danach einen Brotlaib formen, die Oberfläche des Teiges mehrere Male etwa 1 cm tief einschneiden und mit Wasser bestreichen. Durch das Wasser bleibt die Kruste schön feucht und wird während des Backens nicht so schnell rissig. Dann bei 180 °C in den vorgeheizten Backofen schieben und ca. 50 Minuten backen lassen. Während des Backens das Brot ab und zu mit Wasser bestreichen, um eine schöne Kruste zu erzielen.

Im Windecker Ländchen, nahe der Sieg, liegt der Ortsteil Windeck-Mauel. Hier hat sich mit dem Gasthof der Familie Willmeroth ein Domizil für Fans von hausgebrautem Bier und Liebhaber einer guten bürgerlichen Regionalküche etabliert, das auf 4 Generationen zurückblicken kann.

1883 wurde die Gastronomie als traditionelle Dorfkneipe gegründet. Sie hat über die Jahrzehnte nicht nur viele Gäste, sondern auch gute wie schlechte Zeiten kommen und gehen gesehen. Immer blieb sie Anlaufstelle für einen kühlen Schluck, selbst nachdem zwei Fliegerbomben dem Haus fast den Garaus gemacht hätten. Der Wiederaufbau erfolgte zügig und 1962 entschloss man sich zum Ausbau und Umgestaltung zu einer Gastwirtschaft mit Hotelbetrieb.

Vater Karl Willmeroth hat mittlerweile seinem Sohn Thomas als Küchenchef die Herdplatten überlassen. Der 26-jährige hat seine Ausbildung im Bergischen Land, aber auch in Österreich, in Bonn und am Niederrhein genossen. Im Gasthof Willmeroth pflegt man die gutbürgerliche Küche, die ehrlich, regional und lecker den Gast verwöhnen möchte. Eigene Hausschlachtung wird hier noch mehrmals im Jahr durchgeführt, woher die herzhaften Sorten von Blut-, Brat- und Leberwurst wie auch Sülze herrühren.

Der Panhas, das typische Gericht des Bergischen Landes ist ebenso auf der Karte zu finden, wie auch das Brauhauspfännchen, eine weitere Spezialität des Hauses. Speckbohnen und Bratkartoffeln gesellen sich zu einer Auswahl von Bartwurst, Kasseler, Speck und Kotelett. Eine deftige Mahlzeit, die keinen hungrig lässt und dazu wunderbar zu dem süffigen, in der eigenen Hausbrauerei gebrauten Bier passt.

Das Maueler Hofbräu ist ein untergäriges, trübes Bier, nicht so herb wie viele andere, aber mit feiner Würze und einem wahrlich süffigen Abgang. Die Idee zum eigenen Bier entstand wohl aus einer Trinklaune heraus. Schnell konkretisierte sich aber das Vorhaben, ein Brauhaus wurde gebaut und die notwendigen Gerätschaften aus Österreich eingeführt. Nachdem man das Bierbrauen erlernt hatte, ging die Produktion los, strikt nach dem Reinheitsgebot von 1516.

GASTHOF-HOTE

Willmeroth

Preschlinallee 11
51570 Windeck-Mau
Tel.: 02292-9 13 3
Fax: 02292-91 33
www.gasthof-willmerot

Das Malz wird aus Bamberg bezogen, der Hopfen aus der bayerischen Holledau, das Wasser aus der Region und die Hefe von einer namhaften deutschen Brauerei. Ob sommers im urgemütlichen Biergarten oder winters in den behaglichen Gaststuben – das Maueler Hofbräu fließt schäumend und kühl in die Gläser. Frischer als hier kann das Bier nicht sein, denn eine direkte Leitung führt vom Reifekeller an die Theke, von wo aus gezapft wird.

Mit dem Bier wird auch in der Küche gearbeitet. Kräftige Biersaucen zu Geschmortem oder aber die Biersuppe gehören dazu. Alle zwei Wochen im Wechsel wird herzhaft ein Haxen- oder Spießbratenessen angeboten. Dazu passt dann natürlich nicht nur das Bier, sondern auch das kräftige Treberbrot, das aus dem abgeschöpften Malz-Sud zubereitet wird.

„Hopfen und Malz – Gott erhalts!" – wünschen wir, dass den zufriedenen Gästen auch noch viele Generationen lang die Gasthaustradition der Familie Willmeroth erhalten bleibt!

Öffnungszeiten:

Mittwoch Ruhetag
Mo. – Di. und Do. – Fr.
Von 10.00 bis 14.00 Uhr
und von 17.00 bis 22.00 Uhr
Sa. und So. ganztägig geöffnet.
Küche von 12.00 bis 14.00 Uhr
und von 18.00 bis 22.00 Uhr

Das Hotel hat 50 Betten in zeitgemäßer Ausstattung.
Für Außerhaus kann das Maueler Hofbräu in 2l-Syphon-Behältern
erworben werden.

Dippekoche

Damit sich der Dippekoche besser stürzen läßt, besagt eine Grundregel: Immer den gleichen Topf nehmen und nur für Dippekoche verwenden.

Zutaten:
2,5 kg roh geriebene Kartoffeln (möglichst ältere), 2 Eier, 2 Brötchen in 500 ml warme Milch einweichen, 2 dicke gehackte Zwiebeln, Pfeffer, Salz, 500 g Schweinebauch oder 250 g Dörrfleisch oder 3 Mettwürstchen kleingeschnitten.

Zubereitung:
Kartoffeln, Eier, leicht ausgedrückte Brötchenmasse, Zwiebeln, Pfeffer und Salz gut mischen. Kleingeschnittenes Fleisch dazugeben. Einen Bräter oder sonstigen Topf ohne Kunststoffgriffe mit etwas Öl stark erhitzen. Kartoffelteig zügig einfüllen, dass es zischt. Im Backofen bei 220° C ca. 90 Min. backen. Es muss eine knusprige braune Kruste entstehen. Dazu passt ein frisches Bier und wer mag etwas Apfelkompott.

Gefüllte Kartoffelknödel

Zutaten:
400 g Kartoffeln, 2 Eigelb, 120 g Mehl, Salz (Teig wie bei den Schupfnudeln), 600 g Gemüse (Karotten, Fenchel, Zucchini, Paprikaschoten) $\frac{1}{2}$ Zwiebel, $\frac{1}{2}$ Knoblauchzehe, 50 ml Olivenöl, 1 Tl Petersilie, 1 Tl Schnittlauch, 40 g gebräunte Butter, 30 g geriebener Parmesan.

Zubereitung:
Das geputzte und in kleine Würfel geschnittene Gemüse mit der Zwiebel und dem Knoblauch im Olivenöl dünsten, mit Salz, Pfeffer und der Petersilie würzen und erkalten lassen. Den Kartoffelteig 1 cm dick ausrollen und in runde 6-7 cm Blätter ausstechen. Dann diese mit der Gemüsefüllung zu Knödel formen. Dann im Salzwasser nur ganz leicht köcheln und auf Teller anrichten. Den Knödel mit der braunen Butter begießen und mit Parmesan und Schnittlauch bestreuen.

Zur Freude von Gambrinus

Der neue Trend
zu Hausbrauereien
fließt auch
zwischen Rhein und Sieg

Gegenüber dem Rheintal, das sich traditionell mehr dem Wein verschrieben hat, gehört das Bier im Hinterland nach wie vor zu dem angestammten Getränk. Der Trend geht dabei hin zu kleinen Hausbrauereien, die jede für sich ihr ganz spezielles Rezept entwickelt haben, individuelle Gerstensäfte produzieren und diese auch zumeist gleich in der angeschlossenen Gastwirtschaft ausschenken. Eine Reihe solcher Hausbrauereien hat sich auch in der Region Rhein-Sieg etabliert. Neue Ideen zu einem Getränk, dass schon auf viele tausend Jahre Biergeschichte zurückblicken kann ...

Kaum vorstellbar ist die Tatsache, dass sich bereits über 4000 Jahre v. C. die Völker am Nil und Zweistromland mit dem Gärungsprozess und der damit verbundenen Bierherstellung befasst haben. Vom Gerstensaft in heutigem Sinne lässt sich dabei noch in keiner Weise sprechen. Die Erfindung geschah dabei wohl durch Zufall. Möglicherweise wurde Brot in einem Tonkrug in Wasser eingeweicht, um einem kranken oder alten Menschen die Zusichnahme zu erleichtern. Vielleicht wurde der Krug vergessen, das Brot begann zu gären, ein berauschender Brei entstand und die Wirkung wurde beobachtet. Die Sumerer gelten daher als die ersten, die durch Überlieferung von Tontafeln, sich nachweislich mit dem Brauen auseinandersetzten. Andererseits haben sich erdumspannend ohne Kenntnis voneinander, die verschiedensten Völker mit der Gärung und dem Brauen beschäftigt. So gibt es seit langer Zeit in Asien Reisbier, in Afrika Hirsebier und in Südamerika Maisbier.

In der griechischen wie auch römischen Antike spielte Bier keine bedeutende Rolle, da man dem Wein den Vorzug gab. Das suspekte Gebräu spiegelte sich in den Barbaren, den Germanen wider, die das Getränk nicht nur in der Ehrung ihrer Götter nutzten, sondern auch zum eigenen Verzehr verwendeten. Bier wurde spätestens ab 800 n. C. zu Zeiten Karls des Großen hier in Europa hoffähig. In etlichen Klöstern braute man bereits zu diesem Zeitpunkt Bier.

Das Getränk hatte den großen Vorteil, nahrhaft und wohlschmeckend zugleich zu sein und auch in den Fastenzeiten nicht auf der Liste der verbotenen Nahrungsmittel zu stehen. Die Klosterbrüder kultivierten das Brauen, als Ernährer in kargen Zeiten. Mit der Zeit wurde ihnen gegen eine Gebühr auch das gewerbliche Brauen erlaubt. Ein florierende Einnahmequelle entstand.

Ein Flaschenkind.

155

Hokuspokus oder das Gebot der Stunde

Neben oder an Stelle der noch heute verwendeten Zutaten wurden noch viele andere beigemischt. Aroma gebende und haltbar machende Gewürze, Kräuter, Samen, Früchte – daneben aber auch giftige, berauschende und halluzinogen wirkende Pflanzen wie z. B. das Bilsenkraut, gehörten zu den Bestandteilen anfänglicher Brauerkunst. Früher war auch nicht bekannt, dass Hefen für die Gärung verantwortlich sind. Es wurde deshalb mit allerlei Hokuspokus versucht, diesen Prozess in Gang zu bringen. Wenn es nicht klappte, suchte man häufig nach einem Schuldigen. Noch im 16. Jahrhundert wurden so genannte „Brauhexen" verbrannt!

Im selben Jahrhundert, am 23. April 1516, wurde von Herzog Wilhelm IV aus Bayern das noch heute bekannte Reinheitsgebot erlassen. Danach durften nur noch Wasser, Gerste und Hopfen zur Bierherstellung eingesetzt werden. Von der Hefe war aber auch damals noch immer keine Rede. Das Reinheitsgebot ist die älteste lebensmittelrechtliche Bestimmung der Welt, die heute noch gilt.

Immer durch die Kehle, immer durch die Kehle. Tröste Deine arme Seele! O Susanna!

Mehr als eine Bierlaune

Die kommenden Jahrhunderte bedeuteten einen weiteren Bedeutungszuwachs des Bieres. Im Dreißigjährigen Krieg wird Bier zum preistreibenden Kostenfaktor in der Kriegsführung. Einem Landsknecht standen 15 alte Maß (= 1,16 ltr.) pro Tag zu. Das 19. Jh. wird für die Bierherstellung zum Zeitalter den Entdeckungen. Erfindungen wie die Dampfmaschine durch den Briten James Watt, Louis Pasteur´s Hefeerklärung und Robert Koch´s Hefereinzucht etc. leiten auch im Brauereiwesen das revolutionäre Zeitalter der Industrialisierung ein. Bier wurde in der Herstellung billiger und somit auch für die einfachen Leute und Arbeiter erschwinglich. Es wurde billiger als andere Getränke wie Kaffee oder Wein. 1871 geschieht die erste internationale Brauereiausstellung und Gründung des Deutschen Brauer-Bundes in Dresden. 1880 ist der Höhepunkt der Bierherstellung. Es gibt jetzt die meisten gewerblichen Braustätten in der Welt, in Deutschland alleine 19.110. Von diesem Zeitpunkt an nimmt die Zahl der Brauereien ständig ab. 1892 wird der Kronkorken in den USA erfunden. Der traditionelle Bügelverschluss wird ihm später zum Opfer fallen. Noch ist der Flaschenverkauf kein Thema.

Das Bier wird im Fass verkauft oder aber für den Hausverzehr in speziellen Bierkannen, auch Syphons genannt, abgefüllt. Das Ende des 20. Jh. ist geprägt durch Rationalisierung und computergesteuerte Sud-, Reife, und Abfüllanlagen. Die Konzentration der großen Brauerein nimmt zu. Übernahmen sind an der Tagesordnung und kleine Brauereien haben einen immer schwierigeren Überlebenskampf auszustehen. Die Braukonzerne werden stärker.

Klein David an der Sieg

Eine Renaissance der kleinen Hausbrauerei mit regionaltypischen Bieren kann als Gegenbewegung von klein David gegen den großen Goliath gesehen werden. Eine solche Hausbrauerei ist beispielsweise das Maueler Hofbräu an der Sieg. Gemäß dem deutschen Reinheitsgebot wird hier ein untergäriges, trübes Bier gebraut. Der Besuch des kleinen Brauereigebäudes umweht die Nase sofort mit dem würzigen Malzgeruch, der warm in der Luft schwebt. Hier möchte man erst einmal ausharren und den Duft in langen Zügen inhalieren. Untrügliches Zeichen dafür, dass wir uns schon nahe am Geschehen befinden. Die Braugerste für das Bier kommt aus Bamberg, ebenfalls Biermetropole mit der Spezialität des Bamberger Rauchbieres. Die Gerste ist bereits gemälzt, wird vor Ort geschrotet und mit dem Wasser eingemaischt. Dafür kommt sie in den Sudkessel. Vielfach sind Kupferkessel nur noch für die Optik und die Traditionalität vonnöten. Edelstahl hat zwischenzeitlich die bekannten Kupfersudkessel abgelöst. Auf verschiedene Temperaturstufen wird das Malz nun eingemaischt. Zuckerstoffe und Enzyme lösen sich dabei heraus. Nach rund zwei Stunden ist der Sudvorgang beendet. Die Flüssigkeit wird abgeläutert und von den festen Treberrückständen getrennt. Manche Brauer stellen aus dem Treber ein kräftiges aromatisches Brot her, von Interesse ist allerdings die zwischenzeitlich entstandene Würze.

Hopfen und Malz – Gott erhalts

Diese wird nun gekocht, mit dem Hopfen aus der Holledau vermischt und ebenfalls rund zwei Stunden bei ca. 98° C weiter gekocht. Für 600 l Bier werden rund 120 kg Malz und 1 kg Hopfen benötigt. Hopfen dient der Haltbarkeit und gibt dem Bier den charakteristischen bitteren Geschmack. Das Gerstenmalz hingegen ist der Rohstoff, den die Hefen zu Alkohol vergären. Die gehopfte Würze wird nun im Anschluss in einen Whirlpool gepumpt. Dabei setzen sich Fest- und Trubstoffe ab. Die klare Würze muss nun relativ schnell abgekühlt werden. Mit einer Eiswasserkühlung landet die Würze rasch auf 12° C. Nun kommt die Hefe hinzu. Das Maueler Hofbräu wird durch die untergärige Hefe zu einem untergärigen Bier. Die Hauptgärung dauert nun eine Woche. Die Hefe setzt sich dabei am Boden ab und kann danach noch bis zu zehn mal wiederverwendet werden. Eine drei bis vierwöchige Nachgärung schließt sich an, die der Alkohol- und Geschmacksbildung dient. Je nach Größe der Anlage wird in Fässer oder Flaschen abgefüllt. Das Maueler Hofbräu verwendet Fass und 2l-Syphon und fließt nach der Reife direkt vom Reifekeller per Leitung an den Zapfhahn in der nahen Gastwirtschaft. Kurze Wege für viel Frische. Kühl und schäumend gelangt es ins Glas.

Und Gambrinus, der König der Brauer, lächelt dazu!

Schweinelendchen in Biersauce

Zutaten:

1 Schweinefilet von ca. 600 g, Salz, Pfeffer aus der Mühle, Mehl zum Bestäuben, Öl, Butter zum Braten, 1 Zwiebel gehackt, 1 Knoblauchzehe gehackt, 1 Tl Kümmel gehackt ¼ l Bier (möglichst dunkles nicht so herbes), ¼ l Gemüsebrühe, ½ Bund Petersilie, ggf. etwas Kartoffelstärke.

Zubereitung:

Fleisch in Medaillons schneiden, leicht klopfen, mit Salz und Pfeffer würzen. Dann mit Mehl bestäuben und in heißem Öl saftig braten, anschließend warm stellen. Fett aus der Pfanne gießen, etwas Butter hineingeben, die gehackte Schalotte, Knoblauchzehe und den Kümmel anschwitzen, das Bier aufgießen und einkochen lassen. Nun die Bouillon hinzufügen, abschmecken, ggf. etwas mit Kartoffelstärke binden und das Ganze über die Lendchen geben. Mit gehackter Petersilie bestreuen.

Bierkartoffel – Gratin

Zutaten:

2 kg Kartoffeln, 150 g gewürfelter Bauchspeck, 150 g gewürfelte Zwiebeln, 150 g feingeschnittener Lauch, etwas Knoblauch, 0,3 l Weizenbier, 0,4 l Sahne, 4 Eier, Salz, Pfeffer, Muskat, Kümmel, Semmelbrösel, Butterflocken.

Zubereitung:

Die geschälten Kartoffeln in Scheiben schneiden. In einer Pfanne die Speckwürfel anbraten, die Zwiebeln dazugeben, bis sie schön glasig sind. Das Weizenbier, die Sahne und die Eier miteinander verrühren. Die glasierte Speck-Zwiebelfülle zu den Kartoffelscheiben in eine große Schüssel geben, den Lauch und die Eiermasse dazugeben, würzen und gut vermengen. Das ganze in eine gebutterte Gratin-Form geben und mit Semmelbrösel bestreuen. Die Butterflocken gleichmäßig verteilen und im Ofen bei 165° C ca. 1 Std. backen.

Biergulasch

Zutaten:

800 g Schweinenacken, 400 g Gemüsezwiebeln in Scheiben, 150 g Tomatenmark, 400 g rote u. grüne Paprikaschoten in Würfeln geschnitten, 150 g Crème Fraîche, 100 g Schweineschmalz, 0,6 l Bier, 1 Zitrone, 3 Lorbeerblätter, Salz, Pfeffer, Paprikapulver, gemahlener Kümmel nach Geschmack, Kartoffelstärke.

Zubereitung:

Das Schweineschmalz im Bräter erhitzen und den in Würfel geschnittenen Schweinenacken darin anbraten. Die Zwiebeln, das Tomatenmark und die Gewürze – aber noch kein Salz – dazugeben. Mit Bier ablöschen, Lorbeerblätter und Zitrone dazugeben und etwa 40 Minuten köcheln lassen, bis das Fleisch weich ist. Anschließend die gewürfelten Paprikaschoten zugeben, kurz aufkochen lassen und mit Crème Fraîche und Salz abschmecken. Zum Binden Kartoffelstärke mit etwas Bier anrühren und in den Bräter geben. Als Beilage gibt es Salzkartoffeln und einen grünen Salat.

Bierkrapfen

Zutaten:

2 Eier, 125 g Zucker, 600 g Mehl, 2 Pakete Backpulver, ½ l Weizenbier, 800 g Fett zum Ausbacken, Puderzucker zum Bestäuben.

Zubereitung:

Die Eier schaumig rühren. Den Zucker nach und nach zugeben, das Mehl und das Backpulver vermischen und der Masse hinzufügen. Nun das Weizenbier hinzufügen und den Teig sofort mit einem in Wasser getauchten Löffel abstechen und im 180° C heißen Fett etwa 10 Minuten backen. Das Gebäck abkühlen lassen, mit dem Puderzucker bestäuben und frisch servieren. Die Krapfen lassen sich am besten mit einer Gabel im Fett wenden. Fruchtkompott passt gut dazu.

Leber „Naturtrüb"

Zutaten:
500 g Schweine- oder Kalbsleber in Streifen geschnitten, ¼ l Bier naturtrüb, 50 g Dörrfleisch in kleinen Würfeln, 2 mittelgroße Zwiebel fein geschnitten, 20 g Butter, Salz, Majoran, Petersilie, Pfeffer.

Zubereitung:
Den Speck in einer Pfanne anrösten, Zwiebel dazugeben und kurz mitrösten. Mit Pfeffer und Majoran gewürzte Leber dazugeben und auf kleiner Flamme rosa braten. Die Leber nun aus der Pfanne geben und den Bratenrückstand mit Bier ablöschen. Mit der Butter die Sauce einreduzieren lassen. Die Leber noch einmal durchschwenken und mit Salz abschmecken.

Biersuppe

Zutaten:
½ Zitrone ungespritzt, 3 Stück braunen Würfelzucker, 1 l Bier, 2 Tl Semmelbrösel, 3 Tl Mehl, 3 El Wasser, 2 Eigelb, 1 Gewürznelke, 1 Zimtstange, 1 Prise Pfeffer, 1 Prise Salz.

Zubereitung:
Die Zitrone waschen und den Zucker kräftig an der Schale reiben. Bier, Gewürze und Zucker in einen Topf geben und zum Kochen bringen. Die Hitze zurücknehmen und unter Rühren Semmelbrösel, Mehl und Wasser hinzugeben. Die Hitze wieder erhöhen und die Suppe rühren, bis sie sämig ist. Einen Spritzer Zitronensaft dazugeben. Den Topf vom Herd nehmen und die Suppe durch ein Sieb gießen. Das Eigelb unterrühren und servieren.

Huhn in Biersauce

Zutaten und Zubereitung:
1 frisches Huhn, 50 g fetter Speck, 1 Zwiebel, ¼ l helles Bier, 2 El feingehackte Petersilie, 1 Tasse Champignons, etwas Mehl, 1 Prise Majoran, Salz, Pfeffer.
Das Huhn in vier Teile zerlegen, den Speck würfeln, auslassen und mit der geschnittenen Zwiebel schön braun braten. Die Hühnerteile einlegen, bräunen. Mit Mehl bestäuben und mit dem Bier ablöschen. Champignons, Petersilie und Gewürze zugeben, den Deckel auflegen und eine Dreiviertelstunde schmoren lassen.

Am Fluss
der Höfe und Burgen

In Wein & Mauerwerk gepresst

Als ob die Beschaulichkeit der Sieg
nicht schon genügend Romantik mit sich
führen würde! – Folgt man den Windungen
des Flusses, so zeichnen sich von weitem schon
die Mauerreste einer einst mächtigen Wehranlage
auf hohem Felssporn ab. Rund 80 m misst die Erhebung
des Berges, die wohl ab Mitte des 12. Jh. von den Grafen
von Sayn zum Bau ihrer Burg und damit einhergehend zur
Darstellung ihrer Macht erkoren wurde. Der in Sichtweite
liegende Michaelsberg Siegburgs dürfte damals noch attrak-
tiver von der Lage gewesen sein, doch war der exponierte
Platz bereits durch das von dem Kölner Erzbischof Anno II
gegründete Kloster belegt.

So sicherten sich die Grafen den rund 170 m in das Siegtal ragenden Felsen und demonstrierten ihren Herrschaftsanspruch zwischen den vier Mächten mit dem Erzbischof von Köln im Westen, dem Erzbischof von Trier im Süden, dem Landgrafen von Thüringen im Osten und den Grafen von Berg im Norden. Die Befestigung hoch über der Sieg versetzte die Grafen von Sayn in die Lage, die Zugänge zum Siegtal und ins Bergische Land sowie auf den Westerwald zu beherrschen. Schon damals muss die Burg eine stattliche Einwohnerschaft gehabt haben. Neben dem harten Alltag des Burglebens gehörte aber auch höfische Tradition dazu, die sich durch den Aufenthalt von Minnesängern und fahrendem Volk ein wenig Zerstreuung versprach. Der Minnesänger *Reimar von Zweter* hat zu Ehren der Burgherren von damals einen Spruch verfasst, in dem er in bester Manier die Freigiebigkeit des Grafen Heinrich, seine Fähigkeiten und Tugend preist und ihm Gottes Wohlwollen versichert. Gesellig muss es in den Burgmauern zugegangen sein. Ein Umstand, den sicherlich auch der Wein unterstütze, der mit hoher Wahrscheinlichkeit schon seit derselbigen Zeit an den Hängen zur Sieg hin angebaut wurde.

165

Zur Burganlage gesellte sich eine bürgerliche Siedlung, die 1245 Stadtrechte erhielt. Einige Jahre später erhielt die Kirche der heiligen Katharina von Alexandrien durch den Kölner Erzbischof die Pfarrrechte. Kirche, Stadt und Burg bezeichneten somit eine eindrucksvolle Einheit, die sich bis heute für den Besucher erhalten hat. Die Jahre des Sayner Adelsgeschlechts, wie auch die Zinnen, Dächer und Tore der stolzen Burg vergingen und so fiel das Land Blankenberg diversen Erben zu. 1805 gingen die Stadtrechte verloren, aber die historisch begründete Eigenständigkeit konnte noch bis hinein ins 20 Jh. in großen Teilen bewahrt werden. Heute darf der Ort wieder den Titel als Namenszusatz führen, aber nicht nur der Name „Stadt Blankenberg" zeugt von der eindrucksvollen Geschichte, sondern auch das mittelalterliche Stadtbild, das sich in besonderer Weise bis in unsere heutigen Tage hinüber gerettet hat. Ein Besuch, der zu einer Zeitreise einlädt. Nur hereinspaziert!

Idyll zwischen Nischen und Gauben

Erste Begegnung mit der Blankenberger Geschichte findet schon unten an der Sieg statt. Die Mühle zu Blankenberg ist eine von ursprünglich zwei Wassermühlen, deren Entstehungsgeschichte bis ins 15. Jh. zurückdatiert werden kann. Die heutigen noch existierenden Gebäude gehören zu der unteren Mühle und sind gut 360 Jahre alt. Noch heute kann man dem Ahrenbach lauschen, der einst das Mühlrad antrieb. Eine gemütliche Gastronomie lädt in den lauschigen Biergarten im Sommer oder aber die heimeligen Gasträume an

kühleren Tagen ein und strahlt noch heute den Reiz der alten Bruchsteinmauern und hölzernen Gefache von einst aus. Nach der Mühle geht es nun hinauf auf den Berg. Die Straße wird steil und schon zeigen sich die ersten Mauern der Stadt. Blankenberg hat sich nicht nur schöne Fachwerkgebäude erhalten, sondern auch große Teile des einstigen Wehrrings und der Wallgrabenanlagen konserviert. Die beiden historischen Durchlässe in die Altstadt sind der Grabenturm und der Katharinenturm. Drumherum haben sich Häuser und Stadtumringung zu einer wohnlichen statt wehrhaften Verbindung zusammengefunden. Romantisches Milieu aus geschieferten Wetterseiten, schiefen Fachwerkmauern und bunten Dachpfannen.

Dicht an dicht ducken sich die Giebel, sperren den Nachbarn nicht aus, sondern leben, fast wie zu alter Zeit, auf engem Raum – nicht mit Kuh und Schaf, sondern mit den Leuten von nebenan. Trotz aller Maßvorgaben des steinernen Mauerrings, der sich wie ein Gürtel um Blankenberg zieht und keine bauliche Gewichtszunahme zulässt, bleibt Platz für die Hausbank oder den bunten Blumenkübel. Sogar Rebstöcke ziehen ihre Schlingen um Tor und Pergola und erinnern wie übrigens an vielen Stellen an die bedeutende Weinbautradition der Stadt.

Chefsache Wein

Für die Landesherrn mag der Wein schon früh Lebenströster, munterer Gesell an der Tafel, aber auch wichtige Einnahmequelle gewesen sein. Erste urkundliche Beweise über Weinbau unterhalb der Burg existieren von 1376. Bis ins 20. Jh. war der gesamte südliche Burgberg und noch viele weitere Hanglagen mit Reben bewachsen. Über die Jahrhunderte hatten die Landesväter ein beträchtliches Interesse an der Hege und Pflege der hofeigenen Rebgärten. Schließlich Bestand in den Erträgen ein hoher wirtschaftlicher Wert, den es zu wahren, wenn nicht sogar zu mehren galt. Die Gemeinden und Kirchspiele innerhalb der Landesgrenzen hatten für ihren Grundherrn die unterschiedlichsten Arbeiten im Weinberg unentgeltlich abzuleisten. So geben die Unterlagen des Rentamts aus dem 17. Jh. Auskunft über die Pflichten der einzelnen Orte. Ruppichteroth und Uckerath hatten beispielsweise für die Beschaffung von Weinbergspfählen und Rahmen aus ihren Wäldern zu sorgen. Das Kirchspiel Menden musste die Steine aus den Rebgärten zu sammeln. Söven und Rott hatten hingegen für das Stroh zum Binden der Triebe Sorge zu tragen. Nach der Lese und vor dem Winter mussten die Hänge umgegraben werden. Im darauffolgenden Frühjahr begann die Arbeit im März oder April mit dem neu- oder instandsetzen der Pfähle, dem Rebschnitt des alten Holzes und dem festbinden der Reben.

Im Mai oder Juni wurde ein weiteres mal umgegraben und im Juli die überschüssigen Triebe nach Bedarf ausgeschnitten. Einige Wochen vor der Traubenreife würde dann der Weinberg geschlossen. Der Rentmeister hatte nach dem Begutachten des Reifegrades die Aufgabe, Lesehelfer und Kelterarbeiter einzustellen. Peinlich genau wurde dann Tag und Nacht über die Rebhänge gewacht, um jeglichen Schaden von den reifen Trauben fernzuhalten.

War die Arbeit im Weinberg vorüber und die Arbeit im Kelterhaus ebenfalls abgeschlossen, wurde der Wein in Fässer abgefüllt und zur Verschiffung an den Rhein nach Mondorf und Bergheim gebracht. Wieder wurden die Bürger dienstbar gemacht, in diesem Falle die Fuhrleute und Pferdebesitzer. Der Abtransport der Fässer nach Düsseldorf hatten die Mülheimer Schiffer auf eigene Kosten zu übernehmen. Viel Wasser ist seit

dieser Zeit die Sieg hinab geflossen und so mancher Becher Blankenberger Wein wurde bis zum Ende des 19. Jh. geleert. Um 1900 findet der Weinanbau hier sein Ende. Ein Ende, das nicht in der Versenkung der Geschichte spurlos verschwindet, sondern noch viele Erinnerungen an die Tradition in sich birgt. An vielen Ecken erinnern Gebäude oder Gemarkungsnamen, Arbeitsutensilien oder sogar neu erstandene Rebzeilen an den Blankenberger Weinanbau.

Weinspur

Der Weg entlang des Wein-Rundwanderwegs ist auch ein Pfad zu all den Erinnerungen, die damit verbunden sind. Am besten beginnt der Besucher am kleinen Weinbaumuseum, das engagierte Heimatfreunde in den Räumen eines ehemaligen Weinkellers im sogenannten Runenhaus eingerichtet haben. Sie haben Altes und Interessantes, Denkwürdiges und Trinkfreudiges zusammengetragen, das die richtige Einstimmung in das süffige Thema bietet. Von dort geht es zum Weingarten, der 1985 wiedererstanden ist.

Wir befinden uns jetzt unterhalb der südlichen Stadtmauer und folgen dem Ringweg am oberen Rand ehemaliger Weingärten. Der Blick schweift in das Tal des Ahrenbachs und immer wieder über Flächen, die früher Reben trugen. Es folgt die ehemalige Reblage *Sengelhart*, führt in weitem Bogen weiter, mit Blick über die Lage *Mosental*, schlägt eine Biegung und hält erst einmal mit der Ansicht auf ehemalige Terrassenlagen und die Siedlung Ahrenbach inne. Auf dem Weg spürt man wie sehr der Wein einst das Leben der Blankenberger bestimmte.

Der weitere Richtung zeigt auf, was sich statt der Reben an den Hängen ansiedelte: Apfelbäume! Wir laufen vorbei an dem Punkt, von wo aus sich der Standort der einstigen Ölmühle unterhalb der Weinberge erkennen lässt und kommen schließlich am herzoglichen Kelterhaus von 1763 an. Von hier geht es in Richtung Hauptburg, mit Sicht auf Rebstöcke und den Burgweinberg. Der Rundlauf schließt sich durch den Rückweg durch die lauschigen Gassen des Ortes. Wer genügend über den Weinbau erfahren hat, der sollte noch

einen Abstecher zum Kastanien gesäumten Marktplatz unternehmen. Er bildet die Mitte des Ortes, um den sich Fachwerkhäuser aus dem 17. bis 19. Jahrhundert gruppieren. Ein kleiner Weg führt dann noch zur alten Pfarrkirche aus dem 13. Jh. mit interessanten Freskenmalereien. Spätestens hier hat sich dann vielleicht der Magen, oder der Kaffeedurst gemeldet. Beide kommen hier im Ortskern zu ihrem Recht. Einkehrmöglichkeiten unterschiedlicher Art sind vorhanden. Der Blankenberger Wein steht wohl nicht mehr auf der Getränkekarte, aber in Erinnerung an die bedeutsame Weinbautradition sollte man durchaus mit einem frischen Weißwein oder aber einem samtigen Roten auf die kleine große Stadt auf dem Berg hoch über der Sieg anstoßen!

Rotweinpflaumen

Zutaten:

1 kg halbierte, entkernte Pflaumen, 200 ml lieblicher Rotwein, 100 g Zucker, 1 Vanillestange halbiert, 4 Gewürznelken, 1 Zimtstange, 1 unbehandelte Zitrone, 100 ml Zwetschgenwasser.

Zubereitung:

Rotwein, Zucker, ausgekratztes Vanillemark, Vanillestange, Nelken, Zimt, dünn abgeschälte Zitronenschale und Zitronensaft zugedeckt 15 Min. köcheln lassen. Gewürze dann entfernen. Die Früchte 15 Min. im Sud bei schwacher Hitze vorsichtig garen. Abkühlen lassen. Zwetschgenwasser zugeben. Schmeckt gut zu Vanilleeis oder Pfannkuchen.

Schweinekamm in Riesling

Zutaten:

1 kg Schweinekamm entbeint, Salz, Pfeffer, 3 Nelken, 2 Lorbeerblätter, 250 ml Riesling, 200 g Crème fraîche, 1 Bd. Frühlingszwiebeln, 200 g Dörrfleisch (geräucherter Bauchspeck), Öl.

Zubereitung:

Fleisch in mundgerechte Stücke schneiden und mit Salz und Pfeffer würzen. In einem Bräter Öl erhitzen. Frühlingszwiebeln in Röllchen schneiden, Dörrfleisch fein würfeln. Jetzt Dörrfleisch in das heiße Fett geben und anbraten. Danach die Frühlingszwiebeln, etwas später das Fleisch. Gut anbraten lassen und dann mit Wein ablöschen. Gewürze dazugeben und ca. 60 Minuten garen. Zum Schluss Crème fraîche einrühren und nochmals abschmecken.

Bäckerofen

Zutaten:

400 g Schweineschulter gewürfelt, 400 g Lammschulter gewürfelt, 4 Zwiebeln, 4 große Möhren, einen kleinen Weißkrautkopf, 5-6 mittelgroße festkochende Kartoffeln, Salz, Pfeffer, Kümmel, Paprika, 500 ml Weißwein. Weiterhin Mehl und Wasser für einen einfachen Teig.

Zubereitung:

Einen gusseisernen Bräter mit Deckel verwenden. Fleischwürfel mit Pfeffer und Salz würzen. Möhren säubern, in Scheiben von $^{1}/_{2}$ cm schneiden. Kartoffeln schälen und grob würfeln, Krautkopf säubern, Strunk herausschneiden und grob zerschneiden. Zwiebeln schälen und grob würfeln. Öl im Bräter erhitzen. Fleisch darin kräftig anbraten, herausnehmen. Nun Topf zur Seite stellen und lagenweise mit den Zutaten füllen. Dabei immer wieder würzen mit Pfeffer, Salz, Paprikapulver und Kümmel. Zum Schluss den Wein darüber gießen. Den Deckel aufsetzen und mit einem einfachen Teig aus Mehl und Wasser geknetet, verschließen (dazu den Teig zu einer Rolle formen und diese rund um den Deckel festdrücken). Den Bräter in den Backofen geben und rund 3-4 Stunden bei niedriger Hitze (ca. 120–130° C) vor sich hin garen lassen. Den Topf zum servieren auf den Tisch bringen und die Teigkruste aufbrechen. Zum Vorschein kommt ein duftendes Eintopfgericht, was früher beim Bäcker in der Resthitze des Ofen gegart wurde. Einfach klasse im Winter, wenn man von einer Wanderung zurückkehrt und dann den warmen Bäckerofen hat.

Braumeister Steak

Zutaten:

Schweine-Steaks, Butterschmalz oder Öl, 200 g Mehl, 250 ml dunkles Bier, 2 Eigelb, 2 Tl Öl, etwas Salz.

Zubereitung:

Aus Mehl, Bier, Eigelb, Öl und Salz einen Backteig herstellen. Die Schweine-Steaks im Teig wenden und in Butterschmalz oder Öl knusprig goldbraun herausbacken. Dazu passt ein Kartoffelsalat und grüner Salat.

Gefüllte Kalbsbrust

Zutaten:

1 Kalbsbrust von ca. 1,2-1,5 kg, 250 g Rinderhack, 1 altbackenes Brötchen, 2 Eigelb, 1 Bd. gehackte Petersilie, 20 g getrocknete Steinpilze in Portwein eingeweicht, zusätzlich Portwein für die Sauce, 200 g Cremechampignons fein geschnitten, 1 Zwiebel fein gewürfelt und in Butter leicht blanchiert, Pfeffer, Salz, Muskat, etwas Semmelbrösel, Butter und Öl, 1 Glas Kalbsfond, etwas Sahne.

Zubereitung:

In die Kalbsbrust mit einem scharfen Messer eine Tasche schneiden (ggf. vom Metzger vorbereiten lassen). Innen und außen gut mit Pfeffer und Salz würzen. In einer Schüssel das Hack mit den Eigelben vermischen. Das Brötchen in Wasser einweichen und ausdrücken, mit hinzugeben.

Petersilie mit den eingeweichten und ausgedrückten Steinpilzen hinzugeben, ferner die fein geschnittenen und in etwas Butter gebratenen Champignons sowie die blanchierte Zwiebel. Mit Salz, Pfeffer und Muskat abschmecken. Etwas vom Portwein hinzugeben und ggf. mit etwas Semmelbrösel abbinden. Die Masse nun in die Kalbsbrust füllen. Nicht zu voll füllen. Dann mit einem Haushaltsgarn zunähen oder mit Fleischspießchen gut verschließen. In einem Bratentopf Butter und Öl erhitzen und darin die Kalbsbrust von allen Seiten anbraten. Mit Kalbsfond und etwas Portwein ablöschen und dann rund 1,5 bis 2 Stunden im Backofen garen. Ab und zu nach der Flüssigkeit schauen und ggf. etwas nachgießen. Zum Schluss die Sauce abschmecken, evtl. mit etwas Stärke binden und etwas Sahne.

RESTAURANT
Mühle zu Blankenberg
HENNEF-STEIN

„Es klappert die Mühle am rauschenden Bach …." – wer kennt nicht dieses alte Volkslied! Am Fuße von Blankenberg, unweit der Sieg liegt ein historisches wie gastronomisches Idyll, das wie reifes Getreide zum Mahlstein passt. Die alte Mühle zu Blankenberg steht seit über 360 Jahren in Stein, einem Ortsteil von Hennef, zu Füßen der alten Stadt- und Burganlage Blankenberg. Ihre Wurzeln sollen sogar noch bis ins 15. Jh. zurückreichen. Ein Platz, wo schon viel Wasser des Ahrenbaches das große alte Mühlrad angetrieben hat. Seit 1960 findet hier kein Müllersbursche mehr Brot und Lohn, das Flair des romantischen Gebäudes hat sich bis heute erhalten und beherbergt gemütliche Räume und Nischen, wo es sich Gäste gut gehen lassen können.

Seit Anfang 2004 sind Yvonne Koch und Gerd Röhrig die Wirtsleute in der alten Mühle. Zusammen bieten sie ein solides Speisenangebot, das sowohl für den kleinen wie großen Hunger eine abwechslungsreiche Auswahl bietet.

Zu den Spezialitäten gehört beispielsweise das Mühlenpfännchen, eine Auswahl von drei verschiedenen Steaks, einem Speckspieß, knusprigen Bratkartoffeln und feinem Marktgemüse. Rustikale Gerichte wechseln sich ab mit verfeinerten Angeboten wie Lammrücken oder Tafelspitz. Eine regionale Besonderheit stellt hier das Knoorz Bräu, ein dunkles, hefegetrübtes Vollbier aus einer kleinen Brauerei aus dem bergischen Land dar. Es schmeckt nicht nur süffig, sondern wird auch gerne für das ein oder andere Rezept in der Küche verwandt.

So passen Gerichte und Getränke gut zu dem Ambiente der alten Mühle, die durch die Verwendung von Fachwerkbalken und Bruchsteinmauern direkt eine heimelige Atmosphäre ausstrahlt. Auf drei Ebenen kann der Gast Platz nehmen, begleitet von Kerzenschein und warmen Farbtönen. Hier wurde behutsam saniert, viele historische Details beibehalten und somit dieses besondere Ambiente im Schatten des Burgbergs und des ehemaligen Kelterhauses erhalten. Zu allen Jahreszeiten besticht das gastliche Haus mit seiner außergewöhnlichen Lage. Auch draußen schmücken Bruchstein, Pflanzen und nicht zuletzt der rauschende Ahrenbach die Gartenanlage, wo es sich an warmen Tagen herrlich entspannen lässt. An schönen Abenden wird die großzügige Außenanlage auch zum verlängerten Arm der Küche. Da heizen Yvonne Koch und Gerd Röhrig den Grill an und es wird eine leckere Sommerküche am offenen Feuer zubereitet. Wer den Weg hierher gefunden hat, sollte natürlich auf keinen Fall versäumen, einen Abstecher nach Blankenberg zu unternehmen. Wem schon das mittelalterliche Flair der Mühle gefallen hat, den wird auch die historische Stadt über der Sieg in ihren Bann ziehen.

Wirsingkohl in Schnittlauchrahm

Zutaten:
1 kg Wirsing, 50 g Butter, Salz und Pfeffer, $\frac{1}{8}$ l Gemüsebrühe $\frac{1}{8}$ l Sahne, 200 g durchwachsenen Speck, 4 Eier, 2 Eidotter, 1 Bund Schnittlauch.

Zubereitung:
Den Wirsing putzen, vierteln und dann den Strunk herausschneiden. Wirsingviertel in Streifen schneiden. In der Butter andünsten. Mit Salz und Pfeffer würzen. Brühe und Sahne zugießen und alles bei milder Hitze zugedeckt 15-20 Minuten garen. In der Zwischenzeit den Speck fein würfeln und in einer Pfanne knusprig ausbraten. Eier 8 Minuten kochen, abschrecken und pellen, dann halbieren. Die zwei Eigelb verquirlen. Wirsing vom Herd nehmen, das Eigelb einrühren, nicht mehr kochen lassen. Den Schnittlauch in kleine Röllchen schneiden und mit dem Speck zum Wirsing geben. Abschmecken und mit den halben Eiern servieren.

Dazu passen Pellkartoffeln oder Baguette.

Braune Grundsauce
(Demiglace) für 5 Liter

Zutaten:
5 kg Kalbsknochen, Parüren (Abschnitte), 125 g Speckreste, 200 g Fett, $\frac{1}{2}$ kg Röstgemüse (Möhren, Sellerie, Zwiebeln), 150 g Tomatenmark, 7,5 l Fleischbrühe (auch Wasser), 10 g Paprika edelsüß, $\frac{1}{4}$ l Weißwein, 400 g Mehlschwitze, 1-2 Thymian Zweige, 10 zerdrückte Pfefferkörner, 1 Knoblauchzehe, 2 Lorbeerblätter, 100 g Petersilienwurzeln.

Zubereitung:
Klein gehackte Knochen, Parüren (Fleischabschnitte) und Speckreste in heißem Fett anbraten. Röstgemüse zufügen und bei mehrmaligen rühren braun braten. Tomatenmark zufügen, kurz mitrösten. Nun immer mit einem Teil Fleischbrühe ablöschen, damit sich der Bratsatz löst und einkochen. Dieses zwei bis drei mal wiederholen. Nun die Mehlschwitze zugeben. Das ganze unter rühren aufkochen und bei kleiner Hitze köcheln lassen. Während des köcheln Fett und Schaum abnehmen. 1 Stunde vor Fertigstellung Gewürze zugeben. Die fertige Sauce wird durch ein Tuch passiert. Kochzeit ca. 5 Stunden.

Knoorzsauce

Nach der Fertigstellung, je nach Geschmack Knoorz dazugeben und nach belieben andicken und mit Salz und Pfeffer nachwürzen.

RESTAURANT
Mühle zu Blankenberg
Yvonne Koch, Gerd Röhrig

Steiner Mühle
53773 Hennef-Stein
Tel.: 02242-96 97 111
Fax: 02242-91 66 54
www.muehlezublankenberg.de
info@muehlezublankenberg.de

Öffnungszeiten:
Dienstag – Freitag: 17.30–23.00 Uhr
Samstag: 16.00–23.00 Uhr
Sonntag: 11.30–23.00 Uhr

Das Fest der tollen Knolle

Das Kartoffelfest in Schiefen, Eitorf

Eine stärkehaltige Idee

Eigentlich war die Idee einer Laune heraus oder besser gesagt auch etwas der Not entsprungen, denn das vormalige Maifest, das die Junggesellen organisierten, geriet mangels Zulauf in Gefahr im Sande zu versickern. Engagierte Dorfbewohner überlegten nicht lange, sahen ein neues Fest im Herbst und die Örtlichkeit war mit der Scheune eines Bauern auch bald gefunden. Was lag also näher, dem Kind den Namen Kartoffelfest zu geben und mit Reibekuchen und Kartoffelsuppe die hungrigen Feiermägen zu versorgen. Das war vor über 25 Jahren und an Besucher von außerhalb des Dorfes dachte man noch nicht. Die Kartoffel muss es allerdings in sich haben, denn Jahr für Jahr vergrößerte sich das Fest. Die Scheune wurde irgendwann zu klein, zumal der ursprünglich gewählte Monat September auch die Erntezeit der Bauern bedeutete und jede Scheune und Speicher nun selbst gebraucht wurde. Die Sträßchen durch Schiefen waren eng und so entschieden sich die Bürger am Ortseingang das nächste Kartoffelfest stattfinden zu lassen.

In Eitorf-Schiefen geht's nicht um die Wurst, sondern die Kartoffel

Landleben am Rande der Stadt. Hier gibt es noch die winkeligen kleinen Strassen, die den Dorfbereich durchziehen. Bauern fahren noch hinaus aufs Feld, bauen Getreide und Feldfrüchte an, ziehen sogar Tannenbäume für das Weihnachtsfest, aber haben auch Kartoffelreihen auf ihren Äckern stehen. Letztere mag es hier wie anderswo geben. Das Kartoffelfest im heutigen Eitorfer Stadtteil Schiefen aber feiert schon seit über 25 Jahren die tolle Knolle und hat sich somit einen Namen in der Region erfeiert und nicht zuletzt auch erkocht. Jedes Mal am ersten Samstag im August steigt das Kartoffelfest aufs Neue.

Alles Kellerkinder-Gerichte

Mittlerweile gibt es ein großes Zelt, das Bier fließt frisch aus dem Zapfhahn und die Kartoffelgerichte duften schon von weitem über den Platz. Alles ist noch immer in den Händen der engagierten Dorfleute, die schon lange Zeit zuvor mit dem Schälen und Reiben der Kartoffeln beschäftigt sind. Harte Handarbeit aber auch kurzweiliges Gemeinschaftserlebnis. Am Ende sind die Zutaten vorbereitet und fertig für den Samstag Abend. Da werden an einer Stelle Reibekuchen im heißen Fett ausgebacken, während nebenan Bartkartoffeln goldbraun und duftend in der großen Pfanne schwitzen. Zu jedem Kartoffelfest gehört natürlich auch der gute selbstgemachte Kartoffelsalat und als ländlich-rustikale Spezialität eine ordentliche Folienkartoffel in der Schale.

Kartoffel aus dem Sack

Mittlerweile hat sich das Kartoffelfest immer mehr herumgesprochen. Sogar eine Kartoffelverlosung gibt es. Die clevere Idee könnte glatt von einem schlauen Bäuerlein stammen, den zur Deckung der Ausgaben gibt es schon Wochen vorher Lose im Verkauf. Die Gewinne haben durchaus Gewicht. Von zwei Zentnern Kartoffeln über einen, eine halben und weniger können die Besucher auf dem Fest gewinnen. Davon lassen sich zu Hause eine Menge leckerer Gerichte kochen. Massen von Besuchern sind es Gott sei Dank noch nicht und so bleibt die Schiefener Kirche auch weiterhin im Dorf und das Kartoffelfest eine dörfliche Feier, wozu natürlich gerne Gäste gesehen sind. Um die 300 Besucher waren es beim letzten Mal. Den September hat man schon lange verlassen und hat das Fest auf den August vorverlegt. Da ist die Ernte noch nicht in vollem Gange und die Witterung meist so, dass es noch ein langer lauschiger Abend werden kann. Sollte wirklich mal ein kühles Lüftchen wehen, dann sind die heißen Kartoffelgerichte gerade richtig, um nicht nur den Leib, sondern auch die Seele zu wärmen!

Topfgucker unterwegs

TIPP

Immer am 1. Samstag im August, ab 18.00 Uhr

Von Hennef kommend, nach dem Eitorfer Ortseingang die 1. Straße rechts (Erlenbachstraße) Richtung Schiefen.

Mehr Information und Kontakt:
Ivonne und Werner Ferres
Tel.: 02243-60 51

Kartoffelsuppe

Zutaten für 5 Liter Suppe:
1,5 kg gutes Suppenfleisch, 2 Stangen Lauch, 2 große Möhren, 1 Knolle Sellerie, 3 l Bouillon, 3 Zwiebeln, 2 El Butter, 2 kg Kartoffelwürfel, 250 ml Sahne, Salz, Pfeffer.

Zubereitung:
Gemüse waschen, putzen und klein würfeln. Suppenfleisch mit dem Gemüse in der Bouillon gar kochen. Dann Kartoffelwürfel dazugeben und weiterkochen. Fleisch herausnehmen und zerkleinern. Wenn die Kartoffeln gar sind, wird die Suppe gestampft. Zwiebeln würfeln, in Butter anbraten und mit dem Fleisch in die Suppe geben. Nochmals mit Salz und Pfeffer abschmecken und mit der flüssigen Sahne verfeinern.

Kartoffelsalat

Zutaten:
2,5 kg festkochende Kartoffeln, 2 Eier, 2 El Senf, 2 Zwiebeln fein gewürfelt, 1 Tasse Öl (rund 200 ml), 5 hartgekochte, klein geschnittene Eier, 200 ml süße Sahne, Salz, Pfeffer, Essig, Meerrettich.

Zubereitung:
Kartoffeln kochen, pellen, ausdampfen lassen und in Scheiben schneiden. Mit Salz, Pfeffer und Essig würzen. 2 Eier schaumig schlagen, mit Senf und Meerrettich würzen, das Öl tropfenweise unterrühren. Die entstandene Soße mit den Zwiebeln, den Eiern und der Sahne über die Kartoffeln geben, mischen und gut durchziehen lassen. Ggf. zum Schluss nochmals abschmecken.

178

Reibekuchen

Zutaten für 1,5 kg Reibekuchenteig:
1,5 kg Kartoffeln, 2 Eier, 150 g Zwiebeln, 150 g Haferflocken, 50 g Mehl, Salz, Pfeffer, Muskat, Öl zum Backen.

Zubereitung:
Kartoffeln schälen und grob reiben. Zwiebeln schälen und grob reiben, Teig mit Eiern, Haferflocken und Mehl mischen und mit Salz, Pfeffer und Muskat würzen. Je ein Salatlöffel voll in der Pfanne mit viel Öl backen bis sie golden braun und knusprig sind.

Schupfnudeln

Zutaten:
400 g Kartoffeln, 2 Eigelb, 120 g Mehl, Muskat, Salz, 50 g Butter, 40 g Brotbrösel.

Zubereitung:
Kartoffeln in Salzwasser kochen und ausdämpfen lassen. Dann diese passieren mit dem Eigelb, Salz und Muskat vermischen und erkalten lassen. Das Mehl unter die Kartoffelmasse kneten und den Teig rasch verarbeiten. Aus dem Teig 5 cm lange Fingerdicke Nudeln formen, die an den Enden spitz zulaufen, über beide Handflächen rollen. Die Schupfnudeln in kochendes Salzwasser geben bis sie an die Oberfläche kommen. Herausnehmen und in einer Pfanne mit der Butter und den Bröseln leicht rösten und servieren.

Der Hof, wo Milch und Joghurt fließen

Zu Gast bei glücklichen Kühen in Hennef-Söven

„Milch macht müde Männer munter" – der Werbespruch hat sich in viele Köpfe gegraben, wenn es um das gesunde Getränk geht, mit dem wir alle als erstes in Berührung kamen. Für die beiden Brüder Johannes und Joachim Forstreuter vom Milchhof Hommerich nahe Hennef-Söven besitzt die Aussage eine ganz eigene Bedeutung. Schließlich müssen rund 85 Milchkühe zweimal täglich, morgens und abends, gemolken werden. Keine Arbeit für müde Gesellen, sondern Grundvoraussetzung für die findige Direktvermarktungsidee, die seit rund zwei Jahren die Familie Forstreuter auf ihrem Bauernhof betreibt.

Gruss vom Hommericher Hof (Siegkreis).

180

Heimat für Mensch und Tier

Eine Landschaft, wie gemacht für das friedliche Bild weidender Kühe. Satte Wiesenflächen, die sich leicht bergauf und dann wieder bergab ziehen. Eine Allee stattlicher Birken, die den Weg weist und im Hintergrund der Hof, der in zweiter Generation die Lebensgrundlage für die Landwirtsfamilie liefert. Ackerbau und Milchwirtschaft gehören seit jeher zu den beiden Ertragsbereichen. Während Joachim Forstreuter den Betrieb bewirtschaftet, küm-

mert sich Bruder Johannes um die Milchküche und die daran angeschlossene Direktvermarktung ihrer hochwertigen Produkte von frischer Vollmilch, Joghurt und Quark. Über frische Molke denken die beiden gerade nach und so wird sie wahrscheinlich in naher Zukunft das Sortiment erweitern.

Noch immer geht ein Teil der frischen Milch alle zwei Tage in eine große Molkerei, der andere Teil wird jedoch direkt nach dem Melken in die hofeigene Verarbeitung gebracht, wo sie schonend weiterbehandelt wird.

Begriffe wie pasteurisiert, homogenisiert und standardisiert blicken den Verbraucher zumeist im Supermarkt an der Milchkühltheke von Packungsaufschriften an und haben sich mittlerweile schon zu Worten verselbständigt, die jeder automatisch mit Milch in Verbindung bringt. Hier auf dem Hof Hommerich wird die Milch so weit wie nur irgendwie möglich naturbelassen – d. h. die gesetzlichen Vorschriften und Auflagen werden natürlich erfüllt, sonst behält aber das Naturprodukt seine ihm eigenen wertvollen Nährstoffe, Vitamine und Mineralien. Das Pasteurisieren ist hierbei jedoch unumgänglich. In einem großen Edelstahlkessel wird die Rohmilch schonend rund 30 Minuten auf 62° C-65° C erwärmt. Im Wasserbad wird der Kessel dabei erhitzt, um eine sanfte Pasteurisierung zu gewährleisten. Danach kommt die Milch per Hand zur Abfüllung und kann direkt in den Verkauf gelangen.

Auf eine Homogenisierung wird hier verzichtet. Unter hohem Druck wird bei dieser Methode die Milch auf eine Stahlplatte geschossen.

Der hohe Druck bewirkt die Zertrümmerung der Milchbestandteile – das Resultat ist eine homogene, also einheitliche Flüssigkeit. Die Brüder Forstreuter sehen davon in ihrer Milchherstellung ab. So wie früher kann sich daher der Rahm nach oben absetzen, während die somit entrahmte Milch unterhalb verbleibt. Ein kurzes Schütteln der Milch genügt jedoch, um die Sahne wieder mit dem Rest der Milch zu mischen. So einfach – so natürlich!

Das Standardisieren ist für Johannes und Joachim Forstreuter ebenso ein Fremdwort in ihrem Betrieb. Auch hier dominiert der Gedanke um die Natürlichkeit des Nahrungsmittels. Der Milch wird hier nicht zuerst der komplette Fettanteil entzogen, um ihn dann später wieder in einer genau geplanten Prozentuierung zuzufügen. Auf dem Milchhof Hommerich hat die Milch immer den Fettgehalt, wie es die Jahreszeit, die Fütterung und das Kalben der Kühe von ganz alleine vorsieht. Dieser wechselt so, wie es die Natur vorgibt und genauso kommt dann auch die Milch in den Verkauf.

Fein säuerlich, mild und cremig

Neben der vorzüglichen Frischmilch produzieren die beiden Brüder auch Joghurt und Quark. Für den erst genannten wird die Milch am Abend zuvor mit Joghurtkulturen versehen und über Nacht bei rund 40° C bebrütet. Der anfänglich stichfeste Joghurt wird anschließend cremig gerührt und je nachdem mit diversen Fruchtzubereitungen gemischt. Neben dem naturbelassenen Joghurt gehören Vanille mit echter Bourbonvanille, Erdbeer, Kirsch, Pfirisich-Maracuja und Apfel-Kiwi zum momentanen Repertoire, neue Ideen nicht ausgeschlossen.

Der Quark besitzt natürlich den gleichen Grundstoff, wird allerdings nachdem er mit speziellen Quarkkulturen geimpft wurde dick gelegt. Zwei Tage darf er sich im Leintuch von Flüssigkeit entledigen, gewinnt dadurch an Festigkeit und gelangt nach dem Erreichen der entsprechenden Konsistenz in die vorbereiteten Schalen.

Wenn der Milchmann zweimal liefert ...

Dem Gedanken an die größtmögliche Natürlichkeit des Nahrungsmittels haben Johannes und Joachim Forstreuter die passende Verpackung folgen lassen. Alle Behältnisse sind Mehrweggebinde, die damit auch einen entscheidenden Beitrag zur Vermeidung überflüssigem Abfalls leisten. Die Milch ist in 2 l und 3 l Behältnissen erhältlich, während Joghurt in 500 g Bechern und Quark in 250 g Schalen vertrieben wird. Der Ab-Hof-Verkauf spielt in ihrem Direktvermarktungskonzept nur eine untergeordnete Rolle. Vielmehr legen die Brüder Wert auf die Lieferung frischer Milcherzeugnisse frei Haus. Ein Servicegedanke, der auch schon fast vergessen schien und mit dem „Milchmobil" wieder neues Leben erfährt. Ein- oder zweimal die Woche wird der Haushalt beliefert, die vollen Behälter mit der jeweiligen Lieferung vorbei gebracht und dabei die leeren Gebinde abgeholt. Der Stammkundenanteil von nahezu 100 % zeugt von der Qualität der Produkte und der Zufriedenheit der Kunden.

Topfgucker unterwegs

TIPP

Im Umkreis von rund 15 km liefert der Milchhof Hommerich seine leckeren Produkte frei Haus. Sie schmecken noch so, wie Milch, Joghurt oder Quark schmecken sollen und besitzen dabei noch die geballte Kraft eines der wertvollsten Nahrungsmittel, die wir kennen. Wer sich für eine zukünftige Belieferung interessiert, erhält als Probe 1 l Milch und 1 Becher Joghurt gratis. Die Bestellung wird, sofern sie nicht wöchentlich abgeändert wird, in gleicher Weise regelmäßig angeliefert. Natürlich lässt sich problemlos per Telefon oder e-mail eine Änderung oder auch eine Abbestellung durchführen. Aber letztgenanntes kommt aus der sprichwörtlichen Natur der Sache so gut wie nie vor. Eine Vor-Ort-Abholung ist natürlich auch möglich, sollte aber nach vorheriger kurzer telefonischer Anmeldung geschehen. Regelmäßige Hoffeste runden das Hofangebot ab.

Milchhof Hommerich
Familie Forstreuter
Hommerich 1
53773 Hennef-Söven
Tel.: 02242-14 78
Fax: 02242-8 74 26 01
www.milchhof-hommerich.de

„Die Milch machts!" – Ein abschließender Satz zum Thema. Er gehört wie der zu Beginn zitierte Werbespruch zu den bekannten Aussagen über das Nahrungsmittel Milch. Nicht immer sollte man den Werbetextern bei ihren Slogans vertrauen. Im Falle der frischen Produkte vom Milchhof Hommerich könnte die Aussage jedoch nicht treffender passen. Besonders, wenn man sich eines weiteren Sinnspruchs bedient, der da heißt: Probieren geht über Studieren!

Zutaten Teigboden:
250 g Mehl, 125 g kalte Butter, 1 Ei, 65 g Zucker, 1 P Vanillezucker, daraus einen Knetteig erstellen (Boden und Rand ca. 2-3 cm).

Zutaten Füllung:
50 g Butter, 500 g Hommericher Quark, 4 Eigelb, 2 El Vanillepuddingpulver, 200 g Zucker, 4 Eischnee unterheben.

Zubereitung:
Mehl auf die Arbeitsfläche geben, eine Mulde drücken. Die kalte Butter in Flöckchen darüber verteilen, das Ei in die Mitte schlagen, Zucker und Vanillezucker darüber rieseln lassen und alles schnell zu einem glatten Teig kneten. Rund 30 Minuten im Kühlschrank ruhen lassen. In der Zwischenzeit die Butter mit dem Handrührgerät cremig aufschlagen. Den Quark zufügen.

Weiter rühren, dann die Eigelb einzeln dazugeben, anschließend das Puddingpulver und den Zucker. Den Eischnee separat steif schlagen und zum Schluss vorsichtig unterziehen.

Den Teig auf einer bemehlten Arbeitsfläche ausrollen. Eine Springform leicht ausbuttern und den Teig in der Größe der Form ausschneiden. Den Rest des Teiges zu einer Rolle formen und leicht ausrollen, so dass er einen Streifen von 2-3 cm Breite ergibt. Den Rand in die Form drücken, darauf dann den Boden setzen. Alles leicht andrücken. Nun die Füllung darauf geben und in den vorgeheizten Backofen stellen. Bei 180-200° C rund 45-50 Minuten backen. (ggf. mit einem Schaschlikspieß die Garzeit durch hineinstechen überprüfen). Bleibt das Holz ohne Rückstand der Füllung, ist der Kuchen durchgebacken. Auskühlen lassen, Springform lösen und ggf. mit Puderzucker bestreuen.

Joghurt–Pfirsich–Eis

Zutaten:
450 g Hommericher Vollmilchjoghurt, 2 Teelöffel Zitronensaft, 40 g Zucker, 5 reife süße Pfirsiche.

Zubereitung:
Joghurt, Zitronensaft und Zucker verrühren, 1 Stunde gefrieren lassen, alle 15 Minuten kräftig durchrühren. Die Früchte häuten. Zwei Pfirsichhälften würfeln, die restlichen Pfirsiche pürieren, alles unter das Eis rühren und mind. weitere 2 Std. gefrieren.

Vanille–Trinkjoghurt –Erfrischung auf die Schnelle

½ l Hommericher Vollmilch und 500 g Hommericher Vanillejoghurt gut miteinander verrühren, in 3 Gläser geben, mit Schokostreusel bestreuen und mit Trinkhalm servieren.

Aprikosen Quark–Joghurt Creme

Zutaten:
700 g Aprikosen, 200 g Zucker, 200 g Becher Joghurt, 200 g Quark, 8 Blatt Gelatine, 200 ml Sahne, 1 El Vanillezucker.

Zubereitung:
Gelatine in kaltem Wasser einweichen. Aprikosen halbieren und entkernen. Zucker in 100 ml Wasser kochen, bis er sich gelöst hat. Aprikosen in den kochenden Sirup geben, kurz aufkochen, dann Früchte ins Sieb geben, Sirup auffangen und bei starker Hitze weiterkochen bis er dicklich wird. Topf vom Herd nehmen, etwas abkühlen lassen und dann die ausgedrückte Gelatine darin auflösen. Aprikosen pürieren, Quark, Joghurt und den Sirup zugeben, abschmecken und ggf. mehr Zucker zugeben. Auf Zimmertemperatur abkühlen lassen, dann die mit Vanillezucker steif geschlagene Sahne unterheben. Creme im Kühlschrank fest werden lassen.

187

RESTAURANT
Haus Dürresbach
HENNEF-SÖVEN

Ein Bild wie aus einer ländlichen Sommerfrische. In der morgendlichen Sonne erstrahlt das Weiß der verputzten Mauern gegenüber dem Dunkel des alten schönen Fachwerks. Pferdeboxen öffnen sich für edle Reitpferde und auch Golfer sieht man hier ab und an aufgrund des nahen 18-Loch-Platzes. Die Terrasse lädt schon jetzt zu einem Verweilen ein, während drinnen im Restaurantgebäude bereits die Küchenvorbereitungen in vollem Gang sind. Ein schöner Tag läutet sich ein. Ortstermin für Gastlichkeit und außergewöhnliche Küche in der feinen Ländlichkeit des Hauses Dürresbach.

Die klassische Hofanlage aus der Mitte des 18. Jh. ist noch immer charakteristisches Stilelement. Wie ein Hufeisen öffnen sich Reitställe, das Gutsherrenhaus und der Gastronomietrakt und geben den Blick frei auf ein attraktives Ensemble, das sowohl Feinschmecker wie auch Reiter in seinen Bann zieht. Barbara Reinken und ihr Mann Ferdi Graf betreiben dieses Domizil in einer lauschig-grünen Naturlandschaft, das nicht nur für Reiter, sondern durch den Verlauf überregionaler Wege, natürlich auch Wanderern und Bikern als gastliche Station

für Rast, Speis und Trank gerne zur Verfügung steht. Wer hier im Haus Dürresbach einkehrt, wird sich dem Reiz der Hofanlage nicht entziehen können, denn die glückliche Verbindung von Reiterhof und Gastronomie kommt nicht von ungefähr. Die Patronin des Hauses, Barbara Reinken war passionierte Turnierreiterin und unterhält noch heute einen Privatstall mit 25 Pferden, die in besonders guter Weise gehegt und gepflegt werden. Viele Turnierpferde sind darunter, deren Eleganz und Geschmeidigkeit der Besucher mitunter auf dem Hof erleben kann.

Die meisten Gäste kommen jedoch aufgrund der ausgezeichneten Angebote aus der Hand des Küchenchefs Ferdi Graf. Seit über 25 Jahren ist der gelernte Koch selbständig und präsentiert hier im Restaurant Haus Dürresbach einen kulinarischen Mix aus italienischer und französischer Küche mit ländlich-feinen Glanzpunkten. So gehen hier die klassische aber auch die regionale Küche Hand in Hand. Ideen holen sich Ferdi Graf und seine Frau oft auf Reisen nach Frankreich, wie beispielsweise dem Périgord. Regionale Produkte finden, soweit sie erhältlich sind, gerne Einzug in die Küche des Hauses. Eine ganze Reihe pfiffiger Angebotsideen machen die Karte wie auch die generellen Aktionen besonders attraktiv. Ein vierteljährlich neu erscheinender Aktionskalender bietet freitags z. B.

eine Sylter Fischplatte mit einem halben Liter Wein zu einem günstigen Preis. Dienstags sind dagegen klassische Reibekuchen mit diversen Beilagen der Renner. Ein Hummer-Spezial oder Austernwochen ergänzen die Bandbreite der saisonalen Aktionen. Die Speisekarte bietet zu allen Gerichten auch Probierportionen an, sodass sich herrlich vielfältig schlemmen lässt.

Ein attraktives Preis-Leistungsverhältnis zeichnet auch das Drei-Gänge-Menü aus, das sich aus den regulären Angeboten der Speisekarte zusammensetzt. Die Weinauswahl zeigt Schwerpunkte aus Deutschland, Italien, Frankreich und Kalifornien, bietet im Jungweinbereich interessante Bouteillen, die wie alle anderen Weine auch glasweise erhältlich sind. Hier zeigt sich auf angenehmste Weise, dass die Wünsche des Gastes im Mittelpunkt stehen. Bleiben dann noch die Feiertage des Jahres, die hier im Haus Dürresbach in Form eines festlichen Weihnachts- oder Osterbrunchs kulinarisch gefeiert werden.

Der Sonntag nach Nikolaus ist der ganz besondere Tag für die Kinder. Da finden in der mit Windlichtern geschmückten Reithalle Vorführungen statt,

der Nikolaus schaut höchstpersönlich vorbei und eine vollgefüllte Nikolaustüte hat er auch für jedes Kind mit dabei. Die Eltern können währenddessen in lockerer Atmosphäre die Stunden im Restaurant genießen, bevor die Kleinen mit leuchtenden Augen von ihrem großen Herz für Pferde berichten. Für Feierlichkeiten ist das Haus Dürresbach übrigens bestens gerichtet. Diverse Größen an Räumlichkeiten stehen zur Verfügung.

Ein ganz besonderer Tipp ist die Bijouterie Barbara im Gutsherrenhaus. Dort stehen neben anspruchsvollen Deko- und Wohnaccessoires hochkarätiger Goldschmuck im Mittelpunkt. Barbara Reinken hat lange in Frankreich gelebt und ist von Berufswegen Fachfrau in Sachen Schmuck. Ein Grund mehr, dass im Haus Dürresbach gleich mehrfach, für Küche und Schmuck, die Gästeherzen höher schlagen!

RESTAURANT

Haus Dürresbach

Haus Dürresbach – 53773 Hennef-Söven
Tel.: 02242-13 34 – Fax: 02242-58 29

Öffnungszeiten:
Di.-Fr. 12.00-14.00 Uhr, 18.00-23.00 Uhr
Küche: 12.00-14.00 Uhr, 18.00-22.00 Uhr
an Wochenenden und Feiertagen
bei schönem Wetter durchgehend geöffnet,
Montag Ruhetag

Riesling – Sauerkrautsuppe

Zutaten:
Butter, 1 Zwiebel, 200 g Weinsauerkraut, 0,2 l Riesling trocken, 0,7 l kräftige Rindfleischbrühe, 10 g Zucker, 1 Lorbeerblatt, 1 mittelgroße mehlige Kartoffel, frisch gemahlenen schwarzen Pfeffer, Prise Salz, 3 El Crème fraîche.

Zubereitung:
Die Zwiebel fein gehackt in Butter anschwitzen, das Weinsauerkraut kurz hacken, zufügen und anschwitzen, mit Rinderbrühe auffüllen, Gewürze beifügen und 25 Minuten mit geschlossenem Deckel kochen lassen, mittelgroße Kartoffel fein reiben und zufügen, den Wein zugießen und weitere 20 Minuten ohne Deckel bei öfterem Umrühren kochen lassen. Mit Pfeffer, Salz und Crème fraîche abschmecken.

Ziegenkäse im Speckmantel

Zutaten:
2 Rollen französischen Ziegenkäse, 12 Scheiben magerer, geräucherter Speck, Honig, 4 saftige Birnen.

Zubereitung:
Jeden Ziegenkäse in je 6 runde Scheiben schneiden und mit Speck so einwickeln, dass oben ein kleiner Rand übersteht. Die Birnen vierteln, entkernen und in dünne Filets schneiden. Diese auf Teller kreisrund anordnen und den Käse mittig aufsetzen. Den Honig auf den Ziegenkäse laufen lassen und Teller bei ca. 180°C für ca. 7-8 Minuten in den Backofen schieben und dann heiß servieren.

Sankt Petersfischfilet

Zutaten:
4 Stück Sankt Petersfischfilet (je 120-150 g), frisch gemahlener schwarzer Pfeffer, Prise Salz, Zitronensaft, 3 El Mehl, 100 g Butter, 1 Zwiebel, 2 St. Lauchzwiebel.

Zubereitung:
Das Fischfilet abtupfen und mit Pfeffer, Salz und einem Spritzer Zitrone würzen. Anschließend das Fischfilet in Mehl wälzen und in der nicht zu heißen Butter beidseitig gut goldgelb braten. Die Filets entnehmen und warm stellen.

Die fein geschnittenen Zwiebelwürfel und die in Ringe geschnittenen Lauchzwiebel in der Butter al dente anschwenken und mit Pfeffer, Salz und Zitronensaft abschmecken. Die warmen Filets auf Teller anrichten und mit der Gemüsegarnitur überziehen. Dazu empfehlen wir kleine, neue Kartoffeln und einen Kopfsalat in Joghurt-Sahnesauce:

1 El Joghurt, ¼ l Sahne mit frischem Pfeffer, Salz, Zitrone und einer Prise Zucker verrühren.

Haus Dürresbach

Blick zur Löwenburg, Lohrberg

Hinter
den sieben Bergen

Von Drachenblut und Rieslingsgold

Weinbau an den Hängen des Siebengebirges hat Sonne, Kraft und Tradition

Ortstermin Keller. Ein Ort, wo sich die kühlen Mauern über die Jahrzehnte verdunkelt haben. Die Feuchtigkeit und der Pilz sind hier nicht fehl am Platze, sondern bewirken gerade das besondere Mikroklima, wo Gerüche nach Gärung, Trauben und Alkohol die Luft auf ihre ganz eigene Art parfümieren. Mit jeder Treppenstufe schwindet das Licht des Tages und die Augen müssen sich erst an die Unterwelt zu Füßen des Drachenfels gewöhnen. Eine Biegung noch und schon eröffnen sich Räume, die man nicht vermutet hätte. Hohe Decken, die sich über Gängen entlang ziehen und wie ein Gewölbe den hier gelagerten Fässern Schutz bieten.

So stellt man sich einen traditionellen Weinkeller vor, der von Romantik genährt ist, aber noch heute seine Funktion ausübt. Hinter einer vergitterten Türe schimmern im schwachen Licht der Leuchte verstaubte Schätzchen. Eine Flasche neben der anderen ruhen hier, Reihe um Reihe, die viel erzählen würden, könnten sie nur sprechen. Stumm aber nicht leblos liegen sie da, nach Jahrgang sortiert mit dem Blick zurück bis in die Weimarer Republik. Für unbekannte wie bekannte Weinliebhaber hat sich so mancher Korken ziehen lassen. Ein Prosit auf gute Zeiten, ein Tröster in schlechten Tagen – wie gut, dass sich das Wetter nicht nach der Politik richtete! So können sich die Weine, die hier lagern noch an den 6. Dezember 1947 erinnern und an den bekanntesten Bewohner Rhöndorfs, an Konrad Adenauer.

194

Wenn Wein erzählen könnte

Hier im tiefen Keller des Weinguts Broel ist es gewesen. Konrad Adenauer hatte nach Rhöndorf geladen und man tagte im nahegelegenen Hotel Wolkenburg. Mit von der Partie waren Karl Arnold, später der 1. Ministerpräsident von Nordrhein-Westfalen, Friedrich Hinrich Kopf, späterer 1. Ministerpräsident von Niedersachsen und Hermann Lüdemann, der künftige 1. Ministerpräsident des Landes Schleswig-Holstein. In einer Konferenzpause wollte man wohl den Werdegang des neuen Weins begutachten und so probierte man in Weingut Broel, gleich um die Ecke, im tiefen Keller unter Ausschluss der Öffentlichkeit genüsslich den Rhöndorfer Wein, philosophierten sie über das geistvolle Getränk und auch vielleicht über die spätere Bundesrepublik. Der Wein mag die Herren dazu sicherlich positiv inspiriert haben ...

Fabelwesen in Holz

Wo in der Schatzkammer des Kellers so historische Tröpfchen in alten Flaschen lagern, da sind auch die großen hölzernen Fässer nicht weit. Hier im Weingut Broel in Rhöndorf stehen sie in dunklem Holz, meisterlich mit geschnitzten Verzierungen versehen, Fassdaube an Fassdaube, fast alle mehr als hundert Jahre alt. Soweit das Licht es zulässt, kommen Köpfe und Trauben, Drachen und Wappen zum Vorschein. Eine Wanderung mit der Kerze in der Hand erweckt sie zum Leben. Da grinst Bacchus rebenumkrönt, zeigen die Trauben ihre prall geschnitzten Rundungen der Frucht und fliegt der Lindwurm, welcher der Sage nach dem bekanntesten Berg des Siebengebirges auch seinen Namen gab, über die hölzerne Front. Meisterwerke der Weinbautradition, die am Mittelrhein ihres Gleichen suchen!

Von der Lage verwöhnt

Kennt man nun die Wohnstatt des Weins im kühlen Keller, so ist die Kinderstube der Trauben vom Hof aus zu sehen. Zwischen Fachwerkgiebeln recken sich im Hintergrund die Weinberge an dem blanken Fels empor. Die besondere Lage hier am Rhein hat den Weinbau schon seit Jahrhunderten begünstigt. Die Römer waren wohl die ersten, die ihre Reben aus Italien mit an den Rhein brachten und kultivierten. Die Süd-Südwestlage des Drachenfels, sein vulkanischer Ursprung mit der einhergehenden wärmespeichernden Wirkung des Gesteins und nicht zuletzt der Fluss haben das Siebengebirge zu einer jahrhundertealten Weinbautradition geführt.

Im Mittelalter waren es die Mönche, die sich dem Weinbau annahmen. Das ehemalige Zisterzienserkloster Heisterbach liegt in unmittelbarer Nähe und so haben die Klosterbrüder sicherlich auch an diesem Ort zur Kultivierung beigetragen. Das heilige Köln, das Rom des Nordens, lag ebenfalls in erreichbarer Nähe und so besaßen viele Klöster und Stifte hier am Rhein Weinberge, Güter und Winzerhöfe.

Lagennamen wie Domlay und Domstein künden von den engen Beziehungen zu dem Kölner Domkapitel. Und wieder war es der Rhein, der sich als Transporteur gab und somit einen weiteren günstigen Standortvorteil der Weinbaugegend verlieh.

197

Geschmackspalette in rot—weiß

Lange Zeit hat der Wein die Region ernährt. Die Reblausplage im 19. Jh. sowie die Umorientierung vieler kleiner Winzerbetriebe, weg von der harten Steillagenbewirtschaftung, hin zu neuen, einfacheren Berufschancen, hat die Zahl der Weinberge wie auch der Winzerschaft sinken lassen. Heute findet der Weinbau zwischen Oberdollendorf im Norden und Unkel/Bruchhausen im Süden statt, mit Königswinter und Rhöndorf in der Mitte. Im kleinen Weinbauverband Siebengebirge befinden sich heute noch das Weingut Blöser aus Oberdollendorf, Weingut Pieper in Königswinter, Weingut Broel in Rhöndorf, sowie Weingut Krupp in Bruchhausen und Weinhaus „Im Lämmlein" in Unkel. Wenige Vollerwerbsbetriebe und eine kleine Anzahl Nebenerwerbswinzer führen die Tradition fort und stellen eine Palette an Weiß- wie Rotweinen her. Der Klassiker und unangefochtene Favorit ist und bleibt der Riesling.

Ihm folgen Rebsorten wie Müller-Thurgau, Scheurebe oder aber der Kerner. Abgerundet wird das Weißweinangebot durch Gewürztraminer und Grauburgunder, sowie die Sorten Ortega und Optima. Im Rotweinbereich finden sich hier im Siebengebirge die bekannten Sorten wie Spätburgunder, Blauer Portugieser, Dornfelder und relativ neu hinzugekommen die Rebsorte Regent. Eine breite Palette also, die für jeden Geschmack den richtigen Wein bereit hält. Die Mehrheit der Kunden fragt dabei nach trockenen Weinen nach, wobei auch ein Trend zu halbtrocken spürbar ist. Der „staubtrockene" Wein muss es heute nicht mehr sein. Während die lieblichen Weine nicht mehr die einstmals bedeutende Rolle spielen, haben sich edelsüße Spezialitäten durchaus eine kleine feine Liebhabergemeinde bewahren können. Zahlreiche Auszeichnungen und Prämierungen unterstreichen die Qualität der Siebengebirgsweine.

Kelterhaus aus Oberdollendorf im Rheinischen Freilichtmuseum Kommern

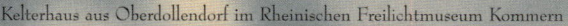

Topfgucker unterwegs

TIPP

Der 2003er Jahrgang hat viele außergewöhnliche und qualitativ hochwertige Weine entstehen lassen. Er wird gerne als Jahrhundertjahrgang gehandelt und hat auch den Siebengebirgswinzern viele Prädikatsweine geschenkt. Besonders edelsüße Raritäten dieses Jahrgangs lassen sich durchaus gut verwahren und sind für die eigene Schatzkammer im Keller gut geeignet. Die Winzer bieten dazu auch Weinproben und Kellerführungen nach Anfrage an. Mitunter sind sogar eine Strausswirtschaft oder Weinlokal angegliedert. Auch Ferien auf dem Winzerhof sind möglich.

Weingut Broel-Blöser
Bachstraße 112
Königswinter-Oberdollendorf
Tel.: 02223-33 22
Fax: 02223-90 83 01

Weingut Jesuiter Hof
Familie A. Pieper
Hauptstraße 458
Königswinter-Altstadt
Tel.: 02223-2 26 50
Fax: 02223-90 41 52

Weingut Broel Domley
Bad Honnef-Rhöndorf
Karl-Broel-Straße 3
Tel.: 02224-26 55

Ich hab noch eine Flasche Wein am Rhein

Siebengebirge, Drachenfels und Wein gehören nicht nur geologisch zusammen. Auch der Tourismus, der sich hier seit den Zeiten der Rheinromantik fest etabliert hat, fördert den Weinbau durch die Zahl der Gäste, die hier im Schatten des schroffen Drachenfels in urigen Strausswirtschaften oder romantischen Winzerhäusern ihren Rheinwein genießen. So mancher Staatsgast oder Mitarbeiter einer Botschaft der ehemaligen Bundeshauptstadt Bonn hat hier erste Erfahrungen mit deutschem Wein gemacht. Mit dem Umzug nach Berlin sind leider auch regelmäßige Besucher der Weingegend fern geblieben, aber statt einem Koffer in Berlin hat so mancher noch eine Flasche Wein am Rhein ... und dahin zieht er gerne wieder heim ...!

Wegkreuz in Oberdollendorf

Käsewaffeln zum Wein

Zutaten:

100 g geriebenen Greyerzer, 125 g Butter, 4 Eigelb, 50 g Crème Fraîche, 125 ml Milch, 1 Msp. Backpulver, 200 g Mehl, Salz, weißer Pfeffer aus der Mühle, $^{1}/_{2}$ Tl Zwiebelpulver, $^{1}/_{2}$ Bund Schnittlauch, Öl.

Zubereitung:

Butter in Flöckchen in die Rührschüssel geben, die Eigelb und Crème Fraîche zufügen, mit dem Rührgerät schaumig schlagen. Unter ständigem Rühren die Milch und das mit Backpulver gemischte Mehl zugeben. Den geriebenen Käse unter den Teig geben, mit Salz, Pfeffer und Zwiebelpulver würzen. Schnittlauch in Röllchen schneiden und zufügen. Den Waffelteig zugedeckt 30 Min. ruhen lassen. Das Waffeleisen erhitzen, dünn mit Öl bepinseln. Bei mittlerer Hitze 3-4 Min. goldbraun backen.

Weinpastete mit Wildkräutersauce

Zutaten für die Pastete:

1 Packung TK Blätterteig, 10 eingelegte Weinblätter, 125 ml Rieslingwein, 600 g Hackfleisch, 1 in Wasser eingeweichtes und ausgedrücktes Brötchen, Pfeffer, 5 El Petersilie, 3 El Dill, 1 El Minzblätter, 3 gehackte Schalotten, etwas Knoblauch, 50 g Pinienkerne.

Zutaten für die Sauce:

150 g Vollmilchjoghurt natur, 100 g Frischkäse, 1 El Mayonnaise, 1 El Sahne, Salz, Pfeffer, je 1 El gehackte frische Kräuter (junger Löwenzahn, junge Brennesselblätter, Sauerampfer und Gänseblümchenblüten).

Zubereitung:

Den Blätterteig auftauen und ausrollen. Eine mit Wasser ausgespülte Kastenform damit auslegen. Für den Deckel etwas Teig zur Seite stellen. Weinblätter in kochendem Wasser 1 Min. ziehen lassen. Mit 8 Weinblättern den Teig belegen. Kräuter fein hacken und mit Hackfleisch und den übrigen Zutaten zu einem pikant abgeschmeckten Teig verarbeiten. Diesen in die Kastenform füllen. Mit restlichen Weinblättern belegen und mit Blätterteig abdecken. Die Form im Backofen bei 220° C 60 Min. backen. 15 Min. vor Ende mit Eigelb bestreichen.

Für die Wildkräutersauce aus allen Zutaten eine cremige Masse rühren. Abschmecken und zur Weinpastete reichen.

Drachenfels von der Insel Grafenwerth gesehen

Haus — Kuckstein

Eine exponierte Lage. Zwischen dem Beginn des Drachenfelsens und der Drachenburg liegt auf halbem Wege der Kuckstein. Ein Ort mit Geschichte, denn bereits 1131 wurde der Kuckstein erstmals als Wirtschafts- und Weinhof der kurkölnischen Burg erwähnt. Über 850 Jahre steht er nun schon und blickt hinaus auf das Rheintal, die Stadt Bonn und das Kölner Becken, schweift sein Blick hinüber in die Ferne, über den Rodderberg und weiter hinein in die ansteigenden Berge der Eifel. Schon in römischen Zeiten wusste man diese Aussicht zu schätzen, diente der Kuckstein doch einer Legionsstation als Signalfeuer, dessen Lichtschein bis nach Köln zu sehen war. Im 19. Jh. ging das Gut aus kirchlichem in privaten Besitz über. Die Tage waren gezählt und mit der Zeit verfiel das alte Gut mehr und mehr. Erst Ende der siebziger Jahre des 20. Jh. nahm man sich wieder von privater Seite dem Wiederaufbau und der Restaurierung an und gestaltete das Anwesen in einen modernen Gastronomiebetrieb um. Seit 1998 sind nun Magdalena Dahm und ihr Bruder Matthias Hackelbusch die neuen Betreiber des Kucksteins auf dem Kuckstein. Und wieder leuchtet der Ort weit hinaus zur gastlichen Einkehr im Schatten der Drachenburg.

Ziemlich genau gegenüber der Nibelungenhalle empfängt der Kuckstein seine Gäste. In modernem Fachwerkgewand zeigt sich das Haus und liegt eingebettet in die beeindruckende Landschaft des ältesten deutschen Naturschutzgebiets des Siebengebirges. Im Erdgeschoss liegt das gemütliche kleine Restaurant mit seinen rund 35 Plätzen. Kurz ist der Weg hinaus auf die Terrasse und die große Wiese, die bei schönem Wetter ungezählte Möglichkeiten für Genuss und Feiern aller Art bietet. Der Ausblick von dort, wie auch aus dem „Refugium" im ersten Stock ist einfach grandios und man verweilt gerne, lässt den Blick schweifen und genießt dabei die feine Küche des Kuckstein. Das „große Refugium" ist der ganze Stolz von Magdalena Dahm und ihrem Bruder Matthias. Abwechslungsreich gegliedert gibt der Raum Veranstaltungsmöglichkeiten von 10-120 Personen. Auch hier bietet der voll verglaste Fachwerkgiebel attraktive Ausblicke hinaus in die Natur. Schöne Aussichten für Familienfeiern oder auch geschäftliche Veranstaltungen wie Tagungen und Seminare. Und alle Gäste dürfen sich auf die Küchencreationen des Kuckstein-Kochs Alex Bachmann freuen. Zusammen mit dem Geschwisterpaar bildet der engagierte Küchenmann das gastronomische Dreigestirn auf dem Kuckstein. Der leicht südliche Einschlag der Speisenauswahl zeigt sich durchgängig und kann von einem iberischen Vorspeisenteller mit Aioli über das Süppchen von frischen Erbsen und Birnen mit gebratener Jakobsmuschel reichen.

Gefolgt von einer geschmorten Kaninchenkeule auf Riesenbohnen und Tomatenpüree und dem Dessert „Rund um die Passionsfrucht" schließt eine mediterrane Käseauswahl den kulinarischen Reigen.

Die begleitende Weinauswahl ist stattlich und präsentiert rund 120 Positionen, darunter 28 offene Weine. Deutsche Spitzenwinzer sind darunter, aber auch Vertreter europäischer Weinregionen, darunter mallorquinische Tropfen, sind dabei.

Die spezielle Zuneigung zu südlich geprägten Speisen und Getränken mag auch in der Vita von Matthias Hackelbusch begründet sein. Vom Steigenberger Hotel in Bonn führte ihn die Ausbildung zum Küchenmeister. Im Sommer arbeitete er dann unter der südliche Sonne Italiens und Spaniens, während der Winter ihn in die weißen Pistenregionen Österreichs zog. Überall nahm er Inspirationen auf und auch seine zweijährige Zeit in Venezuela hat sicherlich kulinarische Spuren hinterlassen.

So verbinden sich auf dem Kuckstein schauen, probieren, schmecken und naturnahes Verweilen zu einer Einheit, geben der Drachenfels und die Nähe des Rheins dem Ort eine ganz besondere Atmosphäre, die der Gast schnell zu spüren bekommt. Vielleicht ist das auch der Grund, wieso der Kuckstein auch gerne zu Trauungen gewählt wird. Der Standesbeamte von Königswinter kommt dazu hinauf auf den Kuckstein und nimmt dort sein ihm aufgetragenes Amt wahr. Symbolisch ein gut gewählter Platz zum heiraten, denn genügend Perspektive und Weitblick bietet der Kuckstein und wie so oft geht auch hier die Liebe durch den Magen.

Ravioli mit Nusstapenade

für 4 Personen

Zutaten:
600g frische Ravioli mit Gemüsefüllung, 4 El Nusstapenade, 0,5 dl Olivenöl, Salz und Pfeffer aus der Mühle

Garnitur:
1 Bund Thymian, 8 Mandeln, leicht geröstet, 8 Haselnüsse, geschält, leicht geröstet, 8 Baumnüsse, leicht geröstet, 2 El Pinienkerne, leicht geröstet- werden danach gekuttert und mit Haselnußöl u. Thymian gemengt.

Zubereitung:
Ravioli in kochendem Wasser sanft garen. In einer flachen Pfanne das Olivenöl und die Nusstapenade erwärmen, dann die Ravioli mit der Nusstapenade vorsichtig vermischen und einige Thymianblättchen dazugeben. Die Ravioli mit Salz und Pfeffer würzen.
Die Ravioli auf vorgewärmte Teller anrichten und mit Kräutern garnieren.

RESTAURANT
Haus Kuckstein

Drachenfelsstraße 90
53639 Königswinter
Tel.: 02223-44 55 - Fax: 02223-27 91 87
www.haus-kuckstein.de
e-mail: info@kuckstein.de

Öffnungszeiten:
Montag: Kucksteinruhe
Dienstag bis Samstag ab 17.00 Uhr
Sonntag ab 12.00 Uhr

Bredershof

KÖNIGSWINTER–NIEDERDOLLENDORF

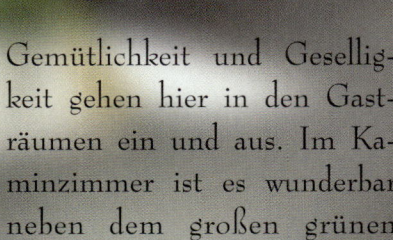

Ein verstecktes Baujuwel, das unweit des Rheins mit seinen Reizen den Besucher gefangen nimmt. Der Bredershof ist in seinen Ursprüngen über 400 Jahre alt und gehört zu den stimmungsvollsten Fachwerkensembles, die der Mittelrhein zu bieten hat. Einst gehörte er zu den sieben Freihöfen des alten Kirchspiels Niederdollendorf und war im Besitz des edlen Junkers mit Namen Breder – daher der Name, der noch heute die gemütliche Einkehr ziert. Auch hier wurde Wein gekeltert, woran noch viele Details und schmucke Gerätschaften erinnern. Einst als „Spargelwirtschaft" noch den älteren Bewohnern Niederdollendorfs bekannt, zog später hier eine angesehene Kunstgalerie ein. Die Jahre vergingen, die Galerie verschwand, doch dafür zog nach ein paar Jahren der Einsamkeit mit dem Gastronom Kai Dix wieder Leben in die alten Gemäuer. Seit nunmehr elf Jahren ist der Bredershof ein romantisches Domizil, das seines Gleichen sucht.

Gemütlichkeit und Geselligkeit gehen hier in den Gasträumen ein und aus. Im Kaminzimmer ist es wunderbar neben dem großen grünen Kachelofen zu sitzen. Wer hier keinen Platz mehr gefunden hat, nimmt vielleicht im Franzosenzimmer mit den vielen alten Bildern und Erinnerungen Platz oder sichert sich das Sofa aus Großmutters Zeiten, von wo sich mit einem Glas Wein, einem leckeren Essen und der richtigen Gesellschaft die Welt einen tick langsamer dreht. Über den lauschigen Rebenhof gelangt man in den Kuhstall. Der Name erzählt von den alten Ställen, die sich heute zu einladenden Stuben gewandelt haben. Ebenfalls vom grünen Rebenhof geht es hinunter in die einstigen Weinkeller. Im alten Gewölbe finden Veranstaltungen und Feierlichkeiten statt. Ein außergewöhnlicher Rahmen in schönem Bruchstein und moderner Lichtgebung. Werden die Tage länger und vor allem wärmer, dann ist der große Biergarten unter den alten Kastanienbäumen der richtige Platz für einen kühlen Schoppen, ein frisch gezapftes Bier vom Fass und leckere Salate und Grillgerichte, die bei Dorade und Scampis anfangen, pikante Spareribs und Steaks bieten und bei den Klassikern wie den Nürnberger Bratwürsten enden.

Die Küche wird seit sieben Jahren vom Küchenchef Klaus Gerz geleitet, der ihr einen interessanten Mix aus Regionalität, leichter Küche und feiner Kulinarik gegeben hat. Es wäre falsch anzunehmen, dass so ein rustikales Ambiente aus Fachwerk und alten Mauern auch nur eine deftige Küche vertragen kann. Ganz im Gegenteil finden sich hier handfestere Genüsse im harmonischen Einklang mit mediterranen Einflüssen und innovativen Küchenideen. So finden sich ein rheinisches Sauergulasch oder ein Spanferkelrückensteak mit Kartoffelbohnensalat und Schalottensauce einträchtig neben einem mit Safran aromatisierten Pot au Feu von Edelfischen oder einem Zanderfilet in der Kartoffelkruste auf Blattspinat mit gerösteten Pinienkernen und Kirschtomaten wieder. Eine besondere Spezialität des Hauses ist der „Breders" – eine Art „Rheinische Tapasauswahl"

aus sechs verschiedenen kleinen Küchenideen inklusive zweier Dips, die dazu gereicht werden. Im Sommer erscheint darüber hinaus eine spezielle Karte für den Biergarten, der sich an schönen Tagen schnell füllt. Salatvariationen, leichte kleine Gerichte und natürlich eine breite Auswahl von Fisch und Meeresfrüchten, von Fleisch und Wurst vom Grill machen den Aufenthalt dort zur Wohlfühloase. Im Ausschank befinden sich drei verschiedene Fassbiere, aber auch die umfangreiche Weinauswahl lässt kaum Wünsche offen. Weit über 100 Positionen umfasst die Karte, darunter heimische Mittelrheinweine, aber auch Tropfen aus fast allen deutschen Anbauregionen sowie europäische und Übersee-Bouteilen. Dem Namen „Weinhaus" trägt der Bredershof somit mehr als zurecht und erinnert an seine eigene Geschichte, die im Wein ihr Zuhause hat ...

WEINHAUS

Bredershof

Hauptstraße 128
53639 Königswinter-Niederdollendorf
Tel.: 02223-18 50 - Fax: 02223-2 33 63
www.bredershof.de
e-mail: bredershof1991@bredershof.de
Öffnungszeiten:
Montag – Freitag ab 17.00 Uhr
Samstag ab 15.00 Uhr
Sonntag und Feiertag ab 12.00 Uhr
Der Biergarten ist bis 23.00 Uhr geöffnet.
Danach muss drinnen weiter getrunken werden.
Immer an einem Wochenende im Advent ein kleiner feiner Weihnachtsmarkt im Garten.
Weinproben ab 10 Personen.

Weißkäse – Quarkmousse

für 6 Personen

Zutaten:
250 g Magerquark, 6 Eiweiß, 100 g Zucker, 2 Vanillestangen, 400 ml Sahne.

Zubereitung:
Den Quark mit dem Zucker und der ausgekratzten Vanille vermischen. Sahne und Eiweiß getrennt steif schlagen. Anschließend Sahne und Eiweiß unter die Quarkmasse heben. Das Mousse in ein Sieb geben, welches vorher mit einem Mulltuch oder Zewa ausgelegt ist. Eine Schüssel darunter stellen, damit die Flüssigkeit der Masse abtropfen kann. Fünf bis sechs Stunden kalt stellen. Mit Fruchtsauce oder Orangenspalten servieren.

Von Drachen und Jungfrauen

Sagenhaftes vom Drachenfels

Er ist der Gegenpol zur sagenhaften Loreley. Schon immer haben exponierte Berge und Felsen eine magische Anziehungskraft auf die Menschen ihrer Zeit ausgeübt. Mögen es heute eher die Scharen von Touristen sein, die sich den „Wächtern" des Rheins mit Kamera und Fernglas nähern und sich von dem Panorama des Rheintals gefangen nehmen lassen – in alten Zeiten übten die Felsen im Rhein Furcht und Respekt vor der Gewalt der Natur aus.

Hier lebten Mythen auf, schufen sich Fabelwesen und Naturgötter wie von selbst. Der Mensch wirkte hilflos gegenüber den Mächten, die sich im unbändigen Fluss oder den schroffen Klippen des Berges verbargen.

Die Natur erschien tückisch. Sie konnte das Boot mit Mann und Maus in den Fluten verschlingen. Schilfartige Sumpfgebiete an den Ufern konnten nur den Irrlichtern ein sicheres Zuhause bieten

und selbst der Berg warf bedrohliche Schatten und Gestein auf die Niederungen unter sich, wenn Gewitterwolken über seiner Spitze hinwegzogen und Blitze die Nacht taghell erleuchteten. Ein Narr, wer sich dann aus dem Schutze seiner kleinen Hütte hinauswagte. Alles konnte da unterwegs sein. Nicht nur Räuber und Halunken, sondern Geister und Sirenen – oder aber der ledrige Flügelschlag einer besonders furchteinflössenden Kreatur. Glücklich schätzen konnte sich der, der nur davon gehört hatte. Im unzugänglichen Fels sollte er hausen und gar grässlich musste sein feuriger Atem und sein geschuppter Panzer sein. Wie gut, dass das Böse am Ende auch hier von der Macht des Guten besiegt wurde. Die Kreatur ist in die Sagenwelt verschwunden, aber ihr Ort, an dem sie ihr Unwesen trieb steht noch heute mächtig und eindrucksvoll am Rhein:

Der Drachenfels!

Der Mythos des Drachen ist uralt und längst nicht nur auf unsere Breiten beschränkt. In vielen Kulturen der Erde hat er die Menschen fasziniert, bedroht oder auch gesegnet. Er ist gleichsam ein Synonym für den Himmel und die Hölle. Zumeist ist es ein echsenartiges Fabeltier, das einem Krokodil ähnelt, Feuer speit und mit Flügeln, gewaltigen Krallen und dem Schwanz einer Schlange dargestellt wird. In den antiken Kulturen des Nahen Ostens steht der Drache als Symbol für die teuflischen Mächte der Zerstörung. Diese Vorstellung taucht beispielsweise in einem mesopotamischen Schöpfungsepos auf, das um 1100 v. Chr. entstand. In der ägyptischen Mythologie wurde der Drache der Dunkelheit jeden Morgen aufs Neue vom Sonnengott Ra besiegt. Die heiligen Schriften der Israeliten sehen den Drachen häufig als den Tod und das Böse. Das Christentum hat sich diese Vorstellung zu Eigen gemacht: Der Drache taucht in den wichtigsten apokalyptischen Schriften der Bibel auf. Die christliche Kunst zeigt den Drachen als Sinnbild der Sünde. Wenn er auf Bildern von Heiligen oder Märtyrern getötet wird, so bedeutet dies den Sieg des christlichen Glaubens über die Sünde und damit über das Heidentum. Die Legende vom heiligen Georg und dem Drachen steht damit in direktem Zusammenhang.

In der griechischen Mythologie übernimmt der Drache die Funktion des Wächters. So bewacht er etwa die goldenen Äpfel in den Gärten der Hesperiden.

Dieses Motiv taucht in mittelalterlichen Ritterromanen erneut auf, wenn ein Drache gefangene Jungfrauen bewacht. Die griechische und die römische Mythologie waren der Auffassung, dass der Drache die Geheimnisse der Erde kannte und diese an Sterbliche weitergab. In den Sagen der heidnischen Stämme Nordeuropas finden sich sowohl gute als auch böse Drachen. Im Nibelungenlied tötet Siegfried einen Drachen und wird durch ein Bad in dessen Blut unverwundbar. Alleine die kleine Stelle, wohin das Blatt des Baumes sich verirrte und liegen blieb, lässt ihn letztendlich durch Hagens Schwert umkommen. Die Wikinger schmückten den Bug ihrer Schiffe mit geschnitzten Drachendarstellungen, damit die Stärke und Angriffslust auf die Krieger übergehen sollte. Die Eroberer der britischen Inseln hatten den Drachen auf ihren Wappen. Er galt ihnen als Symbol der Eigenständigkeit.

In Asien hat der Drache wiederum eine ganz andere Bedeutung. Er bildet das älteste Symbol der dortigen Mythen und ist häufiges Motiv der Kunst dieser Länder. Der Drache steht für himmlische und weltliche Macht, aber auch für Weisheit und Kraft. Der dort lebendigen Sage nach leben Drachen im Wasser, bringen Gesundheit und Glück und sorgen für ausreichenden Regen, damit es eine gute Ernte wird. Bei den traditionellen Umzügen am chinesischen Neujahrstag soll der Drache die bösen Geister vertreiben, damit sie im neuen Jahr nicht ihr Unwesen treiben.

Die Jungfrau vom Drachenfels   E. Koupa-Krupinski pinx.

Die Jungfrau vom Drachenfels

Die Drachenwurzeln am Rhein liegen wie so oft im Dunkel der Geschichte. Volksmund und Überlieferung kennen keine Jahreszahlen. Niedergeschrieben wurde die Sage vom Drachen erstmals im Jahre 1819 in der Sage von der Jungfrau vom Drachenfels. Sie führt in die Zeit des beginnenden Christentums zurück. Damals, so erzählt die Geschichte, lebte eine heidnische Urbevölkerung an den Ufern des Rheins. Sie huldigten dem im Felsen hausenden Drachen mit Menschenopfern, banden sie unweit der Drachenhöhle an einen Baum und überließen sie ihrem Schicksal, das sich schon bald nach Einbruch der Dämmerung in Form des Ungeheuers erfüllte. Eines Tages brachten Krieger eine christliche Jungfrau von ihren Beutezügen mit an den Rhein. Sie war von großer Schönheit und schnell entbrannte ein Streit unter den Führern, wer sie bekommen sollte.

Als sich keine Einigung erzielen ließ, sollte sie dem Drachen geopfert werden. Wie den Unglückseligen zuvor, wurde sie in der Nähe der Höhle auf den Altarstein gebunden und erwartete ruhig und mit Gottes Zuversicht, was geschehen sollte. Schon bald, nachdem die letzten Strahlen der Sonne im Westen versiegten, kroch der Drache aus seiner Höhle hervor und näherte sich mit glühendem Atem der schönen jungen Frau. Selbst da verzagte sie nicht, griff ihr Kreuz, das sie um ihren schlanken Hals an einer Kette trug und hielt es der Kreatur entgegen. Brüllend und schäumend vor Hass wich das Untier zurück, strauchelte und stürzte vom Felsen hinab in die Tiefe, wo es leblos liegen blieb. Das Spektakel hatten die Heiden von Ferne aus beobachtet und waren nun voller Staunen. Sie ließen die Frau frei und in Richtung Heimat ziehen. Zurück blieb die Bewunderung über die Stärke des christlichen Gottes.

Sage vom Drachenfels.

Feuriges — gestern und heute

Die Sage von der Jungfrau vom Drachenfels ist die Symbiose aus verschiedenen Fragmenten sagenhafter Überlieferung am Rhein. So sollen fahrende Schiffer von einem Lindwurm im Fels aus angegriffen worden sein. Sie schützten sich durch Strohpuppen, die sie an Deck der Boote banden, sich selbst aber schützend versteckten. Der Drache spie jedes Mal Feuer, traf wohl eines Tages ein mit Pulver beladenes Schiff und sprengte sich damit mit Schiff und Ladung selbst in die Luft.

Auch die Siegfriedsage findet gerne Anlehnung am Drachenfels. Ob es nun hier oder andernorts war, wo der Sage nach Siegfried den Drachen erschlug, in seinem Blut badete und dadurch bis auf die kleine Stelle am Rücken Unverwundbarkeit

erhielt, verschweigt die Mythologie. Wahr hingegen ist, dass sich hier an den Hängen des Drachenfels noch heute feurige Weine erhalten haben, denen die letzten Strahlen der untergehenden Sonne nichts Böses, sondern ganz im Gegenteil noch ein Quentchen mehr Süße und Kraft verleihen.

Der Fels ist nicht länger furchteinflössend, sondern vielmehr schützend für die Rebhänge. Der Stein wärmt eher, als dass er kalte Schauer über den Rücken laufen lässt. Wer dann sogar noch die vermeintliche Drachenhöhle, das „Drachenloch" in der südlich nach Rhöndorf hin gelegenen Felswand erblickt, dem ist es genügend Beweis für die Tatsächlichkeit der Sage. Wahrhaftig sagenhaft wird dann noch die Verkostung des glutroten „Drachenbluts", der im Weingut Pieper schon lange Tradition hat und einen guten Rotwein vom Siebengebirgswinzer darstellt. Im Schatten des Drachenfels lässt sich das „Drachenblut" sowie eine ganze Palette weiterer, vielfach prämierter Weine aus dem Hause Pieper probieren. So schließt sich der magische Kreis, denn nach ein paar Gläsern Mittelrheinwein gerät man gern ins schwärmen und philosophieren. Sieht die Welt vielleicht mit einer himmelblauen Brille und lässt der Fantasie von schönen Jungfrauen, Rheinnixen und Wasserweibern gerne ihren freien Lauf!

Da Drachensteaks oder Lindwurmlende nur noch unter schwersten Bedingungen auf dem Markt erhältlich sind, beschränken wir uns auf die feurigscharfen Genüsse, die mitunter erahnen lassen, wie so ein Drachenfeuer gewirkt haben muss ....

Topfgucker unterwegs

TIPP

Der Rotwein „Drachenblut" ist ein trockener Rotwein vom Drachenfels und erhältlich beim Produzenten. Im Gutsausschank kann er auch in gemütlicher Atmosphäre getrunken werden.

Weingut Pieper Domley
Hauptstraße 458
53639 Königswinter
Tel.: 02223-2 26 50
www.weingut-pieper.de

Folienkartoffel mit Meerrettichbutter

Zutaten:
4 große Kartoffeln, 50 g frischer Meerrettich, 1-2 Tl Zitronensaft, 1 Bd. Dill, 150 g Butter, Salz, Pfeffer, Worcestershiresauce.

Zubereitung:
Kartoffeln gründlich reinigen. Mit Schale in kochendem Salzwasser ca. 20 Min. vorgaren. Meerrettich waschen, schälen, fein reiben und sofort mit Zitronensaft beträufeln. Dill hacken, Meerrettich und 1 Tl Dill unter die weiche Butter rühren, mit Salz, Pfeffer und Worcestershiresauce würzen. Butter zu einer Rolle formen und im Gefrierfach in Alufolie 15 Min. fest werden lassen. Kartoffeln einzeln in Alufolie wickeln und im vorgeizten Backofen bei 200°C 20-25 Minuten backen. Butter vor dem Servieren aus dem Gefrierfach nehmen, auspacken und im restlichen Dill wälzen. In Scheiben schneiden. Folie der Kartoffeln etwas öffnen, Kartoffeln kreuzweise einschneiden, etwas auseinander drücken und mit der Meerrettichbutter servieren.

Lamm Chili

Zutaten:
1 kg Lammfleisch aus der Keule, Öl, 2 Gemüsezwiebeln, 2 Knoblauchzehen, Salz, Cayennepfeffer, 2 El Tomaten- oder Paprikamark, $\frac{1}{8}$ l Rotwein, 1 kleine Dose rote Kidneybohnen (rd. 260 g), 500 g Paprikaschoten gemischt, 1 El Paprikapulver mild, 1 rote Peperoni.

Zubereitung:
Fleisch von den Sehnen befreien und grob würfeln. Portionsweise im heißen Öl anbraten. Zwiebeln und Knoblauch pellen. Zwiebeln vierteln und quer in Scheiben schneiden. Zwiebeln zum Fleisch geben, Knoblauch dazu pressen, weiter anbraten, mit Paprika, Salz und Pfeffer würzen. Tomatenmark unterrühren, mit Rotwein auffüllen, und eine Stunde zugedeckt garen. Bohnen in einem Sieb abtropfen, Paprika vierteln, putzen, waschen und würfeln. Peperoni halbieren, entkernen, waschen und feine Streifen schneiden. Nach der einen Stunde die Paprikas und Peperoni zugeben und weitergaren. Zuletzt die Bohnen unterheben und weitere 5 Minuten garen. Abschmecken und in tiefen Tellern mit Weißbrot servieren

Spargel und neue Kartoffeln in Pfefferbutter

Zutaten:
750 g kleine, neue Kartoffeln, 1 kg Spargel, Salz, 75 g Butter, Zucker, 1-2 El schwarzer Pfeffer, 1 Bd. Schnittlauch.

Zubereitung:
Kartoffeln waschen und mit Schale im Salzwasser 15-20 Min. garen. Spargel waschen, schälen und Endstücke abschneiden, in etwas Butter, 1 Pr. Zucker und Salwasser 15-20 Min. garen. Kartoffeln abgießen und pellen.

Spargel abtropfen lassen Pfefferkörner in einem Mörser grob zerstoßen und in der Butter in einem kleinen Topf aufschäumen. Kartoffeln zugeben und rundherum goldbraun braten. Spargel zugeben und heiß werden lassen.

Schnittlauch in feine Röllchen schneiden und kurz vor dem Servieren darüber streuen. Mit Schweinefilet oder gebratenen Kalbsschnitzelchen servieren.

Eine Oase am Fuße der Weinberge. Hier, wo die Hänge des Siebengebirges auslaufen, das romantische Mühlental beginnt und sich die Rebstöcke der Lagen Sülzenberg und Rosenhügel gen Himmel recken, liegt ein vinologisches Kleinod, in dessen Kellern über 450 Weine schlummern und auf ihren Wachkuss durch den Gast warten. Das heutige Weinhaus Gut Sülz ist eng mit dem Weinbau in der Region verbunden. Das schmucke Fachwerkgebäude mit dem holzgeschmückten Giebel besteht seit 1656, die Ursprünge ragen jedoch viel weiter zurück in die Geschichte. Erstmals Erwähnung findet das Gut bereits im Jahre 996, im 13. Jh. gelangt es in den Besitz der Mönche des Klosters Heisterbach und bildet daraufhin bald den Mittelpunkt seiner umfangreichen Weinwirtschaft. Bis 1967 bleibt der Wein-anbau mit dem Gut Sülz in enger Verbindung. Seit sieben Jahren betreibt Andreas Lelke das Gut Sülz als Weinwirtschaft und knüpft mit seinem ausgesprochen gut sortierten Repertoire an deutschen Weinen und einer interessanten Auswahl südafrikanischer Gewächse an die lange Weintradition an.

Für Andreas Lelke ist Wein eine Passion. Und sein Herz schlägt für die vielen erstklassigen deutschen Weißweine, die im Riesling ihren Höhepunkt finden. Jede Region hat die für sie typischen Weine, Sorten und Geschmacksrichtungen und die versucht

der Patron des Weinhauses Gut Sülz dem Gast vorzustellen. Eine vinologische Deutschlandreise zu rund 70 Weingütern, die Andreas Lelke alle auch persönlich kennt. Neben den deutschen Angeboten zeigt die Weinkarte noch eine stattliche Auswahl an Südafrikanern. Auch hier ist Andreas Lelke schon öfters gewesen, hat die dortigen Weinbauern besucht und auf seinen Reisen die Weine für seine Gäste ausgewählt. So beeindrucken die vielen unterschiedlichen Weine und bieten ein Eldorado für Weinnasen und solche, die es werden wollen.

Auf ein gemütliches Ambiente zwischen Weinflaschen, Winzeraccesoires, Kerzen und altem Holzmobiliar braucht der Gast hier nicht zu verzichten. Die Räume sind heimelig in der kühlen Jahreszeit, während im Sommer auf der großen Wiese unter schattigen Bäumen und immer mit dem Blick auf die Weinberge, getrunken und gegessen werden kann. Viel Platz steht dort bereit und deshalb hält man es mit der Tradition, dass hier Selbstbedienung angesagt ist. Schon früher kamen im Sommer hier die Leute hin, packten ihre Brotzeit aus und holten sich im Weingut eine kühle Flasche Wein dazu. Das Essen braucht heute niemand mehr mitbringen, denn die Küche des Weinhauses

Gut Sülz hält eine ganze Reihe schmackhafter Speisen zum Wein passend, bereit. Gekochte Tafelspitzstreifen auf gemischten Blattsalaten, Zwiebel-, Sauerkraut- oder eine schweizer Käsesuppe sind gute Begleiter und der Matjessalat nach dem Rezept von Oma Anneliese ist auch einer der Klassiker auf der Speisekarte. Als besonderes Highlight gilt das jährliche Sommerfest, das immer am letzten Donnerstag im August stattfindet. Da präsentieren Spitzenweingüter beste Tropfen und es lässt sich wunderbar Weine probieren und darüber philosophieren.

WEINHAUS
Gut Sülz
Bachstraße 157
53639 Königswinter-Oberdollendorf
Tel.: 02223-30 10 – Fax: 02223-27 86 30

Öffnungszeiten:
Montag bis Freitag ab 16.00 Uhr
Samstag, Sonntag und Feiertage ab 12.00 Uhr
Im Winter montags Ruhetag

Für viele Besucher bildet die Einkehr in das weinhaltige Gasthaus auch den schmackhaften Abschluss einer Wanderung durch das Mühlental oder entlang des Weinwanderwegs durch die Rebhänge von Oberdollendorf. Letzterer nimmt den interessierten Wanderer mit auf eine aufschlussreiche Reise durch die Geschichte des Ortes, seiner Reblagen und des Weinbaus. Eine Infobroschüre, die im Weinhaus Gut Sülz erhältlich ist, erklärt die Stationen des Weges. Im nahen Heimatmuseum Brückenhof kann man noch genauer in die Geschichte von Ort und Kloster Heisterbach einsteigen und sich dem Geist von Wein und klösterlicher Spiritualität nähern.

Hat man genügend Theorie genossen und Weinreben gesehen, dann muss die Praxis her und die Verkostung rundet das Erlebnis ab. Hier bei Andreas Lelke wird man schnell vom Geist des Weines gefangen genommen. Die schönste Art der Versuchung, der man nicht widerstehen kann!

Matjessalat nach Oma Anneliese

Zutaten:
8 Matjesfilets, 4 größere Gewürzgurken, 1 große Zwiebel, 1-2 mittelgroße aromatische Äpfel, 1 Bund gehackter Dill, 1 Becher Schmand, 1 Becher Crème fraîche, 3-4 El Mayonnaise, Zucker, Muskat, Pfeffer.

Zubereitung:
Zutaten grob würfeln und in eine Schüssel geben. Den Dill zugeben und gut durchmischen. Dann aus Schmand, Crème fraîche und Mayonnaise eine Creme rühren, mit Zucker, Muskat und Pfeffer abschmecken und über den Matjessalat geben. Gut durchrühren und etwas ziehen lassen. Ggf. noch etwas abschmecken. Dazu passen Baguette- oder Schwarzbrot oder auch leckere knusprige Bratkartoffeln.

Wo sich Gundermann und Giersch guten Appetit sagen

214

Wildkräuter entdecken im Siebengebirge

„Born to be wild" – Wer denkt bei diesem Song aus dem legendären Kinofilm Easy Rider an etwas anderes als heiße Öfen? – Wild geboren am Wiesensaum und durchaus auch als Geschmackszusatz und Aromenträger in heißen (Back-)Öfen wiederzufinden sind die Wildkräuter, auf deren Spuren wir im Siebengebirge wandern. Die Biologin Dr. Katrin Melzer-Geißler begleitet uns bei unserem Vorhaben, den Blick nicht nur zum blau-weißen Himmel wandern zu lassen, sondern heute einmal ganz bewusst auf Fußhöhe die artenreiche Flora dieser Region genauer kennen zu lernen. Vom Rhein her kommend führt uns der Weg über Oberdollendorf bergauf in Richtung Heisterbacherrott und Thomasberg. Dort treffen wir die junge dynamische Frau, die so gar nicht ins Bild einer Kräuterhexe passen will. Ihr Wissen über die guten und bösen Eigenschaften der vielen Wildgewächse, ihre Synonyme und Volksnamen lassen uns allerdings schon etwas an Magie glauben.

Folgen Sie uns auf eine gar zauberhafte Tour ins grüne wilde Gartenreich des Siebengebirges!

Von Zipperleinskraut und Brennnessel

Kaum halb zehn Uhr früh ist es und die Vögel im Wald haben ihr Morgenkonzert noch nicht beendet. Mit Korb und Pflanzenbuch in den Armen starten wir und folgen dem kurzen Waldstück, bis das wir an eine Lichtung kommen, die von hellem Grün gekennzeichnet ist. Der dichte Bewuchs lässt uns schon ahnen, dass wir es hier mit einem robusten Vertreter zu tun haben, der sich in vielen Gefilden, auch Nutzgärten, wohlfühlt. Zipperleinskraut oder Dreifuß wird der Giersch genannt. Ein Spross aus der Familie der Doldenblütler, der mit seinem würzigen, an Petersilie erinnernden Aroma vielerlei Einsatzmöglichkeiten in der Küche finden kann. Gesammelt wird er von Frühling bis in den Herbst hinein und bereichert mit seinen jungen Blättern Salate, Gemüse, Suppen, Kräuterfüllungen, Kräuterquark, Aufläufe, Kräuterbrot und –brötchen sowie Kräuterbutter. Während wir den Geschmack am frischen Blatt kosten, werden wir jedoch gleich auf die nicht ganz harmlose Doldenblütlerfamilie hingewiesen, die groß ist, viele weiße harmlose Schafe in ihren Reihen zählt, aber auch ein paar schwarze und damit giftige Vertreter ihr Eigen nennt. Bärenklau und Kerbel gehören genauso zur Gruppe wie wilde Möhre oder aber der Schierling. Vor letzterem muss man größte Vorsicht walten lassen, will man sich nicht aus besagtem Kraut die Henkersmahlzeit zubereiten. Was sich vielleicht etwas makaber anhört, soll nur bewusst machen, das Wildpflanzen wie auch Pilze nur nach eindeutiger Kennung gesammelt werden sollten. Unverwechselbar erscheinen uns daraufhin die wohl bekannten Brennnesseln, die gar nicht weit vom Giersch wachsen.

Die Brennhärchen verlieren ihre Waffe durch Kochen oder Trocknen, werden bevorzugt im Frühjahr für ein spinatähnliches Gemüse oder Entschlackungstee gesammelt. Auch später lassen sich die Spitzen der Blätter weiter verwenden. Ihr häufiges Vorkommen soll nicht darüber hinwegtäuschen dass die Brennnessel zu den besonders wertvollen Wildkräutern zählt. Selbst ihre Samen können in Brot, ihre Wurzeln zum Färben eines Sonnengelbs und die Blüte für Schnaps und Likör gebraucht werden.

Über allen Stängeln ist Ruhe

Langsam verlassen wir den Übergangsbereich von Wald zu Feld und bewegen uns vorbei an blühenden Gräsern, die uns durch ihre große Vielfalt auffallen. Die ersten Obstbäume begleiten uns und der Weg schenkt mit jedem Schritt mehr Weitblick. Während nebenan Pferde auf den Koppeln grasen, rasten wir kurz und lassen das Auge in die dunstige Ferne schweifen. Siegburg ist auszumachen und etwas weiter links Schloss Birlinghoven. Auch hier sind Wildkräuter unsere stillen Begleiter am Wegesrand. Das gelbblühende Johanniskraut ist vielen als natürliches Entspannungs- und Beruhigungsmittel bekannt. Das echte Johanniskraut, so erfahren wir von Katrin, unserer Biologin, hat zweikantige Stängel und wenn man ganz genau hinsieht, lassen sich etliche schwarze kleine Pünktchen auf den Blütenblättern erkennen. Darin befindet sich das Öl der Pflanze – Wer hätte das gedacht!

Rotfärber, rauher Kerl und Kriecher

Wildkräuter stecken voller Überraschungen. Das Labkraut gehört dazu. Einmal ist es der bekannte Waldmeister, der zur gleichen Familie zählt wie das echte Labkraut mit seinen zitronengelben quirligen Blütenständen. Botanisch gehören sie zu den Rötegewächsen. Der Name kommt nicht von ungefähr, wurde doch in alter Zeit aus den Wurzeln ein Stoff gewonnen, der Wolle und Stoffe rot färbte. Das echte Labkraut gibt darüber hinaus durch seine gelben Blüten Aroma und Farbe dem englischen Cheddarkäse. Vorbei an der wohl bekannten echten Kamille und den großen gelben Blüten der Nachtkerzen biegen wir vor dem Ort Stieldorferhohn nach links und laufen bergab, vorbei an

alten Streuobstwiesen, Haselnusssträuchern und Walnussbäumen. Wir passieren Gärten, wo Hühner noch glücklich sind und Kinder unbedarft spielen können. Kurz bevor wir wieder in den Wald eintauchen, entdecken wir den violett wie auch gelblich-weiß blühenden Beinwell.

Zarte Blüten zu rauhen Blättern, die uns fast an Schmirgelpapier erinnern. Die typischen rundgekerbten Blätter des Gundermann sind da schon filigraner. Er ist ein echter Kriecher, schlägt Ausläufer und wird nicht umsonst Erdefeu genannt. Die jungen Blättchen dienen während des ganzen Jahres als Würzkraut zu Suppen, Soßen, Salaten, Süßspeisen und Getränken.

Hainbuchen setzen lichte Akzente und führen uns unter ihrem Laubdach an einen Ort, wo sich mit unserer Strecke zusammen vier Wege kreuzen. Wir biegen nach links ab, lassen den Bachlauf rechts liegen und stoßen auf schlanke hohe Lärchen zu deren Füßen sich Brombeeren eine undurchdringliche Dornröschenmauer gebaut haben. Ob sie je gepflückt werden? Ihre Früchte und Blätter sind jedenfalls einen Sammler wert. Der Wald ist nun endgültig zu Ende und die Landschaft bricht auf in feuchte Wiesen und Getreidefelder. Stattliche Königskerzen stehen zu ihrem Namen und wirken wirklich majestätisch gegenüber dem niedrigen Gräserwuchs. Der Beifuss, ein bekanntes Küchengewürz, wächst hier in ungebändigter Fülle. Er gehört zur Familie der Korbblütler und ist mit dem Wermut verwandt. Seine fiederspaltigen Blätter sind stark aromatisch und gehören schon traditionell zur Würze von Enten- und Gänsebraten.

Der Beifuss wird uns noch ein Stück des Weges begleiten. Wir biegen nach rechts ab, folgen dem Roggenmeer auf der einen Seite und entdecken zur Rechten als Begrenzung zur Wiese den Baldrian. Seine gebüschelten zartrosa Blüten haben einen eigenwilligen Duft (er heißt auch Katzenkraut oder Stinkwurz), aber seine pharmazeutischen Kräfte sind die Vorzüge, weshalb er so geschätzt wird. Für uns in der Küche sind die jungen Blätter eine aromatische Salatbeigabe. Keine Angst, die Gäste laufen nicht Gefahr, am Tische danach einzuschlafen!

Schon sind wir am Ortsschild von Heisterbacherrott angekommen. Mit dem Mädesüß, einer wohlig duftenden, cremeweiß blühenden Schönen verlassen wir das Tal. In der Hauptsache werden ihre Blüten als Tee gegen Rheuma und Gicht aufgebrüht, da es Salizylsäure enthält. Königin Elisabeth I. von England verstreute die süß duftenden Blüten um „das Herze froh zu machen".

TIPP

Die Tour dauert mit schauen, nachlesen, pflücken und sammeln rund 3 Stunden, kann natürlich auch schneller durchlaufen werden. Start und Ziel ist vom Rheintal kommend kurz hinter dem Ortseingang Thomasberg. Gleich links biegt der Steinweg ab und führt in Richtung Rothberg. Vorbei an Stieldorferhohn, hergab wieder ins Tal, vorbei am Wasserwerk zur Rechten und dann wieder in Richtung Heisterbacherrott. Dr. Katrin Melzer-Geißler ist studierte Biologin und bietet unter dem sympathischen Titel „Die Waldmaus" für Kinder wie auch für Erwachsene Seminare, Naturführungen und Wildkräuterbestimmungen an. Die Verwendung in Küche und als Hausmittelchen zeigen die vielfältigen Möglichkeiten von Wirkung und Einsatz der Wildkräuter in unserem täglichen Leben auf.

Die Waldmaus
Dr. Katrin Melzer-Geißler
Tel.: 02224-9 88 98 76
www.diewaldmaus.de

Unkraut ist Unsinn

Der Rückweg zu unserem Startpunkt ist nun bald wieder erreicht. Wir folgen dem kurzen Weg bergauf und landen an der Straße die von Oberdollendorf kommt. Nach wenigen hundert Metern beenden wir unsere kleine Kräutertour mit der Vogelmiere. Es strotzt nur so vor Vitaminen und deckt als Salat genossen in vielerlei Hinsicht den Tagesbedarf. Gleichzeitig wirkt es noch hustenlösend und ist hilfreich gegen Hautentzündungen und Ekzeme. So mancher wird es unbewusst als lästigen Nutzgartenbewohner verwünschen.

Ein Los, dass viele Wildkräuter mit der Vogelmiere teilen. Der kleine Einblick, den uns die sympathische Biologin Katrin Melzer-Geißler gegeben hat, macht uns klar, dass die kleine Silbe „Un" so gar nicht zum sich anschließenden „Kraut" passen will. Die Küche wartet und der Korb ist randvoll mit dem besten, was Mutter Natur bei einem Spaziergang im Siebengebirge aus dem grüne Füllhorn wachsen lässt. Für alles ist eben ein Kraut gewachsen!

Gundermanneis

Zutaten:
2 Bananen, 2 Zitronen, 1 Apfel, 300 g Sahne, 5 g Gundermannblättchen, Honig nach Bedarf.

Zubereitung:
Banane und Apfel schälen und in Stückchen schneiden. Die Zitronen auspressen und den Saft über die Früchte träufeln. Gundermannblätter waschen und trocken tupfen. Die Blätter zusammen mit etwas Sahne und dem Obst pürieren. Die restliche Sahne steif schlagen und unter das Püree mischen, mit Honig abschmecken. Die Masse in einer Gefrierform einfrieren.

Gierschlimonade

Zutaten:
1 Kräuterstrauß: 10 Blätter Giersch, 1 Ranke Gundermann, 1 Stengel Pfefferminze; 1 l Apfelsaft, ½ Flasche Mineralwasser, 1 Zitrone (Saft)

Zubereitung:
Kräuterstrauß in den Apfelsaft hängen, kräftig drücken und kühl stellen. Nach mindestens 3 Stunden den Strauß herausnehmen, Zitronensaft und Mineralwasser zugeben.

Brennnesselgemüse

Zutaten:
1 kg Brennnesseln (junge Sprossspitzen), 2 Zwiebeln, 4 Knoblauchzehen, Butter, Salz, Zitronensaft.

Zubereitung:
Brennnesseln waschen, in kochendem Wasser ½ Minute blanchieren und danach in eiskaltem Wasser abschrecken. Zwiebeln und Knoblauch pellen, hacken und in Butter glasig dünsten. Die Brennnesseln zugeben, und etwa 5-10 Minuten dünsten. Gegen Ende der Garzeit nochmals Knoblauch zugeben, salzen und vor dem Servieren mit Zitronensaft beträufeln.

Heiltee — Hustenlöser

1 Tl Vogelmiere und 1 Tl Spitzwegerichblätter (frisch oder getrocknet) mit ½ l kochendem Wasser überbrühen, 7 Minuten ziehen lassen, abgießen und warm mit etwas Zitronensaft und Honig 2 mal täglich trinken.

HOTEL-RESTAURANT
Bungertshof
KÖNIGSWINTER-OBERDOLLENDORF

Das rote Namensschild leuchtet an der Fassade und scheint den Schrifttyp der fünfziger Jahre zu spiegeln. Das Innere der holzgetäfelten Wirtsstube führt den Stil fort, hat sich in die heutige Zeit schon wieder trendy hinübergerettet. Hier spürt man wie schön sich der Zeitgeist von einst mit dem Geschmack nach Küche und Kultur von heute zu einer individuellen Gesamterscheinung verbindet. Die Tradition einer einstigen Dorfwirtschaft mit Tanzsaal lebt fort, stellt aber neben die Theke eine Bilderausstellung und lässt im Saal Kleinkunst und Livemusik statt Petticoat schwingen. Dielenböden und Wände könnten Geschichten erzählen. Aber selbst die sind noch jung gegenüber der langen Historie des Hauses.

Urkundlich ist der Bungertshof bereits 1444 erwähnt. Bungert bedeutete damals soviel wie Obstgarten und kündet von dem landwirtschaftlichen Besitz, den das Gebäude einst umgab. Auf dem Weg zum Kloster Heisterbach war der Hof schon immer eine letzte Einkehrstation, bevor man die Kirche erreichte oder aber der Ort sich zu stärken, bevor man die Heimreise antrat. Im Besitz der Grafen von Nesselrode war das Gebäude lange Zeit, bevor es vor über 250 Jahren von der Familie Gratzfeld erworben wurde, die es bis heute besitzt. Weinbau war mit dem Hof bis in die zweite Hälfte des 20. Jahrhunderts eng verbunden. Eine Tradition, die das Gebiet Siebengebirge rheinwärts schon immer prägte. Seit 2001 ist Nadja Jansen Pächter des Bungertshofes. Zusammen mit Johannes Heckmann halten sie die lange gastronomische Tradition aufrecht, bewahren und pflegen Historisches aber bringen auch gleichzeitig frischen Wind und neue Ideen in Küche und Keller, Dekoration und Kulturbetrieb.

Der Bungertshof ist vielseitig und bietet für jeden Geschmack das Richtige, wobei die lockere Atmosphäre und die bewusste Wahrung des 50er Jahre-Touchs sich durch Gasträume und die 13 Hotelzimmer zieht. In der holzgetäfelten Gastwirtschaft fühlt man sich auf den Eckbänken wohl. Die Wände zeigen hier wie auch im gegenüberliegenden Restaurantbereich und Saal wechselnde Bilderausstellungen diverser Künstler. Während hier vielleicht das frisch gezapfte Bier (während unseres Besuchs ist gerade ganz aktuell Bischof Kölsch aus der kleinsten Kölschbrauerei im Angebot) den Vorrang hat, kommen natürlich auch die heimischen Weine von zwei Oberdollendorfer Winzern zum Einsatz. Die meisten Tische und Stühle sind schon als historisch zu bezeichnen, haben schon viele Feste gesehen, bevor sie durch Vorpächter auf den Dachboden verbannt wurden.

Jansens haben die Möbel aus dem Dornröschenschlaf geweckt, aufpoliert und geben nun den Rahmen für die leckeren Gerichte, die sowohl den kleinen wie großen Hunger befriedigen. Alle 6-8 Wochen wechselt die Karte, die auch im etwas versteckt, aber wunderschönen Biergarten zum Einsatz kommt. Unter einem großen Walnussbaum, umrahmt von viel lauschigem Grün lässt es sich herrlich an warmen Tagen sitzen.

Wenn der Abend einmal lang, vielleicht zu lang werden sollte, stehen in den Obergeschossen wie auch im nahen Gästehaus Zimmer zur Verfügung. Auch hier mischen sich moderne Elemente mit dem Mobiliar vergangener Epochen. Wundern Sie sich also nicht, wenn Sie hier von James Dean oder Vespatouren träumen. Im Bungertshof sind Sie bestimmt diesseits von Eden!

Als Herzstück des Hauses empfinden wir den Saal, der viel Atmosphäre verbreitet. Zentrales Objekt ist der überaus barocke und wandhohe Spiegel, der aus dem Besitz der Nesselrodes den Weg hierher gefunden hat. Er bildet den Hintergund für die kleine Bühne, wo Hans Jansen und Johannes Heckmann es geschafft haben, in wenigen Jahren ein dichtes Programm an Musik, Kabarett, Film, Lesung und bildender Kunst zu etablieren. Lokale wie internationale Größen gehören dazu. Jeden Freitag und auch an weiteren Tagen ist Livekultur im Bungertshof. Ein ausführliches Halbjahresprogramm wird extra dafür publiziert. Natürlich lassen sich hier auch Feste und Familienfeiern professionell ausrichten.

HOTEL-RESTAURANT
Bungertshof

Nadja Jansen, Johannes Heckmann
Heisterbacher Straße 149
53639 Königswinter-Oberdollendorf
Tel.: 02223-27 97 63 – Fax: 02223-27 98 13
www.bungertshof.de
info@bungertshof.de

Öffnungszeiten:
Täglich von 16.00 bis 00.00 Uhr
Sonntag ab 11.00 Uhr

Provencalisches Lammragout

Zutaten:
2 kg Lammfleisch aus der Keule in Würfel geschnitten, 250 g Schalotten gepellt und halbiert, 1 Knoblauchknolle geschält, die Zehen halbiert, Olivenöl, Salz, Pfeffer, Zucker, 1 Kräuterstrauß aus Rosmarin, Thymian, Salbei, Lorbeerblatt, 4 El Tomatenmark, ein Glas Letscho, 1 l guter französischer Rotwein, 1 l Bratenjus Lamm oder Rind.

Zubereitung:
Schalotten und Knoblauch in Olivenöl anschwitzen. Ruhig etwas Farbe nehmen lassen. Das Fleisch mit Salz und frischem schwarzen Pfeffer kräftig würzen und bei starker Hitze rundherum kräftig anbraten. Es soll eine schöne braune Farbe bekommen. Das angebratene Fleisch zu den Zwiebeln und dem Knoblauch geben, das Tomatenmark unterrühren und ebenfalls anschwitzen, dann mit Rotwein, Jus und Letscho aufgießen, den Kräuterstrauß dazugeben und auf kleiner Hitze unter gelegentlichem umrühren kochen lassen bis das Fleisch weich ist. Die Garzeit ist sehr von der Qualität des Lammfleisches abhängig. Am Schluss abschmecken und den Kräuterstrauß entfernen.

Wir reichen dazu Böhnchen im Zucchinimantel und Rosmarinbratlinge.

Mit Fischen fabelhaft fasten

Auch im Kloster Heisterbach mussten die Mönche in der fleischlosen Zeit keinen Hunger leiden

Einkehr zur Stille. Abgeschieden im Heisterbacher Tal lag der passende Grund für die Errichtung eines der größten rheinischen Zisterzienserklöster. Mitglieder der Abtei Himmerod in der Eifel siedelten mit einem Konvent von zwölf Mönchen hier am Fuße des Petersberges. Die Gründung des Klosters Heisterbach ist hier im Tal für das Jahr 1192 bezeugt. Seine höchste Blüte fand es im 13. Jh. wie uns Überlieferungen berichten.

Novizenmeister und Ausbilder junger Mönche war Caesarius von Heisterbach, der von 1199 bis 1240 hier im Kloster wirkte und viele aufschlussreiche Schriften zum Ordensleben, wie auch zum Brauchtum und der Kulturgeschichte verfasste. Seine Schriften machen ihn heute für uns zum Chronisten. Kirchliche wie alltägliche Begebenheiten spiegeln die Zeit des Klosters aber auch der Umgebung wider. Schon früh versuchten die Klöster aus ihren Besitzungen ihr Leben und den Unterhalt zu sichern. Vor allem die Nahrungsgrundlage war in den Zeiten des Mittelalters ein immer währender Kampf mit den Kräften der Natur. Mit Hoffnung auf gute Ernten oder der Verzweiflung wegen schlechter Witterung. Die Klosterbrüder und -Schwestern sorgten früh für die Anlage von Obst- und Gemüsegarten, Kräuterbeeten und Weinbergen, hielten Vieh und schufen Fischteiche, die je nach Bedeutung des Klosters immense Ausmaße annehmen konnten. Vielfach wurden sie künstlich angelegt, was zu dieser Zeit eine fast überirdische Leistung darstellte. Hier zeigte sich in besonders plastischer Weise, dass der Glaube durchaus Berge versetzen kann.

Brot und Fische

Die lange Fastenzeit erlaubte keinen Fleischgenuss und so hatten Fischteiche eine große Bedeutung zur Deckung des täglichen Nahrungsbedarfs. Den Klöstern des Mittelalters ist es somit zu verdanken, dass aus der seltenen Delikatesse eine geschätzte Fastenspeise wurde. Die schwierigen Verkehrs- und Transportverhältnisse der damaligen Zeit führten dazu, dass man versuchte, den Fischbedarf nach Möglichkeit in der Nähe zu decken. Aus diesem Grunde legten die Klöster viele künstliche Fischteiche für die Aufzucht von Karpfen und sonstigen Nebenfischen an.

Nicht selten wurde an Weihnachten ein Karpfen geschenkt oder den armen Leuten ein Gericht eingemachter Fische verabreicht. Sie sollten dafür den Mönchen bei Hochwasser oder sonstigen größeren Aufgaben an den Teichanlagen helfen. Die größte Verbreitung der Fischzucht haben wir somit den Klöstern zu verdanken. Zwischen dem 14. und dem 16. Jahrhundert erreichten die klösterlichen Fischzuchten den Höhepunkt. Sie wurden dermaßen ausgedehnt, dass Kaiser Rudolf II anordnete: „Weilen des Anbauens kein Ende gewesen, dass ohne öffentliche Autorität des Landes deren nicht mehr sollten angelegt werden."

Besonders Karpfenteiche wurden angelegt. Karpfen brauchen nicht so schnell fließendes Wasser wie Forellen und geben eine gute Fastenspeise ab. Ein Teich mit Karpfen auf Ödland, das sonst keine Feldfrüchte trug, konnte von den Bauern leicht angelegt werden und trug viel zur Ernährung bei.

Kloster-Ruine Heisterbach

Sie machten es den Mönchen – wie erwartet – auch bald nach und nannten die neue Erfindung der Wasserstandsregelung, die eine solide Teichwirtschaft erst richtig möglich machte, aus Dankbarkeit dann Mönch. Neben diesem praktischen Grund war das alles eigentlich Ausdruck des Wunsches der Mönche nicht nur im Gebet, sondern auch im täglichen Leben so wirklich wie möglich in der Bibel zu leben. Die Speisung der Zehntausend mit den Fischen und dem Brot gab dazu lebendiges Beispiel.

223

Auch in Heisterbach wurden Fischteiche angelegt, die den Küchenzettel der Klosterküche bereicherten. 600 Jahre lang gehörte Heisterbach zu den religiösen wie auch wirtschaftlichen Zentren in der Region, erreichte die spätromanische Abteikirche riesige Ausmaße und übertraf damit außer dem Kölner Dom alle romanischen Kirchenbauten im „Rom des Nordens"und im Rheinland. Das Ende kam mit Napoleon und der Aufhebung der kirchlichen Besitztümer im Jahre 1803. Die mächtige Kirche wurde dem Abbruch freigegeben, was glücklicherweise nicht bis zum letzten Stein ausgeführt wurde.

1818 wurden jegliche weiteren Abbrucharbeiten unterbunden und so konnte die wunderbare Chorruine überleben. Eine baumbestandene parkähnliche Landschaft gliederte sich um die Reste der Kirche, die mit dem fein gegliederten Baukörper die romantischen Gefühle des 19. Jh. weckte. Die Klosterruine Heisterbach wurde alsbald zum Ausflugsziel vieler Reisender. Sogar eine Sage rankte sich alsbald mit dem „Mönch von Heisterbach" wie Efeu um die alte Pforte, die im Mauerwerk aus dem Klostergelände führt. Was Dichtung und was Wahrheit ist verschweigen die mächtigen Buchen, die mit ihrem alten Namen „Heister" dem Bach, dem Tal und dem Kloster ihren Namen gaben. Die einstigen Fischteiche sind schon lange aufgegeben, wer aber genau hinschaut, erkennt noch die Senken und Mulden der einstigen Teiche jenseits des Klostergeländes. Wie ehedem strahlt der Platz eine große Harmonie aus und zeugt von der Weitsicht seiner einstigen Gründer. Der Raum gibt Platz für Gedanken im Schatten der alten Chorruine, die Blicke verweilen auf der filigranen Apsis, fliegen in die wuchtigen Kronen der alten Bäume und kommen auf der Wiese zur Ruhe. Eine stimmungsvolle Offenbarung an verstecktem Ort.

Topfgucker unterwegs

TIPP

„Wanderung durch „Das Tal der Zisterziensermönche"

Bekannt sind die Chorruine von Heisterbach und Cäsarius von Heisterbach – letzterer nicht zu verwechseln mit dem „Mönch von Heisterbach", der der Legende nach am eigenen Leib die Erfahrung machte, dass für den Herrn „tausend Jahre wie ein Tag" sind. Weniger bekannt dürfte sein, dass die Zisterziensermönche neben ihren geistlichen Aufgaben auch technisch und wirtschaftlich versiert waren: Der Kloster- und Kirchenbau, ein ausgeklügeltes System der Wasserversorgung, Mühlen und Weingüter zeugen von ihren vielfältigen Aktivitäten. Im Siebengebirgsmuseum ergänzen ein Modell der ehemaligen Kirche, Urkunden und sonstige Dokumente das Bild des historischen Klosterlebens, in Heisterbach selbst dokumentiert eine Ausstellung in der historischen Zehntscheune die „Klosterlandschaft Heisterbacher Tal". Das Siebengebirgsmuseum in Königswinter bietet dazu eine geführte Wanderung an: Führung im Siebengebirgsmuseum; ca. einstündige Wanderung zum Kloster Heisterbach; Besichtigung der Anlage und der Zehntscheune; Rückweg durch das Mühlental nach Dollendorf.

Auf dem Klostergelände bietet die Zehntscheune weitere Informationen zum Thema der besonderen Klosterlandschaft www.abtei-heisterbach.de

Infos über Termine, Preise sowie die weiteren Angebote des Museums
Siebengebirgsmuseum
Kellerstraße 16 - 53639 Königswinter
Tel.: 02223-37 03
www.siebengebirgsmuseum.de

RUINE HEISTERBACH

Gedünsteter Karpfen in Meerrettichsauce

Zutaten:
3-4 Kartoffeln, 3 Zitronen, 1 Bund Petersilie, 100 g Butter, 1 kochfertiger Karpfen von etwa 1 kg, 1 gestrichener Tl Salz, 1-2 Tassen Wasser, 4 El geriebener Meerrettich , 1/8 l saure Sahne

Zubereitung:
Die Kartoffeln waschen und schälen. 2 Zitronen auspressen, die dritte in sehr dünne Scheibchen schneiden. Die Butter ebenfalls in dünne Scheibchen schneiden. Die Petersilie waschen, abtropfen lassen, klein schneiden und zugedeckt aufbewahren. Den Backofen auf 175°C vorheizen. Den Karpfen innen und außen kalt waschen und innen mit dem Salz einreiben.

Die Kartoffeln in den Karpfenbauch schieben, bis der Karpfen gut steht. Den Karpfen in eine feuerfeste Form stellen, mit Zitronensaft beträufeln, völlig mit den Butterscheibchen belegen und auf die Butter die Zitronenscheibchen geben. Das Wasser ringsum gießen und die Platte auf den Bratrost auf der untersten Schiene in den vorgeheizten Backofen schieben. Den Fisch 30 Minuten dünsten lassen. Den garen Karpfen auf eine vorgewärmte Platte legen und den Dünstsaft mit dem Meerrettich, der sauren Sahne und der Petersilie in der Kasserolle verrühren und noch einmal gut erhitzen, aber die Sauce nicht kochen lassen. Dazu passen Salzkartoffeln und Kopfsalat oder marinierte rote Bete.

Karpfen blau

Zutaten:
1 Karpfen (1-1,5 kg), nicht geschuppt, Salz, Pfeffer, 1 Petersilienknolle, 1 Lauchstange, 1/2 Sellerieknolle, 1 Möhre, 3 Pfefferkörner, Wacholderbeeren, 1 Zwiebel, 1 Lorbeerblatt, 500 ml Weinessig, 100 g Butter (zerlassen).

Zubereitung:
Aus den Gemüsen und Gewürzen mit etwa 2-3 l Wasser einen Sud 10 Minuten kochen und den Essig zugeben. Karpfenhälften in den kochenden Sud geben und dann nicht mehr kochen, nur ziehen lassen. Nach 12-15 Minuten den Fisch aus dem Sud nehmen. Mit Gewürzen aus dem Sud garnieren. Dazu Salzkartoffeln und zerlassene Butter reichen.

Irgendwo muss sie herrühren, die stille Bewunderung für unsere französischen Nachbarn. Der gern zitierte Satz „wir leben um zu arbeiten und sie arbeiten um zu leben" wäre zu einfach. Mit Frankreich verbinden wir „la mer" im Norden und Westen und „la méditerrannée" im Süden, denken wir an Burgund und Bordeaux, hören die Musettemusik der Ile de France um Paris und lieben die Gugelhupfromantik des mittelalterlichen Elsass. Und zu allen Regionen gehört eine eigene Küchenwelt, die sich nahe an der ehemaligen Bundeshauptstadt Bonn den wohl angenehmsten Botschaftersitz errichtet hat.

Hannelore Schröder ist Powerfrau und begnadete Köchin, ihr Mann Wilhelm charmanter Gastgeber und kompetenter Helfer, wenn es um die passenden Essensbegleiter von Aperitif, Wein, Digestif & Co. geht. Zusammen führen sie seit rund 20 Jahren ihr Domizil für francophile Feinschmecker und haben neben dem eigentlichen Restaurant, mittlerweile auch einen „marché francais provencal" mit einer Auswahl französischer Produkte (darunter eine stattliche Anzahl an Weinbouteillen aus allen Weinbauregionen) und eine Kunstgalerie geschaffen. Das Herzstück ist und bleibt das gemütliche Restaurant, wo Möbelstücke, Dekoration und Bilder eine eigene kleine Geschichte aus Frankreich zu erzählen haben. Gleich nebenan ist das Reich von Hannelore Schröder. Die Kochleidenschaft muss ihr schon in die Wiege gelegt worden sein. Wer eine Großmutter hat, die schon Enrico Caruso bekochte, der hat Geschmack auf der Zunge und die Entschlossenheit im Blut aus feinen Rohprodukten und guten Rezepten beste Küchenergebnisse zu erzielen. Etwas Magie muss wohl mit im Spiel sein, denn es ist erstaunlich wie auf wenigen Quadratmetern, Hannelore Schröder so Perfektes zubereiten kann. Eine gute Organisation der Küche ist für sie grundlegend. Dann kann sie auch ihren Vorsätzen gerecht werden, die darin münden, dass Fonds und Terrinen, Pasteten und Sorbets, Eis und Farce, Konfekt und Feingebäck und selbst das leckere Olivenbrot selbst hergestellt werden.

Hannelore und Wilhelm Schröder sind die Statthalter für „essen und trinken wie Gott in Frankreich" – nicht nach dem Diktat der „Nouvelle Cuisine", sondern nach der Liebe zu regionalen Spezialitäten – so wie sie auch die Colette oder Monet, Toulouse Lautrec oder Proust gemocht hätten. Eine Tour durch die kulinarischen Regionen Frankreichs ist Philosophie und Programm im Restaurant Tour de France!

Vieles hat sie sich bei Kochseminaren in Frankreich abgeschaut, hat den französischen Sterneköchen wie Bocuse und Vergé genau auf die Finger geschaut und viel für sich mit nach Hause nehmen können. Regelmäßige Reisen brachten sie und ihren Mann auf die Märkte und zu den Produzenten, nicht nur auf den Eiffelturm, sondern auch in die tiefsten Reifekeller von Wein und Käse. A propos Käse – der wird jede Woche vom Affineur aus Strasbourg angeliefert!

Das Jahr im „Tour de France" ist selbst wie eine Reise durch Frankreich. Im Frühling inspiriert die Loire die Küche, der Sommer bildet eine kulinarische Hommage an die Provence, Normandie und Bretagne locken im Herbst mit fantastischen Fisch- und Meeresfrüchten, während der Winter mit Alsace und Ile de France zurück an die wärmenden Herde, prallen Speisekammern und tiefen Keller voller Genuss lädt.

Die Ideen aus den Regionen finden sich in einer mit viel Liebe gestalteten Speisekarte wieder, darunter attraktive Menüangebote zu günstigem Preis. Auch die Melange aus Kultur und Kulinarik findet in den Räumen statt. Künstler treten auf oder stellen aus. Und jedes Jahr, wenn das bekannteste Radrennen der Welt, die „Tour de France" durch Frankreich rollt, dann begleiten Hannelore und Wilhelm Schröder die Etappen genussreich mit. Den Sieger im gelben Trikot kennt man erst zum Schluss. Der Gewinner im Restaurant „Tour de France" bleibt immer der Gast!

Apfelsuppe Normannische Art

Zutaten für 12 Personen:

750 g Kochäpfel (geschält und das Kerngehäuse entfernt), 2 l Hühnerbrühe, 1 l Cidre, je 1 Tl frischen weißen Pfeffer und 1 Tl frischen Ingwer, 1 Tl Salz, geschlagene Sahne, etwas Calvados, geröstete Mandelblättchen.

Zubereitung:

Die Hühnerbrühe entfetten und durch ein feines Sieb in einen großen Topf gießen. Zum Kochen bringen, die Äpfel hineingeben und bei schwacher Hitze garen bis sie zerfallen. Alles durch ein Sieb streichen, Cidre hinzugeben, mit Salz, Pfeffer und Ingwer würzen. Die Suppe einige Min. simmern lassen. Einen Schuss Calvados hinzugeben und mit geschl. Sahne und gerösteten Mandelblättchen bestreut servieren.

RESTAURANT

Tour de France

Malteser Straße 19
53639 Oberdollendorf-Römlinghoven
Tel.: 02223-2 40 58
Fax: 02223-41 21
www.restauranttourdefrance.de
e-mail: webmaster@restauranttourdefrance.de

Öffnungszeiten:
Di. – So. 18.00 bis 23.00 Uhr
So. auch 12.00 bis 15.00 Uhr
Mo. Ruhetag

Drachenfelser Ländchen

Nicht weit von Meckenheim entfernt, klafft in einer Landschaft aus Obstwiesen und Gemüsebauern plötzlich ein Loch. Weder Kies noch Kohle sind dafür verantwortlich, obwohl beide wohlbekannte Synonyme für Heller und Pfennig darstellen. Wirtschaftliche und damit auch pecuniäre Gründe gab es durchaus, wieso sich heute neben der Grube ein altes Handwerk angesiedelt hat, von dem manche auch als dem „Grau-blauen Gold" sprechen. Wir sind in Adendorf, dem weithin bekannten Töpferort im Drachenfelser Ländchen und das große Loch am Rande der Gemeinde beherbergt noch heute den Grundstoff, aus dem irdene Schätzchen gedreht werden.

Ton und Salz, Gott erhalts

Im Westen was Neues

Ein cleverer Mann ist er gewesen, Friedrich Ferdinand von der Leyen, der damalige Besitzer von Burg Adendorf und Herr über Tonvorkommen, die es galt wirtschaftlich zu nutzen. Hinzu kam seine Beteiligung am damals herrschenden Salzmonopol. Ein weiterer Grundstoff, der für keramische Produkte von Bedeutung war, wollte man salzglasiertes Steinzeug produzieren.

Im Jahre 1743 warb er aus dem schon damals weithin bekannten Kannenbäckerland Westerwälder Töpfer an, die sich in Adendorf niederließen. Der Rohstoff war schon lange vorhanden, aber nun zog auch das Können in die kleine Gemeinde ein. Die Produktion florierte über die Zeiten danach. Schließlich hatte man hier eindeutige Standortvorteile, gehörte man hier nicht wie im Westerwald zu einem unter vielen. Zumal die Wege für salzglasiertes Steinzeug zu den Abnehmerregionen wie beispielsweise den Niederlanden näher am Ort der Herstellung und dem Transportfluss Rhein lagen.

Sechs auf einen Dreh

Nach dem 2. Weltkrieg zählte Adendorf 38 Töpfereibetriebe, die bis 1975 noch alle ihre Brennöfen mit Holz und Kohle heizten, der traditionellen Befeuerungsweise. Die Zeiten änderten sich jedoch auch hier und so wurde 1983 der letzte Holzofen gebrannt. Heute gehören neben dem Keramikbetrieb der Familie Corzelius mit Hansen, Mennigen, Giertz, Günther und Dörr+Heinevetter noch fünf weitere Werkstätten zu der Adendorfer Töpfergemeinschaft.

Die Zahl hat sich drastisch verringert, aber noch immer gehört das berühmte graublaue Steinzeug zu den schönen historisch überlieferten Keramikprodukten. Vieles wird über den Großhandel als Vertriebspartner vermarktet aber auch der Besucher von Adendorf findet in den Verkaufs- und Ausstellungsräumen der Töpfer Keramikprodukte in unterschiedlichster Form in traditionellem wie modernem Design.

Vom Bock zum Bembel

Bis in die 60er Jahre gehörte die Produktpalette von Krug, Hafen hoch und Hafen flach zu den gängigsten Angeboten, die sich auch besonders gut im Frankfurter Raum verkaufen ließen. Wer kennt nicht den „Bembel", der in der Fernsehsendung „Zum blauen Bock" nicht nur kühlen Äppelwoi beinhaltete, sondern auch als Erinnerungsgeschenk in die Hände vieler prominenter Gäste wanderte. Kaum einer weiß jedoch, dass dieser grau-blaue Bembel aus Adendorf, genauer gesagt von den Töpferscheiben der Familie Corzelius stammt. Schön sieht er aus und seine Funktionalität hat er über die Jahrhunderte nicht eingebüßt. Vom Rohstoff in der Grube bis hin zum geschwungen-bauchigen Steinkrug ist jedoch ein arbeitsreicher Weg....

Guter Ton macht die Musik

Ein qualitativ hochwertiger Ton ist die Grundvoraussetzung einer späteren guten Verarbeitung. Bevor er überhaupt benutzt werden kann, muss er gewässert und homogenisiert werden. Sauberkeit und Elastizität sind das Ergebnis und nachdem die Masse durch die Strangpresse gewandert ist, wird sie portioniert und kann nun zur Verarbeitung gelangen. Die Töpferscheibe wartet schon auf den Ton, der jetzt durch erfahrene Hände vom Klumpen zum Gefäß wahrlich „erhoben" wird. Alleine beim Zuschauen kann man sich einer gewissen Faszination nicht erwehren und es grenzt schon an Magie, die Wände des Krugs in die Höhe wachsen zu sehen. Es entsteht ein Rohling, der, nachdem er seine Form erhalten hat, 1-2 Tage ruhen darf. Diese sog. „grüne Ware" wird nun in „lederhartem Zustand"

„gehenkelt", also in angetrocknetem Zustand mit dem Henkel versehen, der später einmal den Bembel zum ausgießen bringen soll. Jetzt kann er geritzt werden, falls eine spezielle Struktur das Design unterstützen soll. Ist das nicht der Fall, wird er zum Bemalen zur Seite gestellt.

Dies geschieht, wenn er zur „Weißen Ware" gealtert ist, was 8-14 Tage dauern kann. Die traditionellen Farben sind Kobaltblau oder Manganbraun, Schwarz und Gelb. Noch können die mineralischen Farben nicht das Auge faszinieren, aber noch ist der Krug auch nicht fertig.

Hinein in den Rachen des Drachen

Sein schwerster Gang steht ihm noch bevor. Heiß und qualmend ist der Bereich, wo die Brennöfen stehen. Wahre Ungetüme, die mit dem roten Schlund und dem Dampf ganz eigene Assoziationen zur Bezeichnung „Drachenfelser Ländchen" wecken. Gefüttert wird dieses Feuerross mit ganzen Reihen vorbereiteter Keramik.

Bei 1.260°C wird die Ware gebrannt, die rund 8-10 Stunden in dieser unvorstellbaren Hitze verbleiben muss. Im Laufe des Brennvorgangs wird Kochsalz in den Ofen gegeben, das sich im gesamten Raum verteilt, verdampft und so mit dem Ton reagiert. Es sorgt dafür, dass später die Ware äußerst beständig, kratz-, ritz- und säurefest sein wird. Die Salzglasur entsteht! Nach dem Brennvorgang muss die Ware noch 12-16 Stunden abkühlen.

Dann wird sie geprüft und sortiert und gelangt letztendlich in den Verkauf. Der Bembel ist nun fertig für den kühlen Apfelwein, aber auch viele, viele andere Teller, Schalen, Schüsseln und Gefäße haben den Weg durch das Feuer gut überstanden, haben sich sogar glänzend und in leuchtenden Farben zum echten Schmuckstück gewandelt. Der Kunde hat nun die angenehme Qual der Wahl, für sich seinen ganz persönlichen Favoriten zu erwählen. Viele Geschmäcker werden hier bedient und Ihrer ist ganz bestimmt mit dabei!

235

Knoblauchhähnchen mit Apfelwein

Keine Angst vor den vielen Knoblauchzehen. Sie fallen nach dem Garen viel milder aus. Dennoch sollten Sie keinen Zahnarzttermin am anderen Morgen besuchen müssen ...

Zutaten:
1 großes Hähnchen, Salz, schwarzer Pfeffer, Mehl, Olivenöl, 15 Knoblauchzehen, ½ l Apfelwein, 1 Bund Frühlingszwiebeln 1 Messerspitze Cayennepfeffer.

Zubereitung:
Das Hähnchen teilen und die Haut entfernen. Die Stücke salzen, pfeffern und in Mehl wenden. Das Olivenöl in einem Bräter erhitzen. Die Hähnchenteile darin rundum kräftig anbraten und herausnehmen. Die Knoblauchzehen schälen und im Bratfett goldgelb andünsten. Die Geflügelteile möglichst nebeneinander wieder in den Bräter legen. Mit dem Apfelwein aufgießen und zugedeckt bei schwacher Hitze etwa 40 Minuten ziehenlassen.

Die Zwiebeln putzen, waschen und nach etwa 25 Minuten in den Bräter legen. Das Hähnchen und die Zwiebeln herausnehmen und warm stellen. Die Sauce im offenen Topf einkochen lassen. Mit Salz, Pfeffer und dem Cayennepfeffer würzen.

Die Hähnchenteile auf eine Platte legen, mit der Sauce übergießen und mit den Frühlingszwiebeln umlegen. Dazu passen Butternudeln.

Schweinegeschnetzeltes in Apfelwein – Balsamico – Sauce

Zutaten:
1 Schweinefilet, 2 Zwiebeln, 200 ml Apfelwein, 2 El Aceto Balsamico, 100 ml Sahne, 1 Bd. Gehackte Petersilie, Butter, Öl, Zucker, Salz, Pfeffer.

Marinade:
500 ml Apfelwein, Pfefferkörner, etwas gehackten Majoran, Zwiebelringe (halbe Zwiebel), 1 Tl Zucker.

Zubereitung:
Schweinefilet in Scheiben schneiden und weiter zu Geschnetzeltem zerteilen. In der Apfelweinmarinade über Nacht marinieren. Am nächsten Tag eine Pfanne mit etwas Butter und Öl erhitzen. Filetstücke aus der Marinade nehmen, etwas abtropfen lassen und in der Pfanne bei guter Hitze kurz Farbe nehmen lassen. Dann die in Ringe geschnittenen Zwiebeln zufügen und weiter schmoren. Hitze zurückdrehen. Mit Apfelwein ablöschen. Sahne und Balsamessig zugeben und langsam offen köcheln lassen. Nach ca. 10 Minuten die gehackte Petersilie zufügen, mit Pfeffer, Salz und etwas Zucker abschmecken. Dazu passen Parmesan-Stampfkartoffeln und ein grüner Salat.

Parmesan — Stampfkartoffeln

Zutaten:

1 kg halbfest bis mehlig kochende Kartoffeln, Muskatnuss, Pfeffer, Salz, ca. 50-80 g frisch geriebenen Parmesankäse, 50 g Butter in Flöckchen, 150 ml erhitzte Sahne.

Zubereitung:

Kartoffeln schälen und in wenig Salzwasser gar kochen. Wasser abschütten. Mit dem Kartoffelstampfer zerdrücken. Nun die warme Sahne zugeben und kräftig durchrühren, dass es zwar geschmeidig aber nicht zum Püree wird. Muskatnuss reiben, pfeffern und salzen. Butterflöckchen unterziehen. Zum Schluss den geriebenen Parmesan unterziehen. Direkt servieren.

Marinierter Harzer Käse im Tontopf

Im Keramiktopf hält sich der Käse besonders gut frisch und aromatisch

1-2 Packungen Harzer Käse in Scheiben schneiden. 3-4 Schalotten schälen und in feine Ringe schneiden. Zu dem Käse in den Tontopf geben. Mit Apfelwein und Rapsöl zu gleichen Teilen aufgießen, bis der Käse bedeckt ist. Mit Salz, schwarzem Pfeffer und einer Prise Zucker abschmecken. Abdecken und im Kühlschrank durchziehen lassen.

Am besten schmeckt der marinierte Käse nach 2 Tagen mit herzhaftem Sauerteigbrot und frischer Butter. Dazu trinkt man gerne einen kühlen Apfelwein.

Topfgucker unterwegs

TIPP

Das ganze Jahr ist Keramikzeit in Adendorf. Zum graublauen Eldorado für Keramikfreunde und solche, die es werden wollen, gehören die Töpfertage immer am 2. Wochenende im Oktober. Samstag und Sonntag sind alle Werkstätten geöffnet. Besucher können sich selbst an der Töpferscheibe probieren, Rohstoff und Weiterverarbeitung hautnah kennen lernen, natürlich schöne Produkte erwerben und es sich sogar auch mit Essen und Trinken gut gehen lassen. Von 10.00 – 18.00 Uhr dreht sich alles um Adendorfer Keramik. Drehen Sie mit!

www.adendorfer-toepfergemeinschaft.de

Der erste Eindruck von der Straße wirkt fast etwas unscheinbar. Das Haus reiht sich brav in die Töpferstraße ein und es zeugt ein wenig von „Understatement", liest man dann die Karte, die sich außen an der Türe befindet. Spätestens jetzt ist dem Besucher bewusst, dass er es hier mit einem äußerst passionierten Koch zu tun hat. Die Angebote lesen sich so lecker und geleiten uns hinein, wo die Wände Erdtöne in warmem Rot und Terracotta atmen. Eine heitere, leichte Stimmung, die sich auf den Tischen fortsetzt, wo roter Mohn und weißer Schneeball aus Vasen fließen und üppige Stillleben malen.

Seit 1983 führen Astrid und Herbert Jungbluth ihr Restaurant. Der „Kräutergarten" war geboren und begleitet bis heute nicht nur Herbert Jungbluth in der Küche, sondern auch den Gast bei schönem Wetter open air. Kräuter und Gewürze gehören zu den unverzichtbaren Küchenakteuren, mit denen Herbert Jungbluth und sein dreiköpfiges Küchenteam leicht und aromenreich die kulinarische Bühne bespielen. Die Harmonie der Speisen in Geschmack und Optik stehen für ihn und seine Frau Astrid im Mittelpunkt. Zu Beginn ihrer Selbständigkeit bildete dabei die klassische französische Küche die Basis. Mittlerweile inspirieren aber auch mediterrane Einflüsse und Aspekte aus der Cross Culture Küche.

Erfreulich empfinden Feinschmecker die Tatsache, dass Innereien in Jungbluths Küche kein Schattendasein fristen. Ganz im Gegenteil gehören Gänseleber gebraten oder als Terrine zu den Klassikern der Küche. Lauwarm marinierter Kalbskopf und gebackenes Kalbsbries auf Linsen und Perlzwiebeln mit Sherryessig lassen wie Arme Ritter mit gebratener Gänsestopfleber und Rhabarber des Gourmets Wasser im Munde zusammenlaufen.

Die Speisen im Kräutergarten sind immer frisch und werden ganz saisonal verarbeitet. Außergewöhnlich ist die Möglichkeit, aus allen Angeboten individuell ein Drei- oder Vier-Gänge-Menü zusammenzustellen. Eine schöne Freiheit, wie wir meinen. Die Weinkarte mit ihren rund 250 Positionen lässt dabei kaum Wünsche offen. Gewächse aus Deutschland wie auch dem Bordeaux bilden hier zwei Schwerpunktregionen.

Wenn in Adendorf die Tage länger werden und damit auch die Gartensaison sich einläutet, hat der Gast die Wahl zwischen dem hübschen Restaurant oder dem von Blüten, Kräutern und südlichen Gewächsen umrankten Gartenhof. Wie im Restaurant finden sich hier 40 Plätze. Durch die Blume lassen sich dann vortrefflich die lauen Abende

genießen – bei leichter, aromareicher Sommerküche, einem kühlen Glas Wein und dem warmen Schein der Windlichter fühlt man sich glücklich, plaudert und schmeckt, trinkt und lächelt zufrieden. Eben so, wie wenn man sein Salz in der Suppe gefunden hat!

Türmchen von Blattspinat und Parmesantalern mit schwarzen Trüffeln

Zutaten:
1 kg Blattspinat, 1 l Sahne, 1 El Mehlbutter, Parmesankäse.

Zubereitung des Blattspinats:
Blattspinat waschen und blanchieren. Vorbereiteter Blattspinat mit Salz, Pfeffer und Butter erwärmen.

Zubereitung für 8 Parmesantaler:
Parmesan auf der Küchenreibe fein raspeln. Jeweils ca. 1 El mit einem 6 cm Backring auf Backpapier in Form bringen. Ring abziehen. Bei ca. 180° C im Ofen, max. 7 Minuten backen. Nur gold gelb werden lassen.

Zubereitung der weißen Trüffelsauce:
Sahne und Mehlbutter aufkochen. Mit Salz, weißem Pfeffer und Muskat würzen. Mit 125 g Trüffelbutter und 125 g Butter im Mixer aufschlagen.

Türmchen aus Parmesantaler und Spinat bauen. Mit weißer Trüffelsauce übergießen. Trüffel (1 Stck. ca. 30 g) überhobeln.

Dieses Gericht ist für 4 Personen.

Currysuppe

Zutaten:
$\frac{1}{2}$ l Geflügelfond, $\frac{1}{2}$ l Sahne, $\frac{1}{4}$ l Weißwein, 1 El Zitronensaft, 1 Banane, 1 Stck. Ananas, 1 Stck. Mango, 1 El Butter, 3 El Curry, 125 g eiskalte Butter.

Zubereitung:
Butter zerlassen, Früchte anschwitzen, Curry kurz mitrösten. Mit Brühe und Sahne aufkochen. Mit Zitrone, Weißwein, Salz, Pfeffer abschmecken, dann ca. 10 Minuten einkochen. Anschließend im Mixer mit der eiskalten Butter aufmixen, mit Schlagsahne verfeinern und dann servieren.

GASTHAUS
Kräutergarten
Astrid und Herbert Jungbluth

Töpferstraße 30
53343 Wachtberg-Adendorf
Tel.: 02225-75 78 – Fax: 02225-70 28 01

Öffnungszeiten:
Dienstag – Samstag: ab 18.00 Uhr
Sonntag: 12.00 – 18.00 Uhr

Goldfund in Meckenheim

Zum Schürfen genügen Löffel oder Zeigefinger

Das Frühjahr gehört zu den schönsten Jahreszeiten in der Region Meckenheim. Zwischen Wiesen und Feldern ergießen sich weiße und zartrosa Blütenteppiche, die über sanfte Hügel schwappen, als hätte Frau Holle ganz besonders duftige Federkissen aufgeschüttelt. Eine wahre Bienen- wie Augenweide gleichermaßen, wenn sich die Sonne am Himmel auf ebenso weiße wie flauschige Schönwetterwölkchen niederlässt und den Reihen blühender Obstbäume nachschaut. Manchmal kitzelt der hohle Zahn der über 1000 Jahre alten Tomburg das blauweiße Firmament.

Auf einem 313 m hohen Basaltkegel thronen die Reste dieser einst stolzen Burg mit spannender Geschichte. Weit schaut der Blick von dort oben hinunter in das Meckenheimer Land und wen nicht nur das Auge, sondern auch die Geschmacksknospen leiten, der wird durch die Spalierreihen der Obstbäume und den Feldern der Zuckerrüben entlang wandern, die Hügel hinab zu einem Ort, wo süßer Sirup wie Gold fließt. Fast kommt einem wieder Frau Holle in den Sinn und das Märchen von der Gold- und der Pechmarie. „Ohne Fleiß kein Preis" passt auch hier gut in die Erfolgsgeschichte, die sich seit über 100 Jahren in die Region verwurzelt hat. Golden ist der Lohn dafür und was für ein Pech, wenn Sie die leckeren Produkte der Grafschafter Krautfabrik noch nicht probiert haben sollten....

Vom roten Stein zum flüssigen Gold

Die Tomburg, das Wahrzeichen der Gegend ist auch nicht von den Etiketten der berühmten gelben Töpfchen wegzudenken, die sich von der einst pfiffigen Verpackungsidee zum echten Klassiker entwickelt haben. Mit den Jahren hat sich die Produktpalette der Grafschafter Krautfabrik genüsslich erweitert, doch das Rübenkraut, der Grafschafter Goldsaft, stellt noch immer den bekanntesten und traditionsreichsten Vertreter der süßen Brotaufstrich-Spezialitäten dar. Begonnen hat die ganze Unternehmensgeschichte nicht in einer Küche, wie man schnell geneigt ist zu denken, sondern in einer Ziegelbrennerei. Zu Anfang stand dem Landwirt und Posthalter Josef Schmitz der Sinn noch nicht nach goldenem Rübenkraut, sondern rotem Lehmziegel, der sich aus eigenen Lehmvorkommen produzieren ließ. 1893 gründete er seine Feldbrandziegelei. Ein pfiffiger Landwirt und guter Geschäftsmann muss er schon damals gewesen sein, denn die Überlegung, seine Mitarbeiter auch im Winter besser beschäftigen zu können, sowie die bessere Verwertung eigener Zuckerrüben voranzutreiben, brachten ihn 1904 auf die Idee, eine Rübenkrautproduktion aufzubauen. 1920 gab es im damaligen Deutschen Reich über 500 Rübenkrautfabriken, was die Bedeutung dieses Nahrungsmittels zu dieser Zeit bereits aufzeigt.

1932 übernahm Josef Schmitz´ Sohn Albert die Firma, die wie durch ein Wunder nicht von dem verheerenden Luftangriff in den letzten Kriegstagen heimgesucht wurde. So konnte schon früh wieder die Ziegelproduktion angeheizt und somit auch der Wiederaufbau Meckenheims tatkräftig unterstützt werden. Die Jahrzehnte vergingen und die Rübenkrautproduktion verzeichnete einen stetigen Zuwachs. Neue Verarbeitungstechniken und eine Vergrößerung der Produktionsanlagen folgten. Heute wird schon lange kein Ziegel mehr aus dem Ofen geholt – das Grafschafter Gold fließt dafür. Gestern wie heute ist die Grafschafter Krautfabrik ein Betrieb, dessen Wurzeln zur Region stark und lebendig sind und noch immer ein reines Familienunternehmen, das sich nicht nur der Qualität, sondern auch Meckenheim verpflichtet fühlt.

Süßes Erbe

Grafschafter Goldsaft ist eine echte rheinische Spezialität. Die Zuckerrübe als Rohprodukt hat eine über 2000jährige Geschichte. Den Griechen wie Römern war sie wohlbekannt und schon der römische Feinschmecker Apicius würdigt sie um 222 n. C. in seinem Kochbuch.

In unseren Breiten erhält die Rübe ab dem Mittelalter stärkere Verwendung, wo sie in Klöstern zu Sirup verarbeitet wird. Im Jahre 1801 entsteht die erste Krautfabrik in Schlesien.

Im Rheinland, der Wiege der deutschen Krautkochkunst, wird aus der Rübe Sirup produziert und vom Volksmund Rübenkraut genannt. In dreijähriger Fruchtfolge wird sie angebaut, wobei die Aussaat von März bis April erfolgt, die Ernte dann im September beginnt und bis Ende November dauert. Mit Beginn der Ernte startet auch die Rübenkampagne, wo jeder Mitarbeiter und jede helfende Hand gebraucht wird.

Streichzarter Verwandlungskünstler

Ein echter Pfundskerl ist sie, die Zuckerrübe. Frisch geerntet, wird sie von rund 200 Vertragslandwirten aus dem Meckenheimer Raum angeliefert. An der Rübenannahme wird gewogen, der Zuckergehalt (zwischen 16 und 19 %) bestimmt und über Transportbänder wie den Steinfänger, größere Erd und Steinrückstände aussortiert. Der Schmutzschätzer berücksichtigt den Schmutzanteil. Zucker, Gewicht und Schmutzanteil sind wichtig bei der späteren Abrechnung mit den Erzeugern. Seit rund 10 Jahren entsteht Grafschafter Rüben- und Apfelkraut aus rein biologischem Anbau. Partner sind die Bio-Marken demeter, bioland und naturland.

Über Laufbänder geht es anschließend zum großen Lagerplatz. Die Lagerzeit wird so kurz wie möglich gehalten, denn mit der Ernte reduziert sich langsam aber stetig der Zuckergehalt. Berge von Zuckerrüben türmen sich nun auf dem Firmengelände. Jede einzelne muss früher oder später durch die

Wäsche, wo sie gründlich gesäubert wird. Im Rübenbunker verweilt sie, bis die Schneidemaschine ihr zu Leibe rückt und sie zu fingergroßen Schnitzen zerkleinert. Über die Rübenmaische gelangen die Teile dann in die Kochanlage, wo sie bei 105° C rund 12-13 Stunden kochen. Jetzt muss aus dem Rübenbrei der Rohsaft gepresst werden. Die Rübenrückstände werden später noch als Viehfutter verbraucht und damit die Frucht zu 100 % verwertet. Ist der Rübenbrei erst einmal ausgepresst, kommt der Rohsaft geflossen. Dieser goldbraune Saft wird nach einer Reinigung der Verdampfanlage zugeführt. Unter Vakuum entzieht die Maschine schonend Wasser, bis ein Trockensubstanzgehalt von 78 % erreicht ist. Erst jetzt ist der Zuckerrübensirup fertig und kann geschmeidig in Spender oder Töpfchen fließen. Viel Eisen, Magnesium und Calcium machen den Goldsaft zum Teil einer vollwertigen natürlichen Ernährung.

Fruchtige Verwandtschaft

Auch die Obstkrautsorten wie das Grafschafter Apfelkraut werden durchweg aus frischen Früchten aus heimischem Anbau besonders qualitätsschonend hergestellt. Der Fruchteinsatz bei Apfelkraut ist unvergleichlich höher als bei jedem anderen Brotaufstrich. Neben dem fruchtigen Apfelkraut, gehören noch der Birnenschmaus, das Pflaumenmus und der Grafschafter Winterzauber mit Rosinen, Zimt und Vanille zur Früchte-Produktfamilie.

Und da schließt sich der Kreis, wo sich Frau Holle den winterlichen Wolkenkissen, statt den frühlingshaften Blütenflocken widmet. Grafschafter Goldsaft und auch das Apfelkraut sind in der Herstellung wahre Saisonkünstler, die im Herbst nicht nur die Maschinen, sondern auch Hände und Wangen der vielen Helfer arbeitsam erhitzen. Genießen kann man sie jedoch das ganze Jahr über und wer meint, man könne sie nur aufs Brot streichen, der sieht sich spätestens nach den folgenden Rezepten ganz schön „angeschmiert"!

Rheinischer Jägerbraten

Zutaten:
1,2 kg Rindfleisch aus der Hüfte, Salz, Pfeffer.

Marinade:
1 Zwiebel, 2 Zweige Thymian, 1 El Wacholderbeeren, 2 Lorbeerblätter, 1 El Pfefferkörner, 1 l Rotwein, 4 El Grafschafter Birnenschmaus.

weiterhin:
2-3 El Butterschmalz, 150 g durchwachsener, geräucherter Speck, 2-3 El Obstessig, 1-2 El Grafschafter Birnenschmaus, Speisestärke zum Binden, Kerbel zum Garnieren

Zubereitung:
Das Rindfleisch salzen und pfeffern und in eine Schüssel geben. Die Zwiebel schälen und fein würfeln. Mit dem gehackten Thymian, den Wacholderbeeren, den Lorbeerblättern, den Pfefferkörnern, dem Rotwein und dem Birnenschmaus in einem Topf aufkochen. Die Marinade vom Herd nehmen, leicht erkalten lassen, über das Fleisch gießen und zugedeckt im Kühlschrank 2-3 Tage ziehen lassen. Das Fleisch aus der Marinade nehmen und trocken tupfen. Das Butterschmalz in einem Bräter erhitzen und das Fleisch darin rundherum Farbe nehmen lassen. Die Speckscheiben auf das Fleisch legen. Die Marinade angießen, den Braten im gut vorgeheizten Backofen bei 180-200° C 1 ½–2 Stunden garen.

Nach Garzeitende den Braten herausnehmen, aufschneiden und warm stellen. Die Sauce einmal aufkochen lassen, mit Obstessig und Birnenschmaus aromatisieren, mit Salz und Pfeffer abrunden und mit Speisestärke binden. Das Fleisch anrichten, mit der Sauce überziehen und mit Kerbel ausgarnieren. Dazu passen Austernpilze, Kartoffelplätzchen und Apfelrotkraut.

Süß–saure Rouladen

Zutaten:

100 g Backobst (z. B. Pflaumen), ¹/₈ l Rotwein-
essig, ¹/₈ l Wasser, 100 g durchwachsener Speck,
2 El (50 g) Grafschafter Goldsaft Zuckerrübensirup, ¹/₂ Tl getrockneter Thymian 4 Rinderrouladen aus der Keule (à 150 g), 1 Becher (150 g)
Crème fraiche, je 1 Prise Salbei und Rosmarin,
1 El Madeira, Meersalz, Pfeffer aus der Mühle.

Zubereitung:

Backobst waschen und am besten über Nacht in
Essigwasser einweichen. Obst herausnehmen, abtropfen lassen (Flüssigkeit auffangen) und würfeln. Speck würfeln und in einer Pfanne auslassen.
Speckwürfel herausnehmen und auf Küchenkrepp
abtropfen lassen. Speck mit Zuckerrübensirup und
Backobst mischen. Alles mit Pfeffer und Thymian
abschmecken.

Rouladen kalt waschen, abtrocknen und mit
Pfeffer bestreuen. Speckmasse auf den Rouladen
verteilen. Aufrollen und mit Holzspießchen feststecken. Rouladen im verbleibenden Speckfett
rundherum braun anbraten. Mit der Hälfte des
Einweichwassers ablöschen und zugedeckt etwa
45-60 Minuten schmoren lassen. Nach Bedarf
restliches Einweichwasser nach und nach zugießen.

Fertige Rouladen warm stellen. Für die Soße
Crème fraîche in den Bratenfond rühren und dicklich einkochen lassen. Mit Salbei, Rosmarin,
Madeira, Salz und Zuckerrübensirup abschmecken. Fleisch und Soße auf vorgewärmtem Geschirr
anrichten. Dazu passen Salzkartoffeln und Rotkohl.

Meckenheimer Lebkuchen

Zutaten:

450 g Grafschafter Goldsaft Zuckerrübensirup,
150 g Butter, abgeriebene Schale einer Zitrone,
2 El Kakao, 150 g grob gehackte Haselnüsse,
100 g Roggenmehl, 100 g Hafermehl, 300 g Weizenvollkornmehl, 1 Pck. Backpulver, 4 El Rum,
6-8 El Honigwasser zum Bestreichen, halbierte
Mandeln zum Belegen

Zubereitung:

Grafschafter Goldsaft mit Butter erwärmen, auflösen und wieder abkühlen lassen. Mit Zitronenschale und Kakao mischen, Nüsse unterrühren, mit Backpulver vermischtes Mehl und Rum zugeben. Teig glatt kneten und ruhen lassen. Dann in drei Portionen $^3/_4$ cm dick ausrollen und Sterne, Herzen oder Lebkuchen ausstechen. Auf das Backblech legen und mit Honigwasser bestreichen. Ca. 15 Minuten bei 180° C backen.

TIPP

Die Grafschafter Krautfabrik-Produkte, als regionaltypische Spezialität, werden bundesweit in vielen Einzelhandelsgeschäften angeboten. Wer aber einmal in der Meckenheimer Gegend sein sollte, der kann sich auch in der Krautfabrik selbst mit den leckeren Brotaufstrichen eindecken. Die gesamte Produktpalette, wozu auch noch nicht erwähnter Karamelsirup gehört, wird dort zum Kauf angeboten. Darüber hinaus gibt es ein spezielles Probierköfferchen, das auch eine hübsche Geschenkidee darstellt. Wer sich mit den Rezepten rund um süße „Kraut und Rüben" intensiver beschäftigen will, für den gibt es kostenfrei zu beziehende Rezeptheftchen und auch kostengünstige, bebilderte Rezeptbücher. Starten Sie doch schon einmal mit den hier präsentierten „Grafschafter Rezepten".

Grafschafter Krautfabrik – Josef Schmitz KG
Wormersdorfer Str. 22-26,
53340 Meckenheim
Tel.: 02225/9 19 00
Fax: 02225/1 50 16
www.grafschafter.de

Rheinischer Pudding mit Rübenkraut—Zabaione

Zutaten:

1 El Rosinen, 1 El gehackte Mandeln, 1 El Orangeade, 2 cl Rum, 40 g weiche Butter, 40 g Zucker,
3 Eier (M), 1 Prise Salz, je 1 Messerspitze Zimt,
gemahlene Nelken, Kakao, 1-2 El Mehl, 2 Eigelb, 2 El Grafschafter Goldsaft Zuckerrübensirup,
100 ml Riesling, 20 g Mandelblätter angeröstet,
Puderzucker, Kakaopulver.

Zubereitung:

Backofen auf 200° C vorheizen. Rosinen, Mandeln und Orangeade mit Rum marinieren. Weiche Butter und die Hälfte des Zuckers mit dem Mixer schaumig schlagen, 2 Eier trennen, Eigelbe unter die Butter rühren. Beide Eiweiße mit dem restlichen Zucker und einer Prise Salz schaumig schlagen. Eischnee unter die Buttermasse heben. Gewürze und abgetropfte Früchte zugeben und Mehl vorsichtig unterheben.

Puddingmasse in gebutterte und mit Zucker ausgestreute Gugelhupfförmchen einfüllen und in einem Wasserbad von 2 cm Höhe bei 200° C im Backofen ca. 20 bis 25 Minuten backen. (Den Backofen während des Garens nicht öffnen!). 2 Eigelb mit restlichem Ei verrühren, Zuckerrübensirup (Rübenkraut) zugeben und schaumig schlagen. In ein heißes Wasserbad stellen und Wein ganz langsam unter ständigem Rühren hineingeben bis eine dickliche Sauce entstanden ist.

Zabaione in die Tellermitte geben, Pudding vorsichtig aus der Form stürzen und in die Mitte der Zabaione setzen. Mit gerösteten Mandelblättern, Puderzucker und Kakaopulver bestreuen.

Den Sommer im Glas

ULRICHS FRUCHTWEINE UND SCHAUMWEINE SIND PURES FRUCHTVERGNÜGEN

Einer von vielen Orten in der Gemeinde Grafschaft ist Holzweiler, vielen bekannt durch seine große Sauna- und Wellnessoase der Panorama-Sauna Holzweiler. Gesundheit und Wohlbefinden werden hier zur Anlaufstelle vieler Gäste aus nah und fern. Gar nicht weit davon widmet sich ein ganz anderer Betrieb sprichwörtlich der Herstellung von gesunden Produkten, vorausgesetzt sie werden wie so Vieles in Maßen genossen. So besteht kaum Zweifel daran, dass sich nach dem ersten oder zweiten Glas der aromatischen Getränke auch angenehmes Wohlbefinden einstellt. Die Macht der Früchte und des Alkohols sind es, die mit der Zeit ein zufriedenes Lächeln in das Gesicht zeichnen, die Zunge lockern, den Gaumen umspielen und mit der Welt versöhnen. Johannisbeerrot sieht dann alles aus. Die Erde wird zum rotbackigen Apfel und in der Brust spürt man ein Pochen, als wären es die Schläge einer prallen süßen Herzkirsche!

Die Rede ist von den fruchtigen Obstweinen und Schaumweinen des Obsthof der Familie Ulrich.

Der flüssige Obstkorb

Vor dem Fachwerkhaus mit den blühenden Blumen am Fenster steht eine mächtige Kastanie, die sich gut als Wegmarkierung nutzen lässt. Zu schnell ist man an der Vettelhovener Strasse 87 mit dem Pkw vorbei. Zu schade eben, denn im schmucken Hofladen im Innenhof des Gebäudes erwarten den Besucher eine bunte Auswahl an Edelbränden, Likören, Weinen, Wurst-, Obst-, Honig-, Senf-, und Öl- und Essigprodukten. Manches kommt aus befreundeten Betrieben oder wird aus den fruchtigen Rohprodukten des Hofs verfeinert und veredelt. Eine Palette von saisonalem Frischobst und sogar eine eigene Putenhaltung runden das Hofangebot ab. Die Weine und Schaumweine sind dabei Norbert Ulrichs Leidenschaft. Eine Passion, die sich über lange Zeit entwickelt hat.

Vor rund 17 Jahren, so erzählt uns der gelernte Gärtnermeister im Obstbau, hat alles mit dem ersten Johannisbeerwein angefangen. Wie viele Betriebe in der Gegend, lebte auch dieser Hof als Mischbetrieb von Landwirtschaft und Obst-/Gemüseanbau. 1977 wurden dann durch Norbert Ulrich die ersten Obstanlagen gepflanzt, die auch den Start in Richtung Obst bezeichnen. Bis dato war hauptsächlich nur das benachbarte Gelsdorf für Obstanbau bekannt. Eine Tatsache, die sich nicht nur in Holzweiler mit der Zeit ändern sollte. Ulrichs widmeten sich in erster Linie vier Obstsorten, die sich aus Apfel, Zwetschge, Johannisbeer und Kirsche zusammensetzten. Auf den mittlerweile rund 4 ha Anbaufläche gedeihen sie in harmonischer Eintracht, werden im integriert-kontrollierten Anbau umweltschonend und naturnah behandelt und geerntet. Die anfängliche Konzentration auf Frischobstlieferung änderte sich im Laufe der Zeit. Preisverfall und Obstimporte aus dem Ausland sorgten dafür, dass es den heimischen Obstbauern immer schwerer fiel, wirtschaftlich mithalten zu können. Ulrichs hatten den Frischobstverkauf nicht aufgegeben, aber rechtzeitig die Zeichen der Zeit erkannt und sich mehr und mehr

mit der Fruchtsaftbereitung beschäftigt. Gute Fruchtsäfte sind die Basis für seine aromareichen Fruchtweine, die er teilweise sortenrein ausbaut. Wer hat schon einen Apfelwein vom Cox oder Gloster probiert? Trocken oder lieblich baut er viele seiner Weine aus. Sie besitzen intensives Aroma und sind das Ergebnis einer konsequenten Auswahl der jeweiligen Obstsorten. Alleine 12 Sorten Zwetschgen befinden sich bei Ulrichs im Anbau, über deren Fruchtgrößen wir nur staunen können. Gibt es doch eine Bandbreite, die sich von kleinen runden Zwetschgen bis hin zu apfelgroßen Fruchtvertretern zieht. Die Zwetschge ist sowieso der Favorit unter den diversen Weinen und wurde sogar durch eine Versektung des Grundweins „geadelt". Der außergewöhnlich heiße Sommer in 2003 brachte nicht nur bei den Weintraubenwinzern erstaunliche Ergebnisse im Oechslegewicht. Auch Ulrichs Zwetschgen erreichten durch lange Reifung eine regelrechte Ausnahme im natürlichen Zuckergehalt von 115° C. Beerenauslesen-Charakter!

Verlockung der Sinne

Für den passionierten Obstbauern sind solche Erlebnisse Höhepunkte in seinem Schaffen. Gerne tüftelt er an neuen Kreationen, freut sich jedes Jahr über die neuen Weine, probiert und schenkt den Kunden nur zu gerne eine Kostprobe seiner Erzeugnisse ein. Unser Favorit ist der Zwetschgensekt, dessen Duft alleine schon die Nase an den Glasrand fesselt. Ein wunderbarer Aperitif und Begleiter zu einem fruchtbetonten Dessert, aber auch ein Fruchtsekt, der sich einfach nur so nach Lust und Laune genießen lässt. Manche Fruchtweine haben die Fülle eines Südweins oder erinnern in ihrer Intensität durchaus an Port oder Sherry.

Ein Geschenk der Natur

Der Tisch in Ulrichs vollgefülltem Hofladen ist mit Probierflaschen und Gläsern gut bestückt. Schöne Rottöne von Johannisbeer und Kirsch, rötlichbraune Zwetsche und goldener Apfel schimmern im Glas, warten darauf, probiert und getrunken zu werden oder aber auch als Teil eines kulinarischen Geschenks den Hof zu verlassen. Hier liegt Ulrichs weitere Stärke. Hofladenprodukte werden in attraktiven Körben und Kisten mit Bändern und anderen Dekorationen verziert, zu hübschen Präsenten, die neben dem Gaumen auch das Auge erfreuen. Hier schließt sich der fruchtige Kreis. Ulrichs sorgen dafür, dass sich in ansprechender Verpackung auch ein erstklassiges Naturprodukt befindet. Qualität und nur die Wahl vollreifer gesunder Früchte sind für ihn maßgebend. Daraus geschehen dann die Liköre, Konfitüren, Weine und Schaumwein, die alle den Sommer in Glas und Flasche nochmals erleben lassen. Ein bisschen Zeit sollte der Interessierte bei einem Besuch schon mitbringen, denn es kann durchaus sein, dass der Herr über Zwetschge & Co. den Geist aus der Flasche entweichen lässt und das Probierglas wie von selbst sich füllt!

Ulrichs Waldmeisterbowle mit Apfelwein und Apfelsekt

Zutaten:
2 Bündel Waldmeister frisch oder getrocknet, einige Blätter der schwarzen Johannisbeere, Walderdbeere und Pfefferminze, 50-100 g Zucker, 4 P Vanillezucker, 4 Flaschen Apfelwein à 0,75 l, Zitronensaft von 2 Zitronen, 2 Flaschen Apfelsekt (Flaschengärung) à 0,75 l.

Zubereitung:
Waldmeister und Kräuter zu einem Sträusschen zusammenbinden oder in ein großes Teeei geben. Die Sträuße oder das Teeei in ein Bowlegefäß hängen mit Apfelwein auffüllen, mit dem Zucker und Vanillezucker süßen und im Kühlschrank kaltstellen. Je länger der Waldmeister und die Kräuter ziehen, desto intensiver wird der Geschmack, aber nicht länger als 1 bis 1$\frac{1}{2}$ Std.

Die Kräuter werden entfernt und kurz vor dem servieren wird die Bowle mit Apfelsekt verfeinert. Wer die Bowle gerne sehr kühl und aromatisch mag, sollte sie mit Wasser-Pfirsichlikör-Eiswürfeln servieren.

Pfirsichlikör und Wasser $\frac{1}{4}$ mischen, gefrieren und als Eiswürfel ins Glas hinzugeben. Die Angaben beziehen sich auf 5 Liter.

Zwetschgen-Glühwein im Winterkleid

Zutaten:
6 Flaschen à 0,75 Liter Zwetschenwein, 2 Flaschen à 0,75 Liter Zwetschgensaft, 2 Liter eingelegte Zwetschgen in Rum und Kandiszucker, 2 Liter Orangensaft frisch gepresst, 1 l Rum, 8 Stangen Zimt, 500 g Zucker, 25 Gewürznelken Zitronensaft von 8 Zitronen.

Zubereitung:
Zwetschgen im Rumtopf, Zimtstangen, Gewürznelken, Zucker und 2 l Wasser kurz aufkochen, Flüssigkeit mixen, Temperatur auf 70° C absenken und den Rest der Zutaten hinzugeben.

Kurz vor dem servieren zu einem Becher Glühwein 1 Teelöffel Kandiszucker hinzugeben, 1 Sahnehäubchen darauf und mit Zimtpulver bestäuben.

Die Angaben beziehen sich auf 13 Liter.

Topfgucker unterwegs

TIPP

Auf Wunsch kreiert Ihnen Waltraud Ulrich Geschenkkörbe mit den Produkten des Hofes: Schaumwein, Obstwein, Blumen, Säfte und mit Produkten der Region.

ULRICH´S BAUERNLÄDCHEN
Obstanbau & Geflügel

Vettelhovener Straße 87
53501 Grafschaft
Tel.: 02641-3 64 32

Öffnungszeiten:
Außer Mittwoch ab 14.00 Uhr

Pan auf dem Vulkan

Der Rodderberg verschafft südliche Gefühle wenn der Sommer die Landschaft erwärmt

Der Platz hätte das Zeug zu einem mythologischen Ort. Ein erloschener Vulkankrater, der linksrheinisch zum Strom hin die Blicke schweifen lässt. Die Wiesen fallen leicht ab und so eröffnet sich ein Panorama über das Siebengebirge, wo sich der Drachenfels, der Sagenberg, deutlich mit seinen Weinbergen zu Füßen absetzt. Legenden auch auf dieser Rheinseite, wo unweit des Aussichtspunktes, den wir erklommen haben, der Rolandsbogen von Rittertum Liebe und Vergänglichkeit erzählt. Selbst hier in unmittelbarer Nähe kommen leicht Bilder zutage, die Ähnlichkeit mit der griechischen Sagenwelt haben. Zwischen Hügelkuppen grasen Ziegenherden den mageren Rasen ab. Die Sonne erwärmt die Erde, die hier noch mehr als anderswo die Strahlen speichert.

Lässt man sich zur Rast nieder, hüpfen Heuschrecken davon. Irgendwo raschelt es und wer schnell ist, sieht noch den Schwanz der Eidechse, die sich in unentdeckte Bodenritzen flüchtet. Zypressenwolfsmilch wächst hier.

Wie passend der Name doch ist, um erneut die südliche Anmutung der Landschaft zu unterstreichen. Rosa farbene Karthäusernelken sprießen um unsere Köpfe, die auf dem trockenen kurzen Rasensaum ruhen und zum Himmel blicken. Ein großer Falter taumelt vorbei und verlässt die Szenerie, wo Ziegen grasen, sich am Himmel ein baldiges Gewitter ankündigt und die Luft warm und schwer auf dem Vulkankegel liegt. Der richtige Ort für einen Hirtengott am Rhein – die richtige Zeit, den Rodderberg, unweit von Niederbachem, einmal auf einem Rundweg zu erkunden.

Das Naturschutzgebiet Rodderberg wurde bereits 1927 durch die preußische Regierung errichtet und ist seitdem ein beliebtes Wander- und Naturerlebnisziel auf rund 73 ha Fläche. Das Gelände ist auf mehrere Weise außergewöhnlich. Der Berg selbst ist das Relikt eines Vulkans, der vor rund 26.000 Jahren zum letzten Mal Feuer und Asche spie. Er gehört zu den nördlichsten Vulkanvorkommen aus der Zeit, wo in der Eifel eine rege Vulkantätigkeit herrschte. Der nächste erloschene Vulkan ist der Laacher See, gar nicht so weit vom Rodderberg entfernt. Wesentlich näher, nur rund 500 m, trennen ihn vom Basaltkegel des Rolandsbogens, der allerdings aus einer älteren erdgeschichtlichen Periode stammt. Geologen sehen diese enge Verzahnung unterschiedlicher Vulkantätigkeiten auf engstem Raum als einzigartig in Mitteleuropa an.

Heute umfasst der Krater ein Gebiet von rund 800 m Durchmesser. Kraterhänge ziehen sich um ihn und umschlossen ursprünglich eine 50 m tiefe Senke. Die letzte Eiszeit füllte die Senke mit Lößmaterial auf 30 m an. Am Rodderberg wurde bis ins 20. Jh. Tuffstein abgebaut. Das leichte, verfestigte Lockergestein ist sehr porös und wurde als Baumaterial eingesetzt. Der verstärkte Abbau sorgte unter anderem für die Unterschutzstellung des Gebietes. Ein Teil der Gruben wurden wieder zugefüllt, die Nordgrube ist jedoch bis heute ersichtlich. Die geologische Eigenart des Gebietes ist auch der Grund für die weitere Besonderheit, die

sich in einer außergewöhnlichen Flora und Fauna darstellt. Der Tuff speichert die Wärme besonders gut, die im Rheintal höhere Werte als anderswo in Deutschland erzielt. Der Rodderberg wird somit zu einer Wärmeinsel, die für unsere Breiten seltene, eigentlich im Süden und Südosten Europas beheimatete Tiere und Pflanzen siedeln lässt. Viele Arten haben hier ihre nördlichste Verbreitung, zeigen sich unauffällig wie der Nelkenhafer oder aber leuchten gelb wie der Flügelginster. Beide sind Bewohner von Trockenrasen, einem Biotop, das nur dort entstehen kann, wo Wärme, Trockenheit und nährstoffarme Böden zusammenwirken.

Topfgucker unterwegs

TIPP

Der Rundweg
Beginnen Sie mit dem Spaziergang am Parkplatz im Westen, von Niederbachem kommend, an der Zufahrt zum Broichhof, der im Zentrum der Kratersenke liegt. Von dort dem ausgeschilderten Rundweg folgen. Hier erschließen sich alle geologischen wie biologischen Besonderheiten des Rodderberges. Auch ein Abstecher zum Rolandsbogen mit Einkehrmöglichkeit ist von hier aus möglich.
Ein verantwortungsbewusster Besuch, ohne Abfall, Pflücken von Pflanzen, offenes Feuer oder Zigaretten oder ohne freilaufende Hunde versteht sich in einem solchen Schutzgebiet von selbst.

Info: Rhein-Voreifel-Touristik e.V.
Rathausstraße 34 - 53343 Wachtberg
0228-9 54 41 00

Hier am Rodderberg, wo die Landschaft vielfach durch Viehweidung geprägt ist, entstehen Halbtrockenrasen. Die traditionsreiche Beweidung drängte den ursprünglichen Buchenwald zurück und schuf damit das Klima für die artenreiche Flora und Fauna. Auch heute noch ist die Beweidung ein Bild am Rodderberg. Zum einen unabdingbar, da sonst schnell Büsche und Bäume die Trocken- und Halbtrockenflächen verdrängen würden. Allerdings hat auch die Düngung durch Beweidung Folgen. Die Biosphäre ist empfindlich und viele Einwirkungen haben zuerst zwar unsichtbare, aber später doch eingreifende Veränderungen zur Folge.

Pfad für Entdecker

Heute ist der Rodderberg gut für Naturliebhaber und Wanderfreunde erschlossen. Ein Wegenetz überzieht den ehemaligen Vulkan, führt über einen Rundweg an den interessanten naturkundlichen und geologischen Punkten vorbei. Wer zur passenden Jahreszeit unterwegs ist, entdeckt auf seinem Spaziergang viele Arten von blühenden Pflanzen, die zum Teil an Steingärten erinnern.

Küchenschelle oder Mannstreu und diverse Flockenblumenarten gehören wie der Mauerpfeffer dazu. Letzterer besiedelt auch besonders gerne die Bruchsteinmauern und Steilhänge der Weinberge am Mittelrhein.

Wer Glück hat, dem begegnet ein Schwalbenschwanz, Rotwidderchen oder ein Wolfsmilchschwärmer. Ödlandheuschrecken hüpfen vor den Schritten in die Flucht und der Gesang von Goldammer, Gartengrasmücke oder der Heckenbraunelle begleiten den Weg des Besuchers.

Besonders interessante Haltepunkte bilden die beiden Aussichtspunkte von Heinrichsblick und Windkuppe. Beeindruckende Ausblicke auf das älteste Naturschutzgebiet Deutschlands, das Siebengebirge, lassen sich genießen. Von der Windkuppe erahnt der Wanderer bei klarer Sicht sogar den Kölner Dom.

Ein Herz für Teppiche

Das Naturschutzgebiet Rodderberg wird, auch wenn es der Besucher in der Regel nicht erahnen wird, einem stetigen Wirken und Einwirken des Landschaftschutzes der beteiligten Kommunen unterzogen. Schaf- und Ziegenherden beweiden gegen Verbuschung, Mähung erfolgt an bestimmten Orten, um die teils negativen Auswirkungen der Vergangenheit auszugleichen und die typischen Landschaftszonen wieder hervortreten zu lassen. Käthe Kümmel, eine rheinische Botanikerin, hat vor über 60 Jahren den Rodderberg besucht und „Teppiche" aus Mannstreu und Sonnenröschen, Pfeilginster und Zypressenwolfsmilch erblickt. Sie sollen wieder wachsen und zukünftig den Reiz dieser außergewöhnlichen Naturlandschaft noch erhöhen. Gäbe es einen rheinischen Hirtengott, er hätte seinen Freude daran!

Zwischen Rhein und Eifel

Historisch, fruchtbar und versteckt

GIELSDORF
IN DEN HÜGELN
DER VILLE
HAT VIELE BESUCHER
KOMMEN UND GEHEN
GESEHEN.

Unweit vor den Toren Bonns erhebt sich das weiche Hügelland der Ville, von alters her ein fruchtbares und mildes Land, wo schon zu römischen Zeiten Besiedlung nachzuweisen ist. Gielsdorf, ein kleiner Ort der heute zur Gemeinde Alfter zählt, schmiegt sich mit seinen engen Gässchen und den steilen Straßen, die auf die Höhe führen, wie ein in guter Erde gepflanzter Garten in den grünen Höhenrücken. Die Nähe zum römischen Castrum Bonnensis, die angenehme Lage und die Quelle des Mirbachs mögen schon damals eine bevorzugte Wohnstatt den römischen Bürgern am Rhein gewesen sein. Das jedenfalls bezeugen römische Münzfunde von sieben römischen Kaisern, die im Schatten der uralten Kirche von St. Jakobus zum Vorschein kamen.

Die sanft zum Rhein auslaufenden Hänge werden ihnen vielleicht schon damals ihren aus Italien so geliebten Wein geboten haben. Die lange Weinbautradition gedieh hier jedenfalls hinein bis ins 19. Jahrhundert, wo der Gielsdorfer Wein, ein samtig rotschimmernder Burgunder über den Ort hinaus bekannt war. Eine Kelter am Wegesrand, unweit der alten Kirche, überwuchernde aber noch erahnende terrassierte Hänge und auch die Höfe der noch erhaltenen Fachwerkhäuser lassen die Vorstellung an den Weinbau durchaus lebendig werden.

258

Ein feste Burg ist unser Gott

Im Ortskern von Gielsdorf zeugen die dicken Mauern der kleinen Kirche St. Jakobus von der kulturhistorischen Bedeutung. Auch nach den Römern muss hier die Besiedlung weiter geführt worden sein. Fränkische Gräberfunde aus dieser Zeit lassen dies erahnen. Der Turm und das Langhaus von St. Jakobus haben mit Mauerwerk aus mehr als zwei Metern Dicke einen durchaus wehrhaften Charakter, stehen trutzig in ihrer Masse aus Stein wie eine geduckte Burg über dem ansteigenden Ort. Im Laufe der Zeit mögen die Mauern viele Reisende kommen und gehen gesehen haben, denn Gielsdorf war und ist bis heute Pilgerstation auf dem Camino, dem Weg der Jakobspilger zum wichtigsten christlichen Pilgerort nach Jerusalem: Santiago de Compostela in Nordspanien.

Der Weg ist das Ziel

Die Jakobsmuschel ist das Zeichen von Pilger und Weg, der Pelegrinenumhang und der breitgekrempte Hut mit besagter Meeresschale das untrügliche Zeichen der Pilger, wie alte Aufzeichnungen und Bilder erzählen. Hier über Gielsdorf verlief der lange Pilgerweg, wozu Menschen aufbrachen, um über Bonn und Gielsdorf durch die Eifel in Richtung Trier und sodann durch Frankreich und Nordspanien bis zum Grab des Apostels fast am Ende der damals bekannten Welt zu pilgern. Die dem Apostel Jakobus geweihte Kirche in Gielsdorf erinnert durch manch alte Zeugnisse an den alten Pilgerweg. So zeigte die alte Kapelle, heute ein Seitenschiff der Kirche, einen zum Ende des 15. Jahrhunderts entstandenen Freskenzyklus mit Szenen der Jakobslegende. Und auch am Hochaltar sind Figuren der beiden Patrone Jakobus und Margaretha zu sehen, genauso wie eine hölzerne Statue von Jakobus mit dem Schwert, als Hinweis auf sein Martyrium, im Mittelgang des Gotteshauses. Vor wenigen Jahren wurde auch ein Bildstock mit

der Erscheinung eines historisch gekleideten Jakobspilgers nahe des Kirchplatzes aufgestellt. Früher wie heute ist der Jakobsweg ein Weg, der auch das Ziel bedeutet, dem man ganz oder in Etappen folgen kann und dabei vielleicht auch in Gielsdorf dann auf alte jakobäische Spuren trifft.

So hat Gielsdorf zwei große Traditionen, deren Wege sich hier kreuzen. Pilgerpfad und Gartengrund gediehen hier gut und gedeihen auch heute noch. Den Weinanbau hat die Reblaus zu großen Teilen im 19. Jh. vernichtet, der gute Boden ist allerdings geblieben. Statt Wein wurden danach Obst-, Blumen- und Gemüsefelder angelegt, die bis heute das Bild der Landschaft prägen. Reihen von Spargel oder bunten Salatsorten bilden eine Art Patchworkmuster, das durch Felder von Blumen, grünen Gemüsesorten und roten Erdbeeren farbig und fruchtig ergänzt wird. Ein von der Natur begünstigtes Fleckchen Erde ist die Ville, ein Garten, der nicht nur seine eigenen Bewohner schmackhaft ernährt!

Gemüsefelder bei Gielsdorf

261

Grüne Kräutersauce

Zutaten:
Je 150 g Joghurt, Saure Sahne und Crème fraîche. 2 Eigelb, 2 gekochte Eier, 1 El Senf, 4 Gewürzgurken, 1 Zwiebel, die berühmten „7 Kräuter": Borretsch, Kerbel, Petersilie, Pimpinelle, Sauerampfer, Schnittlauch, Zitronenmelisse, des Weiteren Salz, Pfeffer, Zucker, Zitronensaft.

Zubereitung:
Zu gleichen Teilen Joghurt, saure Sahne und Crème fraîche miteinander verrühren, 2 Eigelb unterziehen, 2 Knoblauchzehen ausgedrückt hinzufügen und mit einigen Spritzern Zitronensaft, Senf, weißem Pfeffer, Zucker und Salz abschmecken. 2 harte Eier fein hacken, Kräuter und Zwiebeln fein hacken. 4 Gewürzgurken fein würfeln und hinzufügen. Alles gut miteinander verrühren.

Schmeckt gut mit Salzkartoffeln oder zu kaltem Braten und Geflügel.

Scharfe Nudeln mit Tomaten

Zutaten:
Spaghetti oder andere Nudelsorten, Olivenöl, 4 reife aromatische Tomaten, 30 schwarze Oliven, 1 rote Peperoni, 1 El Oregano, 50 g Parmesan, etwas Butter, Salz.

Zubereitung:
Spaghetti in genügend Salzwasser „al dente" kochen. Für die Sauce 2 El Olivenöl erhitzen. Tomaten in Schnitze teilen und in das heiße Öl geben. 30 schwarze Oliven vom Stein befreien und in Stückchen schneiden. 1 Peperoni der Länge nach entzweischneiden, die Kerne entfernen, das Fleisch in feine Streifen schneiden. Oliven und Peperoni beigeben und mit Salz abschmecken. 15 Minuten köcheln lassen. Oregano darunter geben. Die Sauce mit zwei Gabeln unter die abgeschütteten Spaghetti mischen. Butter darüber geben. Zugedeckt 2 Minuten stehen lassen. Unmittelbar vor dem Servieren mit Parmesan bestreuen.

Lauchkuchen

Zutaten:

1,2 kg Lauch, 1 Zwiebel, Öl zum Anbraten, 3 Eier, ¹/₈ l saure Sahne, 2 gestrichene El Speisestärke, Muskat, Curry, Pfeffer, Salz, 100 g Käse zum Überbacken.

Mürbeteig:

300 g Mehl, 100 g Butter, 1 Ei, Salz, 2-3 El Wasser.

Zubereitung:

Alle Zutaten für den Teig mischen und zu einem geschmeidigen Mürbeteig verkneten. Bis er weiterverarbeitet wird in den Kühlschrank stellen.

Die Lauchstangen putzen, der Länge nach halbieren, gründlich waschen und in Stücke schneiden (es können sowohl die weißen Schäfte als auch die grünen Blätter verwendet werden). Die klein geschnittene Zwiebel in Öl glasig werden lassen, den gut abgetropften Lauch dazugeben und darin etwa 15 Min. andünsten. Mit Salz, Pfeffer und Curry würzen. Dann abkühlen lassen. Den Teig in eine Springform (29 cm Durchmesser) ausrollen und einen ca. 3 cm hohen Rand formen. Den Käse reiben. Die Eier mit der Speisestärke, der sauren Sahne, einem Teil des Käses und den Gewürzen verquirlen und mit dem Lauch mischen. Das Ganze in die Springform geben, mit dem restlichen Käse bestreuen und bei 200° C (Umluft 180° C) ca. 45 Min. backen.

Spargel – Haselnuss – Suppe

Zutaten:

250 g Spargel, geschält, 1 ¹/₂ l Wasser, 80 g Butter, 150 g Haselnusskerne klein gehackt, 350 ml Sahne, 1 Glas sehr trockener Sherry, Salz, schwarzer Pfeffer, Zucker, 1 El Mehl.

Zubereitung:

Spargelspitzen abschneiden und zur Seite legen. Restlichen Spargel im Wasser 15 Min. kochen und abkühlen lassen. Dann im Mixer zerkleinern und durch ein Sieb passieren. Butter in einem Topf erhitzen und die Haselnussstückchen darin sanft ca. 5 Min. bräunen. 1 El Mehl überstäuben und etwas anbräunen lassen. Spargelbrühe und Mus dazugeben, gut aufrühren und zum Kochen bringen. Spargelspitzen nun hineingeben und ca. 12 Min. ziehen lassen. Mit Salz, Zucker und Pfeffer abschmecken, Sherry und die Sahne dazugeben und unter Rühren langsam heiß werden lassen.

Rübstiel

Das Stielgemüse galt in früheren Zeiten als „Spargel der armen Leute". Genutzt wurde beides – Blattgrün und die weißen Stiele. Blätter wurden wie Spinat zubereitet, die Stiele getrennt als helles Gemüse gekocht.

Zutaten:
1 kg Mangold, Salz, Wasser, 40 g Butter, 2 Zwiebeln, Pfeffer, geriebene Muskatnuss, 1 kleine zerdrückte Knoblauchzehe, 1 Tl Honig, Zitronensaft.

Zubereitung:
Mangoldstiele mit zarten Blättern waschen, in Streifen schneiden und in kochendem Salzwasser 1 Min. blanchieren. Abgießen und mit kaltem Wasser abschrecken. Danach 30 Min. wässern und abtropfen. In einem Topf Butter zerlassen, geschälte und feingewürfelte Zwiebeln darin glasig dünsten. Mangoldstiele hinzufügen, mit Salz, Pfeffer, Muskatnuss, Knoblauchzehe und Honig würzen. Gut vermischen und etwa 5 Min. dünsten. Mit einem Spritzer Zitronensaft abschmecken.

Dazu passt gekochtes Fleisch.

Schnibbelbohnen

Auf den Schnitt kommt's an. Richtige Schnibbelbohnen werden per Hand mit einem kleinen Küchenmesser schräg in kurze Stücke „geschnibbelt".

Zutaten:
1 kg grüne Bohnen, 200 g durchwachsener Speck, 2 Zwiebeln, Salz, Pfeffer, ½ Bund Bohnenkraut.

Zubereitung:
Die Bohnen waschen, abfädeln und in kurze Stücke schneiden. Den Speck in feine Streifen schneiden und in einer Pfanne knusprig ausbraten. Die Zwiebeln schälen, feinhacken und in dem Speckfett goldgelb braten.

Die Bohnen mit den Zwiebeln und dem Speck in einen Topf geben, vermischen und mit 5-6 El Wasser aufgießen. Bohnenkraut feinhacken und dazugeben. Die Bohnen zugedeckt ca. 20 Min. garen. Mit Salz und Pfeffer würzen.

Dazu passen Salzkartoffeln oder Kartoffelbrei.

Weißkohl–Sellerie–Apfel–Salat

Zutaten:
250g Weißkohl, 150g Sellerie, 150g Äpfel, je 30g Dill und Schnittlauch, 2 El Mayonnaise, 2 El Joghurt, Salz, Pfeffer, Essig nach Geschmack.

Zubereitung:
Weißkohl sehr fein hobeln. Sellerie und Äpfel grob raspeln. Dill und Schnittlauch fein hacken. Alle Zutaten miteinander vermischen und abschmecken.

Abänderungen:
Damit der Weißkohl leichter verdaulich wird, kann er mit einem Fleischklopfer mürbe geklopft oder blanchiert werden.

Statt Weißkohl kann Rotkohl genommen werden, in diesem Fall eine Öl-Essig-Marinade nehmen.

Statt Äpfel können Ananasstückchen genommen werden.

Blick über Bonn zum Siebengebirge von Alfter

REZEPTREGISTER

SUPPEN

SÜSSES, KUCHEN UND DESSERTS

SAUCEN, DIPS UND DRESSINGS

GETRÄNKE

BROTZEIT

UNTERLAGEN UND FOTOS ZU DIESEM BUCH STELLTEN ZUR VERFÜGUNG:

Stadtarchiv Siegburg, Seite 21, 66, 68, 69
Tourismus und Kulturservice Siegburg GmbH, Seite 15, 16, 17, 18
Bredershof, Oberdollendorf, Seite 204, 205
Mühle zu Blankenberg / FB media⁺, Hennef, Seite 174, 175
Ivonne Ferres, Seite177
Jörg Hohenadl, Köln, Seite 32, 33, 50, 52, 53, 54, 55, 56, 57, 76, 77, 214, 215, 216, 217, 218
Maueler Hofbräu, Windeck Mauel, Seite 152
Grafschafter Goldsaft, Meckenheim, Seite 241
Töpferei Cornelius, Adendorf, Seite 231, 232, 233, 235
Kinderbuchmuseum Troisdorf, Seite 36, 37, 38, 39
Naturschule Aggerbogen, Lohmar, Seite 98, 100, 101, 102
Martina Krautscheid, Eitorf, Seite 146, 147, 149
Georg Scherr, Niederhofen, Seite 269
Alle hier nicht verzeichneten Abbildungen und die historischen Aufnahmen
sind aus dem Bildarchiv von Reinhard Zado, Niederhofen.

Stadtarchiv Troisdorf
Wirtschaftsförderung des Rhein-Sieg-Kreises

WIR DANKEN ALLEN, DIE AN DIESEM BUCH MITGEWIRKT HABEN

im Besonderen:
Frau Nathalie Niederdrenk, Siegburg
Frau Andrea Korte-Böger, Siegburg
Herrn Hubert Linden, Siegburg
Herrn Elmar Scheuren, Siebengebirgsmuseum, Königswinter

FOLGENDEN TOURISTIK BÜROS DANKEN WIR FÜR IHRE UNTERSTÜTZUNG:

Tourismus und Kulturservice Siegburg GmbH - Europaplatz 3 - 53721 Siegburg - 02241-9 69 85 30

Touristik und Wirtschaftsförderung Hennef - Frankfurter Straße 97 - 53773 Hennef - 02242-1 94 33

Tourist Info Eitorf - Markt 1 - 53783 Eitorf - 02243-1 94 33

Verkehrsverein Windecker Ländchen - Rathausstraße 12 - 51570 Windeck - 02292-60 11 06

Much Tourismus Gemeinde Much - Hauptstraße 12 - 53804 Much - 02245-61 08 88

Tourismus Siebengebirge GmbH - Drachenfelsstraße 11 - 53639 Königswinter - 02223-91 77 11

Rhein-Voreifel-Touristik e.V. - Rathausstraße 34 (im Rathaus) - 53343 Wachtberg - 0228-9 54 41 00

Kulturamt der Stadt Lohmar - Stadthaus, Hauptstraße 27 - 53797 Lohmar - 02246-15 36 1

Jörg Hohenadl,
1967 in Bad Ems geboren.
Nach dem Abitur Hotelpraktikum
und Ausbildung zum Hotelkaufmann.
Nachfolgend Küchenerfahrungen
an der Loire/Frankreich und
Betriebswirtschaftsstudium mit den
Schwerpunkten Marketing
und Kommunikation.
Nach den ersten drei kulinarischen Büchern
über den Rhein-Westerwald,
STADT LAND FLUSS, APFELKABINETT
und BUDENZAUBER, ist
KÜCHENFEE & KELLERMEISTER
die vierte Publikation

Martina Krautscheid,
1982 in Bonn geboren,
Fachhochschulreife und
Ausbildung zur
Mediengestalterin.
Seit 2003 Mitarbeiterin
von Reinhard Zado.

Reinhard Zado,
1951 in Much geboren,
wohnt und arbeitet in
Niederhofen/Westerwald.
Nach einer Schriftsetzerlehre
Studium an der Fachhochschule Köln
(Kunst und Design).
Auszeichnungen: Internationale
Grafiktriennale Grenchen/Schweiz,
Kunstpreis des Rhein-Sieg-Kreises,
Teilnahme an den Grafik-Biennalen und
Triennalen in Frechen, Krakau, Lubljana,
Lüttich und Maastricht.
Viele Ausstellungen,
Bücher, Bildbände und Publikationen
seit 1974.
1999, Edition „Blattwelt"
Seit 2000 Jahrbuch des Rhein-Sieg-Kreises,
Bücher über den Rhein-Westerwald,
STADT LAND FLUSS, APFELKABINETT, ZEITSICHTEN
und BUDENZAUBER.

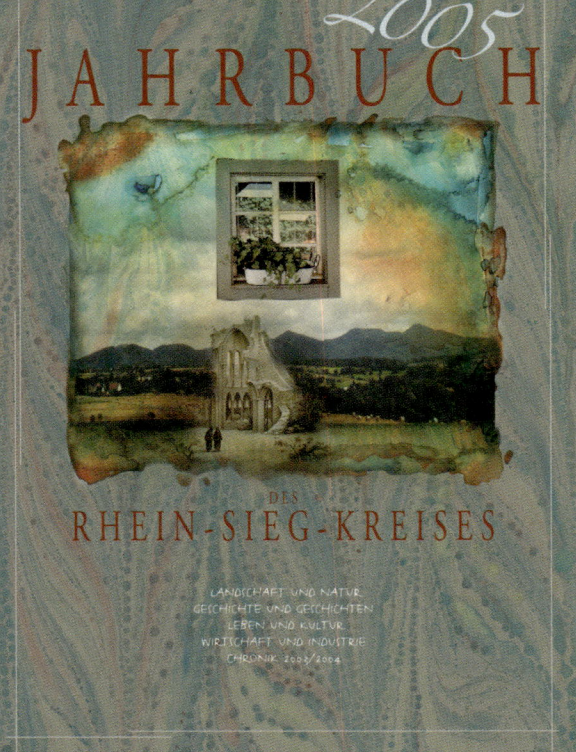

AUS UNSERER WERKSTATT

WIR PRODUZIEREN UND VERLEGEN
BÜCHER .... LASSEN SIE SICH BERATEN

20 Jahre Kunstpreis
im Rhein-Sieg-Kreis

ISBN-Nr.:
3-00-006575-X

Preis:
15,00 €

Tafelfreudens
Apfelkabinett
ISBN-Nr.: 3-9806896-0-3
Preis: 26,00€

Neuausgabe im verkleinerten Format
Görres Verlag, Koblenz, 2003
ISBN-Nr.: 3-935690-28-2
Preis: 14,80

50 Jahre WTV,
Wahnbachtal-
sperrenverband

ISBN-Nr.:
3-936256-03-9

Preis:
25,00 €

Tafelfreudens
Budenzauber
Saisonaler Spaziergang
über den Jahrmarkt
der Köstlichkeiten

ISBN-Nr.:
3-9806896-1-1
Preis:
26,00 €

Kulinarischer
Wegbegleiter durch
Stadt-Land-Fluß,
Westerwald

vergriffen

.... ERSCHIENEN BEI
EDITION BLATTWELT
ZU BEZIEHEN IM BUCHHANDEL
ODER BEIM VERLAG

Dierdorf,
eine Kleintadt im
Rheinischen Westerwald
ISBN-Nr.:
3-936256-01-2
Preis:
21,00 €

REINHARD ZADO
HAUPTSTRASSE 22
56316 NIEDERHOFEN
TEL.: 02684 4551
FAX: 02684 6592

www.zado.de
www.blattwelt.de
www.kuechenfeeundkellermeister.de

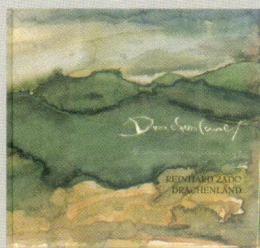

Aquarelle aus dem
Siebengebirge
ISBN-Nr.:
3-936256-00-4
Preis:
13,00 €